NADINE STOFER

SHOPPING GUIDE
MILANO

Die Autorin

Nadine Stofer, Jahrgang 1970, hat Betriebswirtschaft studiert und ist seit über fünf Jahren Beobachterin und Kommentatorin der Mailänder Shopping-Szene. Sie reist regelmässig nach Milano und kennt dort die besten Adressen.

Liebe Leserin, lieber Leser

Wir freuen uns über Ihr Feedback zu diesem Shopping-Guide. Alle Angaben in diesem Shoppingführer wurden nach bestem Wissen bearbeitet und geprüft. Die vorliegende Ausgabe beruht auf dem Stand von August 1999. Für eventuelle Fehler kann weder die Autorin noch die Agentur Donna mobile GmbH eine Haftung übernehmen. Bitte schreiben Sie uns, wenn Sie Verbesserungsvorschläge haben oder wenn Ihnen etwas besonders gut gefällt:

Agentur Donna mobile GmbH, Shopping-Guide Milano, Postfach 556, CH-6362 Stansstad

© 1999 by Nadine Stofer
Alle Rechte vorbehalten
Coverdesign: Ludek Martschini, IDEART Luzern
Karten: Cartografia digitale dell'Istituto Geografico de Agostini, Novara
Redaktion: Helene Stofer
Produktion: Agentur Donna mobile GmbH, Stansstad
Satz und Druck: Gisler Druck AG, Altdorf
Printed in Switzerland
ISBN 3-9521860-0-7

Gedruckt auf chlorfrei gebleichtem Papier

INHALT

Karten & Pläne

Special-City-Map Milano: Klappe hinten
Milano & Umgebung: Rückseite Special-City-Map
Metroplan: Klappe hinten
Die besten Fabrikverkäufe in Norditalien: S. 270

HOT SPOT MILANO

Mailand – Italiens «capitale del capitale» – hat nicht den Charme von Florenz, Rom oder Neapel, aber die City gehört zu den Big-Four-Modemetropolen der Welt. Und in Sachen Design ist sie das, was Hollywood für den Film bedeutet: der Nabel der Welt. Diese Stadt hat mehr Stil, Esprit, Eleganz, Form und Farbe als Rom und Florenz zusammen und bietet ein unglaubliches Shoppingangebot: nein, keine Billig-Fähnchen, sondern hochwertige Qualitätsware und Designersachen zu ganz moderaten Preisen.

Ich fahre seit vielen Jahren zum Shoppen nach Mailand, und obwohl ich die Stadt mittlerweile in- und auswendig kenne, entdecke ich jedesmal aufregende Neuigkeiten. Mailand ist so kreativ und inspirierend, dass viele Branchenkundige aus der ganzen Welt in die City pilgern und sie nach modischen News abklappern, die sie später in einem Billiglohnland leicht modifiziert nachproduzieren lassen. Und deshalb, meine Lieben, sind die Sachen, die Sie heute in Mailand sehen, die kommenden internationalen Trends von morgen. Ganz zu schweigen von den vielen kulinarischen Highlights und der sprichwörtlichen «italianità», die die Stadt zu bieten hat. Bleibt noch die Frage: Wie kommen Sie hin? Schnell geht's mit dem Flugzeug, bequem mit der Bahn, und falls Sie gerne individuell und flexibel reisen, sollten Sie dem Auto den Vorzug geben.

Ankunft

Flug

Der **Linate International Airport** liegt rund 10 Kilometer ausserhalb der Stadt. Alleinreisende, die günstig nach Mailand hineinfahren wollen, nehmen am besten den Bus. Im 20-Minuten-Takt fährt der **Shuttle-Bus STAM** direkt zum Hauptbahnhof. Fahrkarten erhalten Sie im Bus. Sie kosten 4000 Lire pro Fahrt. Wer direkt ins Stadtzentrum fahren will, der kann das mit

1500 Lire tun. Kaufen Sie an einem Automaten oder am Zeitungskiosk eine ATM-Fahrkarte, und steigen Sie am Flughafenvorplatz in den grauen **ATM-Linien-Bus Nr. 73.** Der Bus verkehrt im 10-Minuten-Rhythmus und bringt Sie direkt zur Piazza San Babila (Ecke Corso Europa). **Selten schneller, aber bequemer** geht es mit dem **Taxi.** Die Fahrt kostet etwa 30 000 Lire.

Wer auf dem **Malpensa International Airport** landet, der muss mit einer etwas längeren Fahrt nach Mailand rechnen. Je nach Verkehrssituation braucht der **Shuttle-Bus Airpullman** rund eine Stunde bis zum Hauptbahnhof. Die Busse fahren alle 30 Minuten, eine Fahrkarte kostet 13 000 Lire. Wer den Weg Flughafen Malpensa–Downtown mit einem Taxi zurücklegen will, zahlt rund das Zehnfache.

Zug

«Der Kluge reist im Zuge» – das gilt insbesondere für Mailand. Alle internationalen Züge kommen im zweistöckigen Hauptbahnhof, der **Stazione Centrale,** an. Von dort aus bringen Sie die Metrolinien 2 und 3 in wenigen Minuten ins Zentrum. Taxis fahren vom Bahnhofsvorplatz weg. **Short-Shopper** können ihr Gepäck, für 5000 Lire das Stück, zwölf Stunden lang in der Gepäckaufbewahrung (deposito bagagli) des Hauptbahnhofs einstellen.

Auto

Mailands Stadtverkehr ist mit seinen vielen Einbahnstrassen, den ständigen Baustellen, der miserablen Beschilderung und der hoffnungslosen Verkehrsüberlastung ein einziges Chaos. Hinzu kommt, dass die besten bewachten Parkhäuser downtown vielfach belegt sind – exorbitante Tarifgestaltung inklusive. Die meisten guten Hotels besitzen aber eigene Parkplätze, und fast alle haben für ihre Gäste in nahe gelegenen bewachten Parkings reservierte Parkeinstellplätze – leider nicht umsonst: Pro Tag müssen Sie mit einer Parkgebühr von rund 30 000 Lire rechnen.

Ich bin eine leidenschaftliche Autofahrerin und schätze die Flexibilität und die Unabhängigkeit, die das Auto bietet, sehr. Aber obwohl (oder gerade weil) ich Mai-

land inzwischen sehr gut kenne, habe ich mir das Autofahren in der City abgewöhnt. Und das aus einem ganz
einfachen Grund: Die öffentlichen Verkehrsmittel sind
schneller und billiger. Trotzdem reise ich nach wie vor
am liebsten mit dem Auto nach Mailand, parke aber
meinen Wagen etwas ausserhalb der Stadt.

Mailand hat unmittelbar neben den Autobahnausfahr-
ten stadteinwärts kostengünstige öffentliche **ATM-
Parkhäuser mit Metroanschluss.** Die Parkgebühr
ist mit 4000 Lire pro Tag (Nachttarif: 1000 Lire pro
Stunde) wesentlich günstiger als downtown, und die
Parkhäuser gelten allgemein als sicher.

Wer auf der **Autobahn A4 Trieste–Venezia** Richtung
Mailand fährt, nimmt die **Tangenziale Est/Ausfahrt
Cobba** und parkt sein Auto im **ATM-Parkhaus
Cascina Gobba:** 1800 Parkplätze, von 7 Uhr morgens
bis 1 Uhr nachts geöffnet. Von hier bringt Sie die grü-
ne Metrolinie 2 in die Stadt.

Von **Chiasso/Autobahn A9** herkommend, nehmen
Sie die **Ausfahrt Milano Viale Certosa** und parken
im **ATM-Parkhaus Lampugnano:** 2200 Parkplätze,
von 7 Uhr morgens bis 1 Uhr nachts geöffnet. Die rote
Metrolinie 1 bringt Sie direkt ins Zentrum.

Autofahrer mit Grenzübergang Chiasso können
auch den **Park-and-Rail-Service** der Schweizeri-
schen Bundesbahnen in Anspruch nehmen. Für 5 sFr.
pro Tag können Sie Ihr Auto am Bahnhof Chiasso parken und von dort aus bequem mit dem IC-Zug nach
Mailand reisen. Die Fahrt dauert rund 45 Minuten und
kostet zirka 15 sFr. Fahrkarten und Parktickets sind am
Bahnschalter erhältlich. Vor der Abreise sollten Sie
sich aber unbedingt nach den Zugverbindungen erkun-
digen, etwa via Internet unter 🖳 http://www.sbb.ch.

Falls Sie immer noch fest entschlossen sein sollten,
sich auf das Abenteuer «Autofahren in Mailand» ein-
zulassen, bin ich Ihnen noch zwei wichtige Informationen schuldig: Montags bis freitags ist die **Innen-
stadt von 7.30 bis 18 Uhr gesperrt.** Daran sollten Sie
sich halten. Die eigentliche **verkehrstechnische
Todsünde,** die Sie in Mailand begehen können, ist das
Parken im Parkverbot. Bestenfalls werden Sie Ihren
Wagen in den berüchtigten Krallen blockiert wieder-

finden. Nervenaufreibender und kostspieliger wird es allerdings, wenn Ihr Auto abgeschleppt wurde. In diesem Fall bleibt Ihnen nur der Griff zum Telefon. Unter ☎ 02 77271 erhalten Sie Auskunft darüber, wo Sie Ihr Auto abholen können.

Verkehrsmittel

Metro, Bus & Tram

Die öffentlichen Verkehrsmittel sind schnell, billig und gut. Für alle 126 Metro-, Tram- und Buslinien gelten die gleichen **ATM-Fahrkarten,** und die gibt es an allen Zeitungsständen, in Bars und Tabakläden. In den Metrostationen sind zudem Fahrkartenautomaten aufgestellt. Ein Einzelticket kostet 1500 Lire und ist 75 Minuten lang gültig. Wer länger in der City bleibt, kann sich auch einen Block zu zehn Fahrkarten für 14 000 Lire kaufen. Falls Sie täglich viermal oder öfter die Metro, den Bus oder die Strassenbahn benutzen, sollten Sie sich eine Tageskarte für 5000 Lire besorgen. Sie können aber auch eine Zweitageskarte für 9000 Lire erstehen. Und denken Sie daran: Einzeltickets müssen auch im Bus bzw. im Tram entwertet werden.

Mailands **Metro** ist mit ihren drei Linien das schnellste und einfachste Verkehrsmittel der City. Sie bringt Sie fast überall hin. Sämtliche Metroeingänge sind mit roten M-Tafeln gekennzeichnet. Abends sind nichtbeleuchtete Metroeingänge geschlossen.
Dort, wo es keine Metrolinie gibt, fahren Busse oder Strassenbahnen. Für Ortsunkundige ist das **Bus- bzw. Tramfahren** aber oftmals schwieriger als das Metrofahren. Welcher Bus bzw. welche Strassenbahn wohin fährt, erkennen Sie an den orangefarbenen Schildern am Strassenrand. Sämtliche Strassenbahnen und Busse fahren tagsüber im 10-Minuten-Takt.

Taxi

Taxifahren ist in Mailand nicht billig, und wenn Sie sich – wie in New York üblich – an den Strassenrand stellen und ein Taxi heranwinken wollen, stehen Sie für gewöhnlich lange. Mailands Taxis warten an den **offiziellen Taxiständen** auf ihre Fahrgäste. Taxistände finden Sie über das ganze Stadtgebiet verteilt. Sie können natürlich auch **telefonisch ein Taxi ordern.** Etwa unter den Nummern: ☎ 02 6767, ☎ 02 8383 oder ☎ 02 8585. Allerdings zahlen Sie in diesem Fall einen Grundtarif von 6000 Lire für den Anfahrtsweg. Zugelassene Taxis sind gelb oder neu auch weiss (EU-Taxi) und haben einen Taxameter sowie eine mehrsprachige Preisliste für allfällige Aufschläge.

CITY-INFORMATIONEN

Adressen & Periodicals

Das Mailänder Fremdenverkehrsamt APT verteilt monatlich die Gratisbroschüre **Milano Mese.** Darin erfahren Sie alles über aktuelle Veranstaltungen: Ausstellungen, geführte Museumsbesuche, Konzerte, Theater, Messedaten, Nightlife und Sportveranstaltungen. In grossen Hotels liegen jeweils ein paar Exemplare auf. Sie können natürlich auch persönlich bei einem der APT-Büros vorbeischauen und sich dort mit dem blauen Veranstaltungsheft eindecken. Das lohnt sich vor allem dann, wenn Sie an zusätzlichen Informationen und Broschüren interessiert sind. Die Adressen:

Azienda Promozione Turistica APT

- Via Marconi 1 (Hauptoffice, rechts neben dem Dom)
☎ 02 725241
Metro: M1, M3/Duomo
🕐 MO-FR: 8.30-19 SA: 9-13/14-18 SO: 9-13/14-17

- c/o Stazione Centrale (im Obergeschoss)
☎ 02 72524370
Metro: M2, M3/Centrale
🕐 MO-SA: 8-19 SO: 9-12.30/13.30-18

Ebenfalls monatlich erscheint **Milano Pocket.** Dieses Blatt liegt kostenlos in den meisten Hotels auf und bietet die üblichen Touristeninformationen: Veranstaltungen, Shopping, Restaurant-Tips und Nightlife. Zusätzlich finden Sie auch Angaben zu Auktionen und Special Events.

Die beiden Mailänder Zeitungen **Corriere della Sera** und **La Repubblica** publizieren jeweils mittwochs bzw. donnerstags eine Wochenbeilage: Jeden Mittwoch erscheint **ViviMilano,** das Ausgehmagazin von *Corriere della Sera,* und donnerstags liegt der Tageszeitung *La Repubblica* das Farbmagazin **TuttoMilano** bei. Beide Hefte informieren umfassend über sämtliche Veranstaltungen der darauffolgenden Woche inklusive Shopping-Tips, Restaurantempfehlungen und Szene-Highlights.

Wer sich für Background-Informationen in Sachen Shopping interessiert, sollte sich das Farbmagazin **Shopping Milano** besorgen. Das Heft erscheint vierteljährlich und wird gratis in einigen Hotels, Restaurants und Shops aufgelegt. «Shopping Milano» enthält zahlreiche Shop-, Hotel- und Restaurantbeschreibungen auf Promotionsbasis, informiert aber zusätzlich sehr gut über Neueröffnungen von Läden, neue Produkte und aktuelle Modetrends. Neuerdings werden auch in jeder Ausgabe einige italienische Modemarken bzw. -designer vorgestellt.

Eine Alternative zu «Shopping Milano» bietet das Magazin **Circuito,** das zweimal jährlich im November und April erscheint. Das Blatt befasst sich mit Shopping-Tips zu Mode, Accessoires und Einrichtung. Unter ☎ 02 56814373 oder Fax 02 56815479 können Sie es kostenlos beziehen.

Mailand online

Ohne Zweifel – Mailand ist nicht New York. Und doch können Internet-Freaks inzwischen auch einige nützliche Informationen aus dem Netz holen. Probieren Sie es mit:

🖥 **http://www.rcs.it/inmilano**

Online-Adresse der Mailänder Zeitung *Corriere della Sera:* informative Anlaufstelle für Hotel- und Restaurant-Adressen, Ausgeh- und Shopping-Tips, Kunst & Kultur. ➜ italienische oder englische Version

🖥 **http://www.thecity.it/milano**

Eine Rundum-Infostelle für alle, die sich über Mailand schlau machen wollen. Bietet einen Stadtplan, den Sie ranzoomen können; viele nützliche Informationen über Museen & Sights, Transportmittel, Restaurants, Übernachtungsmöglichkeiten ... und viele Links, auch in englischer Sprache. ➜ italienische Version

🖥 http://www.milanoin.it

Die Webseite für zukünftige Mailandbesucher. Neben einem umfassenden Info-Angebot enthält sie auch einen integrierten Shop-Finder mit mehr als 3000 Adressen. Sortiert nach Produkten und Stadtvierteln. → italienische oder englische Version

🖥 http://www.fun.it/milano/mi_notte.htm

Hier können Sie sich über City-Events und Veranstaltungen informieren und Ausgeh-Lokalitäten nach Ihrem persönlichen Gusto aussuchen. Sortiert ist das Ganze nach Lokaltypen (Bistro, Pub, Restaurant, ...) und nach Themen: von «als Single unterwegs» bis «romantisch». → italienische oder englische Version

🖥 http://www.intellicast.com/weather/mil

Liefert Ihnen den täglichen Wetterbericht und eine 3-Tages-Vorschau. → englische Version

🖥 http://www.fieramilano.com

Die Seite für Mailands Messegänger: enthält den aktuellen Messeplan inklusive Detailinformationen. → italienische Version

🖥 http://www.moda.it

Eine gute Adresse für alle, die sich über italienisches Modedesign (Trends, Labels und Kollektionen) informieren wollen. → italienische oder englische Version

🖥 http://www.italycollections.it

Die *Camera Nazionale della Moda Italiana* bietet unter dieser Internet-Adresse Informationen zu vielen Designern und deren Kollektionen. → italienische oder englische Version

Scala-Tickets

Selbst wenn Sie nur wegen des Shoppings nach Mailand fahren, sollten Sie sich eine Aufführung der weltberühmten **Mailänder Scala** (Piazza della Scala) auf keinen Fall entgehen lassen. Das grösste Spektakel, das Sie erleben können, ist die alljährliche Saisoneröffnung am 7. Dezember, dem Namenstag des Stadtpatrons Sant'

Ambrogio. Wer sich für diese Aufführung ein Ticket ergattern will, zahlt pro Eintrittskarte bis zu 4 Millionen Lire. Unter normalen Umständen kosten Scala-Karten allerdings kein Vermögen: Sitzplätze bekommen Sie bereits ab zirka 20 000 Lire, für Stehplätze zahlen Sie 10 000 Lire (zuzüglich Buchungsgebühren).

Ticketreservierung

- Direkte **Telefonauskunft** zu Fragen rund um die Ticketreservierung erhalten Sie täglich von 10 bis 18 Uhr unter der Nummer ☎ **02 72003744.** An Aufführungsabenden ist das **Scala Infotel Office** bis zum Aufführungsbeginn geöffnet.

- Karten können Sie direkt per Telefon oder via Internet bestellen und mit der Kreditkarte bezahlen. Pro Person dürfen höchstens zwei Tickets bestellt werden.

  Telefonische Buchung (24-h-Service):
  ☎ **0039 02 860787**
  Buchung via Internet:
  ⌨ **http://www.lascala.milano.it**

- **Ticketkauf vor Ort:** Das **Mailänder Fremdenverkehrsamt APT** verfügt pro Aufführung über eine beschränkte Anzahl Scala-Karten für ausländische Gäste. Erhältlich sind die Karten im Hauptoffice an der Via Marconi 1 (📖 S. 12). Sie können aber auch direkt an der **Theaterkasse** (Via Filodrammatici 2) Tickets kaufen. Sie ist täglich von 12 bis 19 Uhr geöffnet. **Special Tip für Kurzentschlossene:** Karten für Stehplätze sind jeweils bis zirka eine Stunde vor Aufführungsbeginn an der Theaterkasse erhältlich. Wer keine Karten mehr bekommt, kann sich immer noch auf das Geschäft mit den **Schwarzhändlern** einlassen: Platzkarten zum dreifachen Preis!

SCHLAFEN ZU MAXI-
ODER MINIPREISEN

Mailand ist eine pulsierende Messestadt. Danach richten sich auch die Hotelpreise. Steigt die Nachfrage nach Hotelzimmern, steigen auch die Preise. Deshalb sollten Sie vor jeder Hotelbuchung das aktuelle Preisangebot checken. Unter Umständen kommen Sie nämlich billiger weg, wenn Sie bei einem Reiseveranstalter buchen.

Mailand kennt aber auch ruhigere Zeiten, deshalb bieten einige Hotels ihren Kunden auch **Weekend-Specials** oder **niedrige Saisontarife** wie etwa «Winter City Savers» an. Fragen Sie einfach danach. Kurzentschlossene können sich ausserdem via Internet über **Special & Lastminute Offers** informieren. Etwa unter ☐ http://www.traveleurope.it/milano.htm oder ☐ http://www.italyhotel.com.

Wenn Sie ein gut geführtes und zentral gelegenes Hotel zu einem erschwinglichen Preis suchen, ist **frühzeitiges Reservieren** angesagt. Insbesondere im Frühjahr und Herbst, wenn ganz Mailand im Modefieber taumelt, müssen Sie lange im voraus reservieren – es sei denn, Sie geben sich auch mit einer Hotelübernachtung in der Provinz zufrieden.

Wer nicht direkt **per Telefon oder Fax** reservieren will, kann seine Übernachtungen auch über ein **zentral gesteuertes Reservierungssystem** buchen. Die meisten Hotels sind an dieses System angeschlossen. Sie können englisch, französisch oder italienisch sprechen.

- vom Ausland aus unter der Nummer:
  ☎ 0039 02 29531605
  Fax 0039 02 29531586

- von Italien aus unter der Gratisnummer:
  ☎ 167 015772

Einzelne Hotels lassen sich inzwischen auch **über Internet** buchen: ⌨ http://www.italyhotel.com.

Die Luxus-Residenzen

Four Seasons

Via Gesù 8
☎ 02 77088
Fax 02 77085000
Metro: M1/San Babila

DZ ab 1 050 000 Lire
Zimmer mit Faxgerät
Bieten Weekend-Specials an

Falls Sie mitten im Goldenen Dreieck hinter Klostermauern aus dem 15. Jahrhundert nächtigen wollen
und bereit sind, ein kleines Vermögen für eine Über-
nachtung auszugeben, eine exquisite Wahl. Das Four
Seasons ist mittlerweile wegen seiner Toplage zur
Lieblingsabsteige vieler Modeberühmtheiten und Top-
Models avanciert. Ausserdem besitzt das Haus den
schönsten Fitnessclub der City. Und wenn Sie abends
so richtig geschafft von Ihrer Shoppingtour zurückkeh-
ren, lädt ein malerischer Innenhof zum Relaxen ein. Ist
es kalt, brennt abends im Foyer ein Kaminfeuer. Die
beiden Restaurants **La Veranda** (durchgehend geöffnet) und **Il Teatro** (mit einem Michelin-Stern ausgezeichnet) bieten kulinarische Hochgenüsse. Ansonsten
ist dieses First-class-Haus mit allen Annehmlichkeiten
ausgestattet, die man von einem 5-Sterne-Hotel erwarten kann.

Grand Hotel et de Milan

Via Manzoni 29
☎ 02 723141
Fax 02 86460861
Metro: M3/Montenapoleone

DZ ab 814 000 Lire
Bieten Weekend-Specials an

Ein Leading-Hotel. Das ehrwürdige Traditionshaus mit
Fin-de-Siècle-Atmosphäre befindet sich an bester
Shoppinglage und ist nur ein paar Schritte von der
Metrostation Montenapoleone entfernt. Giuseppe Ver-
di lebte 33 Jahre hier. Auch Liz Taylor zog es vor, in die-
ser Edelresidenz zu nächtigen, und Starfotograf Hel-
mut Newton steigt noch heute am liebsten im Grand
Hotel et de Milan ab. Jedes Zimmer ist anders deko-
riert, aber der Einrichtungsstil zieht sich wie ein roter
Faden durchs ganze Haus: Louis-XVI-Stil, Jugend- und

Art-déco-Stil vom Feinsten. Es gibt hier auch zwei vorzügliche Restaurants; im Don Carlos ist die Küche bis 0.30 Uhr geöffnet.

Principe di Savoia

Piazza della Repubblica 17
☎ 02 62301
Fax 02 653799
Metro: M3/Repubblica

DZ ab 715 000 Lire
Fitness-Club mit Schwimmbad & Sauna
Bieten Weekend-Specials an

Abgesehen von der Lage, ist hier alles first class: die Räume, der Service und die Preise. Ein Luxushaus, das Prominenz anzieht. Grosse Marmorbäder, antik möblierte Zimmer und eine komplette Wellnessabteilung stehen den Gästen fürs Relaxen zur Verfügung. Suiten sind ab einer Million Lire zu haben. Wer ganz hoch hinaus will, bucht sich die Präsidentensuite mit Privatpool. Die teuerste Hotelübernachtung in ganz Europa kostet Sie allerdings 8,5 Millionen Lire – wohlverstanden pro Nacht. Ebenfalls vorzüglich: Das Ristorante **Galleria** verwöhnt Sie mit lombardischer Küche und bietet einen schönen Ausblick in den Garten. Ein weiterer Pluspunkt: Das feine Hotel lässt über den Preis mit sich reden.

Die teuren Stadthotels

Excelsior Gallia

Piazza Duca d'Aosta 9
☎ 02 67851
Fax 02 66713239
Metro: M2, M3/Centrale

DZ ab 578 000 Lire
Grosszügiger Fitness-Club mit Sauna
Bieten Weekend-Specials an

Ein wirkliches Grandhotel! Nur ein Jahr nach der Fertigstellung des monumentalen Hauptbahnhofs eröffnete man 1932 gegenüber das Gallia. Die nicht sehr attraktive Lage ist wohl der einzige Nachteil des derzeitigen *nur* 4-Sterne-Hotels. Hinter der prunkvollen Fassade finden Sie geräumige Zimmer mit Deckengemälden und luxuriösen Marmorbädern. Verlangen Sie ein Zimmer im Nordflügel – «Schlafen unterm Wolkenhimmel».

Sheraton Diana Majestic

Viale Piave 42
☎ 02 20581
Fax 02 20582058
Metro: M1/Porta Venezia

DZ ab 530 000 Lire
Fitness-Club mit Beauty-Salon
Bieten Weekend-Specials an

Dieses Jugendstil-Haus wurde 1905 erbaut. Der Hotelname und der grosse Diana-Brunnen im Garten stammen vom ersten öffentlichen Schwimmbad der City, das vormals hier lag. Die Zimmereinrichtung ist eindeutig Geschmackssache, aber die Lage ist top: Wer am Corso Buenos Aires shoppen gehen will, kann sich das Metrofahren sparen. Ganz allgemein ist das Sheraton Diana Majestic eine beliebte Anlaufstelle für Leute aus der Modewelt. Ausserdem schätze ich es sehr, dass im Frühjahr und Sommer draussen gefrühstückt wird. Abends ist im Garten «Barbecue» angesagt. Buchen Sie unbedingt im alten Teil ein Zimmer mit Balkon zum Garten hinaus.

Das Designhotel

Spadari al Duomo

Via Spadari 11	DZ ab 368 000 Lire
☎ 02 72002371	Das Frühstück wird im Zimmer serviert,
Fax 02 861184	Eilige können sich auch an der Bar verköstigen. Bieten Weekend-Specials an.
Metro: M1, M3/Duomo	

Toplage und Design total. Das von Urbano Pierini entworfene Hotel wurde 1991 eröffnet und hält sich seitdem als Insidertreff für Designfreaks. Alle 39 Zimmer sind mit Bildern von jungen Künstlern der Brera-Akademie dekoriert und mit massgefertigten Holzmöbeln des Designers Ugo La Pietra eingerichtet. Sehr geschmackvolles, helles Ambiente. Und das Beste: Abends können Shopping-Geschundene bei einer Hydromassage in der Badewanne relaxen. Frühzeitiges Reservieren ist ein Muss.

Die zentral gelegenen Stadthotels

Sir Edward

Via Mazzini 4	DZ ab 420 000 Lire
☎ 02 877877	Zimmer mit Faxgerät
Fax 02 877844	Bieten Weekend-Specials an
Metro: M1, M3/Duomo	

Dieses 4-Sterne-Haus hat eine umfassende Renovation hinter sich und präsentiert sich seither moderner. Es gehört zur Supranational-Hotelkette und verdankt seinen Ruf der exzellenten Lage und den fairen Preisen. Auch Business-People dürften sich hier gut aufgehoben fühlen.

Regina

Via C. Correnti 13
☎ 02 58106913
Fax 02 58107033
ab Dom/Via Torino: Tram 3

DZ ab 300 000 Lire
Bieten Weekend-Specials an

Falls Sie die junge Designer-Szene am Corso di Porta Ticinese entdecken wollen oder die Absicht hegen, ein gemütliches Boutique-Shopping am Corso Genova zu machen, sollten Sie in diesem 4-Sterne-Hotel ein Zimmer buchen. Das im 18. Jahrhundert erbaute Haus bietet seinen Gästen gepflegte Zimmer mit Parkettböden. Wegen der moderaten Preisgestaltung ist es immer sehr gut belegt.

Auriga

Via Pirelli 7
☎ 02 66985851
Fax 02 66980698
Metro: M2, M3/Centrale

DZ ab 250 000 Lire
Bieten Weekend-Specials an

Mein ganz persönlicher Geheimtip, falls Sie das beste Preis-Leistungs-Verhältnis herausschlagen wollen. Dieses komfortable 4-Sterne-Haus liegt nur eine Minute vom Hauptbahnhof entfernt und wurde vor kurzem renoviert. Gäste finden hier geschmackvoll eingerichtete Zimmer mit Marmorbädern. Ausserdem schätze ich den zuvorkommenden Service, der einem bei Auriga zuteil wird. Selbst mit Regenschirmen kann das Hotel aushelfen.

Manzoni

Via Santo Spirito 20
☎ 02 76005700
Fax 02 784212
Metro: M3/Montenapoleone

DZ ab 250 000 Lire

Kaum zu glauben, aber wahr: Mitten an exklusivster Shoppinglage finden Sie ein ruhiges Doppelzimmer für 250 000 Lire. Das freundliche 3-Sterne-Haus ist oft ausgebucht, deshalb ist rechtzeitiges Reservieren erforderlich. Auf Wunsch können Sie im Hotel frühstücken. Mittags und abends werden Sie ebenfalls verköstigt – allerdings im Frühstücksraum und vorausgesetzt, Sie melden sich vorher an.

Das Ökohotel

Ariston

Largo Carrobbio 2
☎ 02 72000556
Fax 02 72000914
ab Dom/Via Torino: Tram 3

DZ ab 300 000 Lire
Gratis-Verleih von Fahrrädern

Das 3-Sterne-Hotel bietet seinen Gästen ionisierte Luft, eine Nichtraucher-Etage, und wer will, kann sich gratis ein Fahrrad ausleihen. Zum Frühstück gibt es Kräutertee und Bioprodukte. Ausserdem können Sie die Videothek mit über 4000 Filmen kostenlos benutzen. Sogar Autoparkplätze stellt das Ökohaus zu Verfügung: Acht sind es an der Zahl – immerhin.

Die preiswerten Stadthotels

Europeo

Via Canonica 38
☎ 02 3314751
Fax 02 33105410
Metro: M2/Moscova, dann ATM-Bus 94

DZ ab 260 000 Lire
Outdoor-Schwimmbad
Bieten Weekend-Specials an

Ein typisches Touristenhotel. Die Anreise mit dem Auto ist relativ einfach. Wer allerdings mit den öffentlichen Verkehrsmitteln direkt vor das Hotel fahren will, muss ein einmaliges Umsteigen in Kauf nehmen. Sie können aber auch mit der Metro nach Moscova fahren und von dort aus laufen. Rechnen Sie mit einem Fussmarsch von 5 bis 10 Minuten. Highlight des Hauses: Im Sommer bietet der kleine Swimming-Pool im Innenhof eine angenehme Erfrischung – eine echte Mailänder Rarität! Das Frühstück dagegen ist alles andere als ein Highlight: Wer einen frischgepressten Orangensaft möchte, muss selbst Hand anlegen. Und wenn Sie sich zum Frühstück einen Kaffee bestellen, werden Sie mit einer dunkelbraunen Brühe «à la American Coffee» bedient. Verlangen Sie einen Espresso, einen Cappuccino oder einen italienischen Kaffee.

Antica Locanda Solferino

Via Castelfidardo 2
☎ 02 6570129
Fax 02 6571361
Metro: M2/Moscova

DZ ab 200 000 Lire

Mitten im Herzen des Brera-Viertels liegt das kleine 11-Zimmerhotel. Ländlich-rustikaler Stil mit Möbeln aus Grossmutters Zeiten. Beliebte Absteige von Models und Journalisten. Leider oft ausgebucht!

Minerva

Corso C. Colombo 15   DZ ab 180 000 Lire
☎ 02 8375745   Bieten Weekend-Specials an
Fax 02 8358229
Metro: M2/Porta Genova

Das Ambiente dieses 3-Sterne-Hauses ist nichts Besonderes, aber das Hotel ist sauber und relativ gut gelegen: Nur einen Katzensprung von den beiden Shoppingstrassen Corso Genova und Corso di Porta Ticinese entfernt – und in einer Viertelstunde sind Sie am Dom. Für 180 000 Lire können Sie hier zu zweit Quartier beziehen – ein guter Deal.

Vecchia Milano

Via Borromei 4   DZ ab 170 000 Lire
☎ 02 875042
Fax 02 86454292
Metro: M1/Cordusio

Mitten im historischen Mailand, zwischen herausgeputzten Palazzi und engen Gassen, liegt das einfache, saubere Hotel. Alle 27 Zimmer haben Schallschutzfenster. Das Vecchia Milano ist bei Stammgästen äusserst beliebt. Zum Frühstück an der Bar gibt es Croissants, Cappuccino und Orangensaft – «e basta»! **Special Tip für müde Shopper:** Gleich neben dem Hotel liegt die **Hostaria Borromei,** ein gemütliches Restaurant, das saisonale Köstlichkeiten zu moderaten Preisen auftischt.

SCHLEMMEN ZU MAXI- ODER MINIPREISEN

«Rom isst, Mailand arbeitet» – das behaupten zumindest die Römer. Wer die Mailänder Küche aber kennt, weiss, dass dem nicht so ist: Denken Sie nur an den cremigen **«Risotto alla milanese»** mit Safran und Knochenmark oder den **«Risotto ai funghi»** mit den aromatischen Steinpilzen. Ganz zu schweigen von der **«Cotoletta alla milanese»**, die österreichische Invasoren unter Radetzky nach Wien brachten und dort als Wienerschnitzel ausgaben. Bei den Nachspeisen stehen die Mailänder mit ihrer sämigen Götterspeise **«Mascarpone»**, die bestimmt jeder Sterbliche schon probiert hat, ganz oben auf der Dessertliste.

Wenn es ums Essen geht, scheiden sich die Geister: Manche wollen an zentraler Lage möglichst gut und preiswert essen, andere ziehen Spitzenmenüs in gediegener Atmosphäre vor. In diesem Kapitel finden Sie meine Favoriten für alle Gelegenheiten.

Gourmet-Restaurants

Aimo e Nadia

Via Montecuccoli 6
☎ 02 416886
Metro: M1/Primaticcio
Samstagmittag und sonntags geschlossen

Veronelli zählt die fantasievolle, leichte Küche von Aimo Meroni und seiner Frau Nadia zu den besten Italiens. Dazu rundet der charmante und sehr kompetente Sommelier mit seinem Fachwissen den Tafelgenuss ab. Mittags bekommen Sie ein Degustationsmenü für rund 55 000 Lire – legen Sie mich nicht auf den Preis fest, der variiert von Mittag zu Mittag. Für Gourmet-Freunde das reinste Schnäppchen! Das Restaurant liegt ausserhalb, ist aber mit der Metro gut zu erreichen. Eine Tischreservation empfiehlt sich. À-la-Carte-Essen ab 100 000 Lire.

Joia

Via P. Castaldi 18
☎ 02 29522124
Metro: M3/Repubblica
Samstagmittag und sonntags geschlossen

Vegetarische Köstlichkeiten «à la Haute Cuisine»: hervorragende Fischgerichte, feine Gemüsekuchen, hausgemachte Tagliolini mit frischer Tomatensauce und andere kulinarische Hochgenüsse, aufs schönste präsentiert. Gute Weinkarte. Reservieren ist ratsam. Ab 60 000 Lire.

La Scaletta

Piazzale Stazione di Porta Genova 3
☎ 02 58100290
Metro: M2/Porta Genova
Sonntags und Montagmittag geschlossen

Ein kulinarischer Hochgenuss! Mit seinen bolognesischen Spezialitäten kochte sich der Gourmet-Tempel in die Herzen der High-Society. Exklusives Ambiente inklusive: Das kleine, aber feine Restaurant ist mit vielen Bildern berühmter Künstler dekoriert. Perfekter Service. Um sicher einen Platz zu bekommen, sollten Sie vorher telefonisch reservieren. Ab 100 000 Lire.

Sadler Osteria di Porta Cicca

Via Troilo 14
☎ 02 58104451
ab Dom/Via Torino: Tram 3
🕙 20-22.30, sonntags geschlossen

Ein kleines Lokal mit Spitzenküche und exzellenten Weinen. Fast schon legendär ist die kreative Präsentation der Köstlichkeiten. Maître Claudio Sadler legt ausserdem grössten Wert auf saisonale Speisen. Und alle 20 Tage kreiert der grosse Maestro neue Gourmet-Häppchen. Wenn Sie das Degustationsmenü bestellen, erleben Sie das Paradies auf Erden — mehr kann man nicht verlangen. Telefonische Reservation ist ein absolutes Muss! Ab 100 000 Lire.

Restaurants – die grossen Klassiker

Bagutta

Via Bagutta 14
☎ 02 76002767
Metro: M1/San Babila
Sonntags geschlossen

Das ehemalige Literatenlokal liegt in einer kleinen Seitenstrasse der Via Sant'Andrea. Neuerdings ist es mittags ein beliebter Treffpunkt für Business-People. Die Wandbilder und Karikaturen vermitteln eine einzigartige Atmosphäre und erzählen die Geschichte des Lokals – einmal im Jahr wird hier auch der begehrte Literaturpreis «Bagutta» verliehen. An warmen Tagen können Sie im schattigen Innenhof essen. Und was? Vorwiegend toskanische Küche. Das Vorspeisenbuffet kann ich wärmstens empfehlen. Reservieren ist ratsam. Pro Mahlzeit zahlen Sie zwischen 65 000 und 90 000 Lire.

Bice

Via Borgospesso 12
☎ 02 76002572
Metro: M3/Montenapoleone
Montags und Dienstagmittag geschlossen

Ein mailändisches Traditionslokal, das für seine toskanische Küche viele Auszeichnungen erhielt. Führt zudem Spitzenweine aus der Toskana. Giorgio Armani gehört zu den Stammgästen. Und während der Fashion Shows treffen sich hier die Redakteurinnen der internationalen Glanzmagazine zum Dinner. Rechnen Sie mit 90 000 Lire pro Mahlzeit.

Boeucc

Piazza Belgioioso 2
☎ 02 76020224
Metro: M1/San Babila
Samstags und Sonntagmittag geschlossen

Traditionelle italienische Küche mit einer grosszügigen Auswahl an Fischgerichten – dafür ist das elegante Lokal bekannt. Probieren Sie die Mailänder Spezialität «Ossobuco con Risotto alla milanese» (Kalbshaxen mit Safranreis). Das über 300 Jahre alte Restaurant ist eine beliebte Anlaufstelle für Politiker, Industrieleute und die Finanz-Schickeria. Noch Fragen? Für ein 3-Gang-Essen zahlen Sie rund 90 000 Lire.

Paper Moon

Via Bagutta 1
☎ 02 76022297
Metro: M1/San Babila
Sonntags geschlossen

Nur wenige Meter entfernt vom Literatenlokal Bagutta sehen Sie zur rechten Hand die diskrete Rauchglas-Eingangstür von Paper Moon. Ein Haus, das sich nicht über mangelnden Umsatz zu beklagen hat: Es ist ein ständiges Kommen und Gehen – immerhin beschäftigt das Restaurant 30 Leute. Das Essen ist gut: klassische italienische Küche und Pizzas. Sie können aber auch nur einen grossen Salatteller essen. Ab 40 000 Lire.

Restaurants – «In»-Places & Szene-Highlights

⌐Y Braque

Via Bugatti 13
☎ 02 8322757
Metro: M2/Porta Genova
Sonntags geschlossen

In einem ehemaligen Tram-Depot liegt das «In»-Restaurant des Starfotografen Fabrizio Ferri. Das Interieur ist ein gekonnter Mix aus Loft und Raritäten-schick. Mittags verkörsten sich hier vor allem Fotografen und Models, die nebenan im Fotostudio arbeiten. Und abends pilgert die Szene-Schickeria von überall hierhin. Vorbestellen ist ratsam. Wer nicht essen will, kann sich an der Bar auch nur einen Drink genehmigen.

10 Corso Como Café

Corso Como 10 (im Hinterhof)
☎ 02 29013581
Metro: M2/Garibaldi
⊕ 11-24, Montagmittag geschlossen

Das Trendlokal für Shopper liegt im gleichnamigen Szene-Tempel 10 Corso Como. Seit das von Kris Ruhs gestylte Café-Restaurant eröffnet ist, zählt es zu den hippsten Treffs Mailands und zieht Fashion-People und Trendsetter magisch an. Kreative Fusion Cuisine und coole Drinks. Best Day: Mittwoch. **Special Tip:** Nur ein paar Häuser weiter trifft sich die Mailänder Modeszene jeden Mittwoch zur ultimativen «Night Fashion» und tanzt zu lauten Hip-Beats. Adresse: Hollywood, Corso Como 15, ⏱ 22.30 bis 4, montags geschlossen.

La Terrazza

Via Palestro 2 (im 4. Stock)
☎ 02 76002186
Metro: M1/Palestro
Sonntags und Montagmittag geschlossen

Gualtiero Marchesis Lokal ist im Gebäude des Swiss Centers untergebracht und bietet mediterrane Küche. Stadtbekannt sind die Sushis «all'italiana» – roher Fisch in mediterraner Kombination. Stilvolles, elegantes Ambiente. Im Sommer haben Sie einen einzigartigen Ausblick auf die Parkanlage Giardini Pubblici. Ab 60 000 Lire.

Restaurants – gemütlich & gut

Alla Vecchia Latteria di Via dell'Unione

Via dell'Unione 6
☎ 02 874401
Metro: M1, M3/Duomo
⏱ 11-16, sonntags geschlossen

Einfach und klein, aber immer voll. Hier können Sie sich mittags mit einem günstigen Mahl verkösten. Fröhliches und sympathisches Ambiente. Zahlungsgepflogenheit des Hauses: «Nur Bares ist Wahres.»

⚘ La Brisa

Via Brisa 15
☎ 02 86450521
Metro: M1/Cordusio
Sonntags und Montagmittag geschlossen

Ein wirklicher Geheimtip: Mitten im Herzen des römischen Mailands heisst Elena Rasi ihre mehr oder weniger illustren Gäste willkommen. Typische Mailänder Küche mit fantasievollen Fleisch- und Fischgerichten.

Hausgemachte Kuchen. Im Sommer können Sie im lauschigen Innenhof speisen. Für das Lunch-Menü zahlen Sie 25 000 Lire, À-la-Carte-Essen kostet um die 60 000 Lire.

La Latteria

Via San Marco 24
☎ 02 6597653
Metro: M2/Moscova
Samstags und sonntags geschlossen

Ein Relikt aus alten Zeiten: La Mamma kocht exquisite Raritäten, der Papa bedient, und die Tochter sitzt an der Kasse. Beispielsweise bekommen Sie hier zur Vorspeise eine Dinkelsuppe, zum Hauptgang gefüllte Kürbisblüten und zum Nachtisch selbstgebackene Kuchen. Die wenigen Tische, die es hat, können nicht reserviert werden. Es lohnt sich aber, auf einen freien Platz zu warten. Sehr beliebt bei Fernsehleuten und Journalisten. Rechnen Sie mit 40 000 Lire pro Mahlzeit.

La Libera

Via Palermo 21
☎ 02 8053603
Metro: M2/Moscova
🕐 20-24, montags geschlossen

Belebtes, preiswertes Restaurant mit Bistro-Ambiente: Serviert knusprige Pizzas, feine Pasta und Co. Die Salate sind einen Tip wert. Mit seinem nostalgischen Charme und den vielen alten Biersorten zieht das Lokal ganz unterschiedliche Kunden an, vor allem aber die junge Werbe- und Mode-Szene.

Le Bandiere

Via Palermo 15
☎ 02 86461646
Metro: M2/Moscova
Samstagmittag und sonntags geschlossen

Mitten im ehemaligen Künstlerviertel Brera liegt das urbane Ristorante Le Bandiere. Venetische Küche kocht der Chef, und dazu gibt es passende Regionalweine. Die Suppen sind eine Klasse für sich. Ab 50 000 Lire pro Mahlzeit.

Osteria dei Binari

Via Tortona 1
☎ 02 89409428
Metro: M2/Porta Genova
🕒 20-23.30, sonntags geschlossen

Cesare Denti, früher ein Textilindustrieller, verwöhnt Sie mit lombardisch-piemontesischer Küche. Highlight des Hauses: Im Sommer tafelt man unter Weinlaub und Trauben im Garten. Oder – sollte Sie der Zuglärm der Stazione di Porta Genova stören – in einem der vier gemütlichen Innenräume mit Holzdecke. Ist es kalt, brennt abends ein Kaminfeuer. Beliebt bei Geschäftsleuten. Sie zahlen pro Mahlzeit einen Prix fixe von plus/minus 60 000 Lire.

Papaveri e Papere

Via Bramante 7
☎ 02 347137
ab Dom/Via Orefici: Tram 12, 14
Samstagmittag und sonntags geschlossen

Wer hier keine «Cotoletta alla milanese» isst, ist selber schuld. Das Fleisch wird übrigens nach alter Manier mürb geklopft und nachher auf kleiner Flamme gekocht. Die Papaveri-Küche erhielt für ihre Kochkünste schon diverse Auszeichnungen. Gute Weinkarte. Eine weitere Spezialität des Hauses: den Service «à la Papaveri». Gegen Ende der Woche ist Reservieren ratsam. Rechnen Sie im Schnitt mit 55 000 Lire pro Mahlzeit.

SHOP & EAT

Wenn ich shoppen gehe, will ich mittags kein 3-Gang-Menü essen. Ich ziehe eine leichte Mahlzeit vor. Was ich will, ist gutes Essen zu niedrigen Preisen. Und natürlich: Die Lage des Lokals muss stimmen. Meine Favoriten:

Der Kaufhaus-Lunch am Dom

Bistrot di Gualtiero Marchesi

Piazza del Duomo 27 (im 7. Stock)
☎ 02 877120
Metro: M1, M3/Duomo
Sonntags und Montagmittag geschlossen

Das Bistrot befindet sich auf dem Dach des Edelkaufhauses La Rinascente. Gekocht wird nach der Schule des grossen Meisters Gualtiero Marchesi, aber zu weniger gesalzenen Preisen. Traditionelle lombardische Küche. Bescheidene Weinkarte. Als Gratis-Beigabe geniessen Sie einen einzigartigen Blick auf den Dom.

Feine Pasta & leichte Salate im Goldenen Dreieck

⚍ Il Salumaio

Via Montenapoleone 12 (im Hinterhof)
☎ 02 784650
Metro: M3/Montenapoleone
🕐 12-15, sonntags geschlossen

Unglaublich, aber wahr: Mitten in der Luxus-Shoppingmeile können Sie im gleichnamigen Restaurant des Feinschmecker-Tempels Il Salumaio ziemlich preiswert einen Lunch einnehmen. Im Sommer tafeln Sie in einem malerischen Innenhof. Weitere Pluspunkte: Weil man an internationale Kundschaft gewöhnt ist, können Sie auch nur einen Salatteller oder ein Pasta-Gericht bestellen. Für das Coperto (Gedeck) zahlen Sie übrigens nicht extra. Sehr stilvoll und vornehm – definitiv der Ort, um gesehen zu werden.

Unweit des Corso Buenos Aires: Lunch-Time «alla milanese»

L'Osteria del Treno

Via San Gregorio 46/48
☎ 02 6700479
Metro: M2, M3/Centrale
Samstags geschlossen

Dieses Lokal liegt nicht an den üblichen Touristenpfaden – was bedeutet, dass Sie 5 bis 10 Minuten laufen müssen, aber der Aufwand lohnt sich. Die Osteria del Treno ist ein höchst beliebtes, unverfälschtes Lokal: immer rappelvoll, laut und verraucht. Ein kulinarischer Höhepunkt in Sachen italienischer Slow Food: feinste hausgemachte Pasta und, und, und. Mittags können Sie hier auch preiswert ein Menü essen. Ausserdem: Gute Weine zu vernünftigen Preisen.

Das Mittagslokal im Norden des Brera-Viertels

Alla Cucina delle Langhe

Corso Como 6
☎ 02 6554279
Metro: M2/Garibaldi
Sonntags geschlossen

Ein «In»-Restaurant, das für seine Salate berühmt ist. Und wer keinen Salat mag, kann sich auch Pasta oder einen Hauptgang bestellen. Hier verpflege ich mich, wenn ich im Trendsetter-Tempel «10 Corso Como» oder um die Ecke bei «High-Tech», dem Kultshop für Wohnaccessoires, einkaufen gehe.

Köstliche Pizzas & Panini

Rita e Antonio

Via Puccini 2/A
☎ 02 875579
Metro: M1/Cairoli
Samstagmittag und montags geschlossen

Eine Mailänder Institution: Die stadtbekannte Signora Rita steht höchstpersönlich vor dem Pizzaofen und zau-

bert mit lässiger Nonchalance die begehrten Stückchen. Falls Sie die beste Pizza der Stadt verzehren wollen, ein Muss!

Santa Lucia

Via San Pietro all'Orto 3
☎ 02 76023155
Metro: M1/San Babila
Montags geschlossen

Ich verköstige mich zuweilen auch bei Santa Lucia mit
Pizza. Und zwar immer dann, wenn ich mich zur Mit-
tagszeit am Corso Vittorio Emanuele oder am Corso
Venezia aufhalte. Sie bekommen in diesem kleinen
stilvollen Restaurant auch andere italienische Köstlichkeiten.

Panino Giusto

- Piazza Beccaria 4
☎ 02 76005015
Metro: M1/San Babila
Montags geschlossen

- Corso Garibaldi 125
☎ 02 6554728
Metro: M2/Moscova
Montags geschlossen

Dieses Lokal ist meistens voll. Für «Chi-Chi» ist kein
Platz, aber die hausgemachten Panini schmecken vorzüglich. Freundliche Bedienung. Happy Hour ist von
18.30 bis 21 Uhr.

Schnell & gut:
Fast Food «all'italiana»

Autogrill

Via Orefici 1
☎ 02 72002211
Metro: M1, M3/Duomo
🕓 10.30-24, Montagvormittag geschlossen

Dieser Selfservice-Laden funktioniert nach dem Mar-
chéprinzip «à la Mövenpick»: Das Essen ist frisch, gut,
schnell zubereitet und kostet wenig. Sie bekommen
hier Pizzas, Pasta, À-la-Minute-Fleischgerichte, Salate,
Sandwiches, Nachspeisen und das auch zu sonst

nüblichen Essenszeiten. Eignet sich auch bestens für eine preiswerte Kaffeepause. Und wer einen Vitaminschub nötig hat, kann hier 3 dl frischgepressten Orangensaft für 3000 Lire trinken. Ausserdem ist die Lage «1a».

Brek

- Piazzetta U. Giordano 1
- ☎ 02 76023379
- Metro: M1/San Babila
- ⏱ 11.30-15/18.30-23, sonntags geschlossen

- Via Lepetit 20
- ☎ 02 6705149
- Metro: M2, M3/Centrale
- ⏱ 11.30-15/18.30-23, sonntags geschlossen

Eine andere Kette, aber dasselbe Prinzip. Die Auswahl ist im wesentlichen dieselbe wie bei Autogrill. Die beiden oben angeführten Adressen sind gut, die dritte Brek-Dependance an der Via Manzoni sollten Sie nach Möglichkeit meiden.

HAVE A BREAK!

Wer den ganzen Tag auf Shoppingtour ist und erst spät zu Abend isst, der braucht nachmittags eine kleine Snack-Pause. The Best of the Best:

Die berühmtesten Cafés

Cova

Via Montenapoleone 8
☎ 02 76000578
Metro: M1/San Babila
Sonntags geschlossen

Ein definitives Mailänder Muss. Die Pasticceria Cova hat eine lange Geschichte: Seit 1817 verkauft sie Süsses in allen Variationen und Geschmacksrichtungen. Und Antonio Cova war es, der einst den «Pan di Toni» (den heutigen Panettone) erfand – ja richtig: Ich rede von Mailands berühmtem Weihnachtskuchen. Sehr beliebte Anlaufstelle für ältere Damen der feinen Gesellschaft. Aber auch die Schicken und Schönen treffen sich hier zum Kaffeetrinken.

Sant'Ambroeus

Corso Matteotti 7
☎ 02 76000540
Metro: M1/San Babila
Montags geschlossen

Ein Leckerbissen auch fürs Auge: Exklusives Café, das auch zum Tee und Aperitif bittet. Geradezu berühmt ist das Sant'Ambroeus für seine exquisiten Torten und die feinen Pralinen.

Das leckerste Eis

Gelateria Ecologica

Corso di Porta Ticinese 40
☎ 02 58101872
ab Dom/Via Torino: Tram 3
Mittwochs geschlossen

m Sommer eine willkommene Erfrischung: Das Eis wird hier seit 25 Jahren ohne Konservierungsmittel und künstliche Farbstoffe hergestellt. Und das schmeckt absolut fabulös! Probieren Sie «Fragolina di Bosco» (Walderdbeer-Eis).

Die süffigsten Frullati

Viel

- Via Marconi 3/E
  ☎ 02 8692561
  Metro: M1, M3/Duomo
  Sonntags geschlossen

- Via P. da Cannobio
  ☎ 02 8055508
  Metro: M1, M3/Duomo
  Sonntags geschlossen

- Corso Buenos Aires 15
  ☎ 02 29516123
  Metro: M1/Porta Venezia
  Dienstags geschlossen

Ein kalter Fruchtsaft gefällig? Dann bitte mir nach zu «Viel». Die Gelateria ist bekannt für ihre aromatischen Frullati. Und dafür scheut sie auch keine Mühe: Die frischen Früchte werden aus der ganzen Welt importiert.

NACH DEM SHOPPING IN DIE BAR

Die besten Aperitif-Bars

Bar Giamaica

Via Brera 32
☎ 02 876723
Metro: M2/Lanza
🕐 9-2, sonntags geschlossen

Früher ein beliebter Treffpunkt von Künstlern und Journalisten, heute Kultstätte für einen genüsslichen Aperitif: Wenn Sie alle Läden im Viertel abgeklappert haben, können Sie auf einen Stuhl des ältesten Brera-Lokals sinken, einen Prosecco bestellen und überlegen, wo Sie zu nächtlichen Stunden abtauchen wollen. Im Sommer werden auf dem Gehsteig Tische aufgestellt.

Camparino Bar Zucca

Piazza del Duomo 21
☎ 02 86464435
Metro: M1, M3/Duomo
🕐 7.30-20.30, mittwochs geschlossen

Legendär: Campari in allen Variationen (geschüttelt, bitter oder mit Soda). Die Geburtsstätte des Campari ist meist hoffnungslos überfüllt, und natürlich zahlen Sie hier auch mehr als anderswo ...

⚓ Radetzky Café

Corso Garibaldi 105
☎ 02 6572645
Metro: M2/Moscova
🕐 7-1, sonntags geschlossen

Gestylte Szene-Bar mit Bistro-Ambiente. Morgens können Sie hier frühstücken, mittags und abends einen Happen essen, und zwischendurch bekommen Sie gute Aperitifs, süffige Cocktails und Sekt mit Austern. Abends immer voll! Das dazugehörende Restaurant befindet sich rechts um die Ecke.

Die coolsten Szene-Bars

⚲ ATM Bar

Bastioni di Porta Volta 15
☎ 02 6552365
Metro: M2/Moscova
🕐 12-3, sonntags geschlossen

Im «Atiemme», einem Ex-Wartesaal der öffentlichen Verkehrsmittel A.T.M., trifft sich die Fashion-Szene auf ein paar Drinks und Talks. Mit Sushi-Bar. Warme Küche bis 23 Uhr. Noch besser: Zu später Nachtstunde heizt ein DJ mit heissem Sound ein. Und samstags trifft man sich zum Brunchen, von 13 bis 16 Uhr.

Café L'Atlantique

Viale Umbria 42
☎ 02 55193925
ab Dom/Via Mazzini: Tram 12, 27
🕐 11-2, montags geschlossen

Das «In»-Lokal der Stadt, mit Cocktail-/Weinbar und Restaurant unter einem Dach. Gute Musik, cooles Publikum. Sonntags trifft man sich zum Brunch.

Grand Café Fashion

Corso di Porta Ticinese 60
☎ 02 89400709
ab Dom/Via Torino: Tram 3
🕐 18-3

Der Besitzer ist an einer Modelagentur beteiligt – kein Wunder also, dass sich die Models die Klinke in die Hand geben. «In»-Disco-Bar auf zwei Etagen.

SHOPPING – ALLES, WAS SIE WISSEN MÜSSEN

Öffnungszeiten

Mailand hat mehr oder weniger geregelte Öffnungszeiten, allerdings können diese – je nach Geschäft, Shoppinglage und Wochentag – variieren.

- **Sonntags** bleiben (fast) alle Geschäfte geschlossen, ausser im Dezember, wenn ganz Mailand dem Christmas-Shopping frönt.

- **Blue Monday:** Am Montagvormittag sind alle Shops zu. Einzige Ausnahme: einige Lebensmittelgeschäfte downtown machen bereits am Morgen auf.

- **Dienstags bis samstags** gelten folgende Regeln: Morgens öffnen die Läden zwischen 9 und 10 Uhr, und abends schliessen die meisten Shops zwischen 19 und 19.30 Uhr, ein paar wenige auch erst um 20 Uhr. Mittagspause machen die Geschäfte von 12.30 bis 15 Uhr bzw. von 13 bis 15.30 Uhr.

- **Rund um den Dom und im Goldenen Dreieck** sind die meisten Läden samstags durchgehend geöffnet, in der Regel von 10 bis 19 Uhr. Mittlerweile werden diese Öffnungszeiten vermehrt auch wochentags eingehalten.

- **Kaufhäuser, CD-Shops, Buchhandlungen** und einzelne **Szene-Läden** sind die ganze Woche über durchgehend geöffnet.

- Das Edelkaufhaus **La Rinascente** bleibt abends bis 21 Uhr offen. Und der Designtempel **10 Corso Como** lädt jeweils mittwochs zum Abend-Shopping ein: ebenfalls bis 21 Uhr.

- **Outlet-Shops und Fabrikverkäufe** haben individuelle Öffnungszeiten. Die genauen Ladenöffnungszeiten sind bei den einzelnen Adressen aufgeführt.

An **gesetzlichen Feiertagen** können Sie sich das Shoppen in Mailand abschminken. Also bloss keinen Shopping-Trip nach Mailand am

- 1. Januar (Neujahr)
- 6. Januar (Dreikönigstag)
- 25. April (Tag der Befreiung)
- 1. Mai (Tag der Arbeit)
- 2. Juni (Tag der Republikgründung)
- 15. August (Mariä Himmelfahrt)
- 1. November (Allerheiligen)
- 7. Dezember (Sant'Ambrogio, Namenstag des Stadtpatrons)
- 8. Dezember (Mariä Empfängnis)
- 25. Dezember (Weihnachten)
- 26. Dezember (Stefanstag)

Ferragosto: Im August geniessen die Mailänder ihre Sommerferien. Und dann sind alle Shops, die meisten Restaurants und viele Lebensmittelgeschäfte geschlossen.

Dolmetscher brauchen Sie keinen

Mailands Geschäfte sind an internationale Kundschaft gewöhnt. Das Verkaufspersonal spricht mit wenigen Ausnahmen englisch.

Sie zahlen, wie Sie wollen

(Fast) alle Geschäfte akzeptieren Kreditkarten. Die gängigen Varianten sind: American Express (AE), Bank Americard (BA), Diners Club (DC), Eurocard (EC), Mastercard (MC) und Visa (V). Welche Karten von welchen Shops akzeptiert werden, erfahren Sie bei den einzelnen Shopadressen. Zwei Outlets und einige Fabrikverkäufe verlangen allerdings Barzahlung.

Kundenservice

Falls Sie nicht gerne Einkaufstüten herumschleppen, können Sie Ihre gekauften Sachen auch direkt **ins Hotel liefern lassen.** Das klappt prima, kostet allerdings eine Kleinigkeit – es sei denn, Sie haben in einem der Shops ultimativ zugeschlagen. Einige Luxus-Dependancen bieten ihren Kunden aber auch einen kostenlosen Zustellservice an. Und viele Fashion-Läden haben einen **Schneiderservice.** Vielfach werden Ihnen die geänderten Kleider sogar ins Hotel geliefert. Eine lohnende Angelegenheit, denn die Preise für Änderungsarbeiten sind in Italien wesentlich tiefer als hierzulande.

Italienische Grössen

In den nachfolgenden Tabellen können Sie Ihre **Kleider- und Schuhgrösse** bequem ablesen. Trotzdem sollten Sie die Sachen vor dem Kauf anprobieren: Einige Stylisten, und dazu gehören viele Italiener, schneidern ziemlich schmal. Es kann deshalb sein, dass Sie eine Nummer grösser wählen müssen.

Women's Wear

Kostüme, Jacken, Hosen & Mäntel

Italien	36	38	40	42	44	46	48	50	52
D, CH, A, NL	32	34	36	38	40	42	44	46	48
GB	28	30	32	34	36	38	40	42	44
USA			6	8	10	12	14	16	18

Blusen

Italien	36	38	40	42	44	46	48	50	52
D, CH, A, NL	32	34	36	38	40	42	44	46	48
GB/USA			30	32	34	36	38	40	42

Schuhe

I, D, CH, A, NL	35	36	37	38	39	40	41
GB	2	3	4	5	6	7	8
USA	4	5	6	7	8	9	10

Anzüge, Jacken, Hosen & Mäntel

I, D, CH, A, NL	44	46	48	50	52	54	56	58
GB/USA	34	36	38	40	42	44	46	48

Hemden

I, D, CH, A, NL	36	37	38	39	40	41	42	43
GB/USA	14	14.5	15	15.5	16	16.5	17	17.5

Schuhe

I, D, CH, A, NL	39/40	41/42	43	44	45	46
GB/USA	6-7.5	8-8.5	9-9.5	10-10.5	11-11.5	12

Tax-free für Nicht-EU-Touristen

Laut Gesetz können Touristen, die ihren Wohnsitz ausserhalb der EU haben, die **italienische Mehrwertsteuer** zurückfordern. Das gilt für die Schweiz und alle andern Nicht-EU-Staaten, vorausgesetzt,

- der Shop, in dem Sie einkaufen, hat sich dem Tax-free-System angeschlossen. Achten Sie auf das schwarzblaue **Tax-free-Logo** an den Ladentüren. Oder noch einfacher: In den Kapiteln mit den Shopadressen finden Sie bei den Geschäften, die dem «Italy-Tax-free-Shopping» angehören, rechts neben der Adresse das Tax-free-Logo.

- Sie kaufen in einem einzigen Shop für mindestens 300 000 Lire ein.

- die eingekauften Sachen sind für Ihren persönlichen Bedarf.

Das **Prozedere**

- **im Shop:** Dort, wo Sie eingekauft haben, lassen Sie das **Tax-free-Formular** ausfüllen. Sie müssen sich dafür in jedem Fall mit Ihrem Pass ausweisen.

- **bei Ihrer Ausreise:** Am Flughafen bzw. an der Grenze müssen Sie zum entsprechenden **Tax-free-Office** gehen. Und dort zeigen Sie das Tax-free-Formular und Ihre eingekauften Sachen. Verlangen Sie den Zollstempel, der den Export der Ware bestätigt.

Erst jetzt können Sie das **Tax-free-Formular** mit dem voradressierten Briefumschlag an das «Italy-Tax-free-Shopping» schicken und sich den Betrag überweisen lassen. Der Rückerstattungsanspruch ist allerdings **nur drei Monate gültig.** Ausschlaggebend ist das Datum des Zollstempels.

Achtung Zoll!

Die Schweizer unter Ihnen wissen's: Die Freigrenze für Waren, die Sie aus Italien zollfrei in die Schweiz einführen dürfen, liegt bei 300 000 Lire pro Person. Massgebend dafür ist der (geschätzte) Einkaufspreis. Also: Wenn Sie im Schlussverkauf in einem der Outlet-Shops zuschlagen und bombastisch viel für extrem wenig Geld einkaufen, sollten Sie den Kassenbeleg im Notfall am Zoll vorweisen können – andernfalls wird's teuer. Denn wer wird Ihnen schon glauben, dass das rote Valentino-Handtäschchen eine Special Offer für 45 000 Lire war?

Innerhalb der EU-Länder sind Einfuhrbeschränkungen kein Thema mehr – vorausgesetzt, die eingekauften Sachen dienen zu Ihrem ganz persönlichen Gebrauch. Was viele aber trotzdem nicht wissen: Wenn Sie beispielsweise als Deutscher mit Ihrer Ware durch die Schweiz reisen, kann es sein, dass Sie die Sachen in Chiasso verzollen müssen, diese Zollgebühr aber bei der Ausfuhr in Basel wieder auf den Rappen genau zurückerstattet bekommen.

DIE BESTEN DEALS
AUF EINEN BLICK

Mailand ist eine grandiose Einkaufsstadt. Sie ist zwar nicht so schnelllebig wie New York, nicht so hip wie London und nicht so niveauvoll wie Paris, aber sie hat Klasse. Und Sie bekommen dort eine unglaubliche Shoppingauswahl geboten: Keine andere Stadt der Welt kann nur annähernd mit der Vielfalt und Anzahl von Mailands inländischen Designershops mithalten. Und nicht nur das: Die City hat in den letzten Jahren eine exzellente Outlet-Szene aufgebaut. Das Geschäft boomt, und Sie finden dort hochwertige Designerfashion zu aussergewöhnlich tiefen Preisen. Ich verrate Ihnen noch ein Geheimnis: Noch billiger gibt's Designersachen nur noch auf Mailands Strassenmärkten.

Diese Modemetropole ist natürlich auch eine bombastische Shopping-Oase für trendigen italienischen No-Name-Schick zu günstigen Preisen. Aber das wissen Sie wahrscheinlich schon längst. Also, bleiben Sie dran.

Was sich lohnt

Abgesehen vom italienischen Flair für Stil & Geschmack, für neue Ideen & Trends finden Sie in dieser Shopping-Metropole eine Fülle von Dingen, die dort weniger kosten als hierzulande. Und wenn Sie das beste Preis-Leistungs-Verhältnis herausschlagen wollen, müssen Sie sich nur an eine simple Regel halten: «Kaufen Sie italienische Produkte», insbesondere:

- Fashion & Accessoires
- Lederwaren: Schuhe, Handtaschen & Co.
- Modeschmuck
- Design & Dekoratives
- Delikatessen

Outlet-Shopping & Fabrikverkäufe

Die Mailänder wollen gut aussehen und wenig bezahlen – mit andern Worten, clever einkaufen. Sie stehen auf Designerwear und Edelmarken, aber nur die wenigsten sind bereit und auch in der Lage, exorbitante Preise für solche Edelstückchen zu zahlen. Sie etwa? Dann bitte mir nach ins **Outlet-Shopping**-Vergnügen: **Il Salvagente** (📖 S. 144) zum ersten, **Emporio Isola** (📖 S. 141) zum zweiten und **Gruppo Italia Grandi Firme** (📖 S. 144) zum dritten.

Sie können natürlich auch eine Landpartie zu einem **Fabrikverkauf** (📖 S. 271) machen. Einige Designer und die meisten Edelmarken haben irgendwo in Norditalien einen Fabrikverkauf, wo Sie teilweise mehr als 50 Prozent billiger einkaufen können. Frage: Was hält Sie davon ab, an einem Regentag den Strand von Rimini zu verlassen und bei **Baldinini** (📖 S. 275) vorbeizuschauen? Oder wie wär's mit einem Besuch des **Armani-Outlets** (📖 S. 272) unweit der Schweizer Grenze? Oder wieso nicht den Ausflug an den Lago Maggiore mit einem Stopover beim Fabrikverkauf von **Alessi** (📖 S. 238) verbinden?

Schlussverkäufe

Auch in Mailand gibt es zwei grosse Saisonschlussverkäufe: Der **Winterschlussverkauf** startet gleich nach Weihnachten oder Anfang Januar und dauert den ganzen Januar über. Der **Sommerschlussverkauf** beginnt Ende Juni/Anfang Juli und dauert bis zur letzten Juliwoche.

Im Schlussverkauf geht alles mit **30 bis 50 Prozent Rabatt** über den Ladentisch. Auch die Luxus-Dependancen im Goldenen Dreieck verkaufen dann ihre Designerwear mit einem Preisnachlass. Einziger Unterschied: Sie plazieren ihre Sales-Schilder – wenn überhaupt – sehr diskret. Selbst Outlets und Fabrikverkäufe reduzieren in dieser Zeit nochmals ihre Preise um 30 bis 70 Prozent. Fahren Sie nach Mailand, um das mitzuerleben.

Das absolute **Highlight,** das Sie erleben können, ist der «saldi» des grössten Outlet-Shops der City: der **Schlussverkauf von Il Salvagente.** Die normalerweise schon um 50 Prozent reduzierte Designerwear wird dann nochmals um 30 bis maximal 70 Prozent verbilligt. Ich bin jedenfalls regelmässig mit von der Partie. Soll ich Ihnen noch etwas verraten? Viele Hotels bieten im Januar sowie Juni und Juli – also genau zu Schlussverkaufszeiten – lukrative Special Offers an. Das ist Ihre Chance.

DIE BESTEN MITBRINGSEL AUF EINEN BLICK

Schnell etwas für sie

- Der Klassiker: ein Kult-Wässerchen von **Etro** (📖 S. 189), etwa «Heliotrope» oder «Patchouly».
- Für Lifestyle-Ladies eine Sonnenbrille von **Gucci & Co.** (📖 S. 69).
- Für Küchendesign-Freaks etwas von **Alessi** (📖 S. 238).

Schnell etwas für ihn

- Der Klassiker: eine Designerkrawatte, beispielsweise von **Etro** (📖 S. 65), **Armani** (📖 S. 68) oder **Versace** (📖 S. 68).
- Für Szenegänger das Eau-de-Cologne **«Acqua di Parma»** (📖 S. 187).

Schnell etwas für Kids

- Eine Luftmatratze oder lustige Schwimmsachen von **La Città del Sole** (📖 S. 215). Das Spielzeuggeschäft bietet zudem viele wunderbare Geschenkideen, auch pädagogisch wertvolle Spielsachen.

Schnell etwas für Teens

- Verbringen Sie eine halbe Stunde im **Fiorucci Dept. Store** (📖 S. 126), und Sie werden garantiert etwas Geeignetes finden, zum Beispiel ein cooles Fiorucci-T-Shirt mit Puttenmotiv.
- Ladies only: Lippenstift und Nagellack von **Madina** (📖 S. 190).

Schnell etwas für Gourmets

- Eine köstliche Kaffeemischung vom Feinschmeckertempel **Peck** (📖 S. 208). Ich mag auch seine Pastaspezialitäten, die gewürzten Olivenöle und natürlich den Balsamico-Essig.
- Die beste **Weihnachtsüberraschung:** ein Panettone von **Cova** (📖 S. 34).

DIE BESTEN SHOPPINGMEILEN

Einkaufen können Sie downtown fast überall. Am schnellsten kommen Sie aber voran, wenn Sie strassen- bzw. distriktweise shoppen gehen. **Mailands Shopping-Areas** haben alle **einen ganz eigenen Charakter,** ich rate Ihnen deshalb: Überlegen Sie sich im Vorfeld, wo Ihre Interessen liegen – Sie haben ja schliesslich nicht alle Zeit der Welt. Apropos Zeit: Bevor Sie zu Ihrer Shoppingtour aufbrechen, sollten Sie sich ein paar Minuten mit dem Stadtplan abgeben. Damit ersparen Sie sich in jedem Fall mühsame und zeitaufwendige Transfers von einem Shopping-Distrikt zum nächsten. Und den **Individual-Shoppern** unter Ihnen rate ich: Wer gezielt einzelne Shops aufsuchen will, ist gut beraten, wenn er sich im voraus eine eigene kleine Shoppingtour zusammenstellt. Am besten, Sie nehmen sich die Shops linien- bzw. kreisförmig vor, das ist die ökonomischste Variante.

Goldenes Dreieck: Edelshopping bei Gucci & Co.

The Top of the Top: weltbekannt, sehr exklusiv und unwahrscheinlich teuer – das ist das Goldene Dreieck. Wer einen Shop in der legendären **Via Montenapoleone,** der **Via Sant'Andrea** oder in der **Via della Spiga** (inklusive Seitengassen) besitzt, der hat es international geschafft. Hier tummelt sich alles, was in der Fashionszene Rang und Namen hat, und zwar Ladentür an Ladentür. Das muss man sich mal vorstellen: Mehr als 150 Designertempel, Edelmarken-Boutiquen und Juweliergeschäfte präsentieren hier auf kleinster Fläche ein unglaubliches Angebot an prestigeträchtiger Luxusware: von **Armani** über **Moschino** bis zu **Zegna. Prada** besitzt sogar vier Shops: einen Dessous-Laden, einen Lederwaren-Shop und zwei Fashion-Dependancen – was will ein luxussüchtiger Mensch noch mehr? Hollywood-Promis und Shopping-

Wütige aus High-Society-Kreisen decken sich hie[r] regelmässig im grossen Stil ein. Definitiv der Ort, un[d] zu sichten und gesehen zu werden!

Für **Fashion Victims und Trendsetter** gehört de[r] Gang durchs Goldene Dreieck zum Pflichtprogramm[.] Auch dann, wenn Sie sich ein Designerstückchen z[u] diesen Preisen nicht leisten können. **Window-Shopping** heisst hier die Devise. Darüber hinaus hat das Viertel, ladenarchitektonisch gesehen, einige **visuelle Highlights** auf Lager. Keine Frage: Die grösste und auch prestigeträchtigste Shop-Inszenierung bietet der **Versace-**Tempel an der Via Montenapoleone 2. Hier hat sich der grosse Meister definitiv selbst übertroffen – es lebe der Neobarock! Weitere Sehenswürdigkeiten: die beiden **Gucci-**Residenzen und die Dependancen von **Dolce & Gabbana** und **Etro.**

Via Montenapoleone
Metro: M3/Montenapoleone

Die Mailänder nennen ihre edelste Shoppingstrasse liebevoll **«Montenapo».** Sie beherbergt eine ganze Reihe renommierter Juweliergeschäfte, darunter auch **Cartier** und **Faraone Tiffany & Co.** Abgesehen davon präsentieren sich hier auf kleinster Fläche zahlreiche Designer-Dependancen: von **Etro** über **Ferragamo, Gucci, Iceberg, Prada, Mila Schön, Ungaro, Valentino, Versace** bis zu **Vuitton. Gucci** hat sogar zwei Tempel, einen Lederwaren-Shop und eine Fashion-Boutique.

Wer sich für Kristall- und Glaskreationen begeistern kann, ist mit einem Stopover bei **Venini** gut beraten. Exklusive Hometextilien gibt's bei **Pratesi** oder **Frette,** und geradezu legendär ist das Spezialgeschäft **G. Lorenzi.** Sie bekommen dort sündhaft teure Küchenaccessoires (v.a. Messer) und nützliche Reiseutensilien: vom vergoldeten Kaviarlöffel bis hin zum Hornkamm. Wer szenegerecht lunchen will, tut das vorzugsweise im Restaurant des Delikatessen-Tempels **Il Salumaio** (leichte Salate, feine Pasta zu annehmbaren Preisen). Don't: Lassen Sie sich auf keinen Fall von Models mit einkaufstütenbeladenen Sherpas im Schlepptau beeindrucken.

Via della Spiga und Via Sant'Andrea
Metro: M1/San Babila

Parallel zur Via Montenapoleone verläuft die **Via della Spiga.** Was soll ich sagen, auch hier reihen sich die Edel-Boutiquen der Modestars und -sternchen: **Dolce & Gabbana, Prada, Genny** und, und, und. Darüber hinaus glänzt die Strasse mit ihren vielen erstklassigen Accessoire-Shops. Wie wär's mit einem Hütchen von **Borsalino,** oder doch lieber ein Handtäschchen von **Bottega Veneta, Desmo** und Co.? Selbst **Bulgari** unterhält in der Via della Spiga eine standesgemässe Dependance, und seit kurzem leistet sich die hippe Make-up-Linie **M.A.C.** dort ebenfalls einen Ableger. Und diese Tatsache weiss ich überaus zu schätzen: Früher musste ich im Minimum nach London fliegen, wenn ich mich mit ebendiesem New Yorker Szene-Produkt eindecken wollte. Sie etwa auch?

Gianni Versace würde sich bedanken: Nichtsdestotrotz, die wahre Hochburg in Sachen Designer-Residenzen und Flagship-Stores ist und bleibt (zumindest für mich) die **Via Sant'Andrea.** Zugegeben, die Strasse ist mit ihren 250 Metern nicht gerade sehr lang, aber dafür bietet sie, was die Shop-Konzentration und das Designer-Angebot angeht, einige Spitzenreiter. Für Window-Shopper, Trendsetter und Luxus-Süchtige ist sie deshalb die perfekte Verbindungsstrasse zwischen der Via Montenapoleone und der Via della Spiga. Am besten, Sie starten an der Ecke Via della Spiga/Via Sant'Andrea: Direkt an dieser Ecke residiert die erst kürzlich umgebaute **Hermès**-Boutique, gleich daneben ist ein Ableger von **Prada** (Damenboutique), und schräg gegenüber stossen Sie auf **Fendi,** gefolgt von **Helmut Lang, Moschino, Costume National** und **Chanel.** Auf der gegenüberliegenden Seite der Strasse erstrecken sich die beiden **Gianfranco Ferré**-Shops, unmittelbar danach folgen die Dependancen von **Kenzo, Antonio Fusco** und **Armani.** Ein paar Häuser weiter, und Sie sehen rechter Hand **Trussardi** und schräg vis-à-vis **Missoni.** Ausserdem finden Sie in dieser Strasse ein paar lohnenswerte Trendboutiquen und Accessoire-Shops: **Marisa, Banner** und **Primoprima** gehören dazu, auch der Edel-Shop **Cesare Paciotti** ist mit von der Partie.

Via Pietro Verri und die angrenzende Piazza Meda
Metro: M1/San Babila

Lassen Sie sich nicht irritieren – die südlichste Querstrasse des Goldenen Dreiecks ist in zwei Teile gespal-
ten: Der Strassenteil zwischen der Via della Spiga und
der Via Montenapoleone nennt sich Via Sant'Andrea,
die Fortsetzung davon heisst **Via Pietro Verri.** In dieser Strasse haben sich ein paar internationale Designer niedergelassen, darunter **Yves Saint Laurent,
Christian Lacroix, John Richmond** und **Jil Sander.**
Ausserdem finden Sie dort auch einige renommierte
Herrenausstatter wie **Pal Zileri** und **Ermenegildo
Zegna.** Am besten, Sie halten sich an die rechte Strassenseite und arbeiten sich bis zur Piazza Meda hoch.
Einen Blick reinwerfen sollten Sie in jedem Fall auch
bei **Etro Profumi** und etwas weiter oben bei **Cas-
well-Massey,** einem altmodischen Ableger der famosen US-Drogerie, die sich mit ihren Körperpflegeprodukten einen Namen geschaffen hat. Der Shop liegt
rechter Hand in einer Seitenpassage. Wer sich für
exklusive Hometextilien und venezianische Spitzen
begeistern kann, taucht bei **Jesurum** ab. Ich schaue
auch immer bei **Vetrerie di Empoli** vorbei, einem
Shop, der traumhafte Glaskreationen (auch farbige
Stücke) zum Kauf anbietet. Ehrlich gesagt, mir ist es
bis heute ein Rätsel, wie preiswert so manches hier zu
haben ist.

Via Gesù, Via Santo Spirito und Via Borgospesso
Metro: M1/San Babila; M3/Montenapoleone

Die kleinen Seitengassen des Goldenen Dreiecks
beherbergen nur ein paar wenige Shops und Antiquitätengeschäfte. Dennoch sind sie einen Spaziergang
wert, denn sie zeigen ein faszinierendes Stück Alt-
Mailand, fast (oder ganz) frei von Verkehr. Meine
Shopping-Favoriten «en passant»: An der **Via Gesù**
residiert die Boutique des gleichnamigen Duftklassi-
kers **Acqua di Parma,** und gleich daneben hat sich
Roms Edelschneider **Brioni** niedergelassen. Eine Seitengasse weiter stossen Sie in der **Via Santo Spirito**
auf einen Ableger von **Aveda.** Zwei Häuser weiter lädt
die Designerboutique **Malhas** zum Verweilen ein.
Ebenfalls in der Via Santo Spirito beglückt der Pelzde-

signer **Carlo Tivioli** High-Society-Ladies mit seinen Fourrure-Kreationen. Und in der **Via Borgospesso** unterhält die Modedesignerin **Laura Biagiotti** eine Dependance. Auf keinen Fall verpassen dürfen Sie den Zweitshop von **Vetrerie di Empoli** in der Via Borgospesso 5: In den freskengeschmückten Sälen eines Barockpalastes aus dem 17. Jahrhundert finden Glasliebhaber alles, was das Leben einfach schöner macht. Hungrig? Wer mit der Mode-Schickeria mithalten will, diniert im mailändischen Traditionslokal **Bice,** Via Borgospesso 12.

Die kurze, aber feine Via Manzoni

Metro: M3/Montenapoleone

Diese Einkaufsstrasse liegt nördlich des Goldenen Dreiecks. Interessant ist der Teil zwischen dem legendären **Grand Hotel et de Milan** und der Piazza Cavour. Wer auf Möbeldesign und Homedecoration steht, wird gleich in mehreren Shops fündig, u.a. bei **TAD, Da Driade,** dem Möbelheiligtum der City, und bei **Poltrona Frau.** Daneben finden Sie hier auch einige sehenswerte Modeboutiquen. Der **Strenesse**-Shop von Gabriele Strehle gehört dazu, ebenso **Modyva.** Ultrachicker Modeschmuck findet sich bei **Donatella Pellini,** und das passende Gegenstück in Sachen Haarschnitt verpasst Ihnen auf Wunsch **Aldo Coppola.** Auf der Suche nach Schuhen? Restpaare und Special Offers von **Bruno Magli** finden Sie in der Via Manzoni 14.

Die Piazza San Babila und ihre Ausläufer: chic & trendy

Südlich vom Goldenen Dreieck liegt die Piazza San Babila. Die Piazza selbst bietet nur ein paar interessante Shops, etwa **Boggi, Eddy Monetti** und **Guess.** Viel aufregender sind die fünf Seitenstrassen, die von der Piazza abgehen.

Corso Matteotti und die Querstrasse
Via San Pietro all'Orto
Metro: M1/San Babila

Der **Corso Matteotti** erstreckt sich auf der einen Seite zur **Piazza Meda** hin und auf der anderen Seite zum **Corso Venezia.** Der Übergang zwischen den beiden Corsi ist allerdings so fliessend, dass Touristen den Unterschied kaum wahrnehmen. Die etwa 250 Meter lange Strasse beherbergt auf beiden Seiten faszinierende Geschäfte. Die Küchenkultur- und Einrichtungsläden **Moroni Gomma, Elam, Alessi** und **Richard Ginori** gehören dazu, ebenso die Schuh-Boutique **Aldo Bruè,** der Handtaschen-Shop **Redwall** und die beiden Szene-Shops von **Dantone.** Für einen genüsslichen Aperitif mit Gourmet-Häppchen bietet sich die legendäre **Pasticceria Sant'Ambroeus** an.

Auf keinen Fall verpassen dürfen Sie die kleine Querstrasse **Via San Pietro all'Orto,** die beidseitig einige höchst interessante Adressen bietet: **Vic Matiè, Superga,** Versaces Zweitlinien-Shops **Istante** und **Versus** sowie **Belfe & Belfe.** Auch einen Abstecher wert sind **Pomellato** und **Anselmo Dionisio** auf dem gegenüberliegenden Strassenabschnitt der Via San Pietro all'Orto.

Corso Venezia
Metro: M1/San Babila

Diese Strasse wimmelt von Trendboutiquen und eleganten Geschäften und führt direkt zum **Corso Buenos Aires,** der längsten Einkaufsmeile Mailands. Sie zieht «beautiful People» an, die sich ultraschick kleiden wollen. Hier liegen die Zweitlinien-Dependancen **D&G, Miu Miu** und **GFF,** ein paar erstklassige Trendläden für Damenfashion und Schuhe **(Sahzà, L'Altra Moda ...)** und einige Herrenboutiquen, wie etwa **Brooksfield** und **Tombolini.** Ausserdem empfiehlt sich ein Stopover im Kosmetikladen **Madina** und bei **De Padova,** dem beliebten Mailänder Einrichtungshaus für schlichte, moderne Designermöbel. Sehenswert ist auch das alteingesessene Sportwarenhaus **Brigatti.**

Corso Monforte
Metro: M1/San Babila

Falls Sie wirklich wissen wollen, was in der italienischen Lampendesignszene abgeht, dann sollten Sie den ersten Drittel dieser Strasse unter die Füsse nehmen. Den Rest können Sie sich sparen. Hier residieren die Showrooms von **Flos** und **Artemide,** und wer sich für avantgardistisches Möbeldesign begeistern kann, sollte auch **Cappellini** einen Besuch abstatten. Herrliche Wohnaccessoires und formvollendetes Küchendesign finden Sie ganz in der Nähe bei **Picowa** und **Zani & Zani.**

Corso Europa, Via Borgogna
und deren Seitenstrasse Via Durini
Metro: M1/San Babila

Der kurze **Corso Europa** geht von der Piazza San Babila rechts ab und beherbergt einige lohnenswerte Läden: das Einrichtungsgeschäft **Corso Europa Emporio Casa,** eine Filiale der Handtaschenkette **Mandarina Duck,** die elegante Herrenboutique **Paul & Shark,** den Fashion-Discounter **Libero** und einen Ableger von **Dimensione Danza,** dem «In»-Laden für trendige Aerobic- und Tanzoutfits. Ausserdem versorgt das Mailänder Geschäft der Florentiner Papierdynastie **Pineider** die Upperclass mit seinen statussymbolträchtigen, konservativen Briefpapierbögen und wunderschönen ledergebundenen Schreibaccessoires.
Weniger aufregend ist dagegen die **Via Borgogna,** sehenswert sind dort nur drei Geschäfte: die Trendboutique **Sem Vaccaro,** der Casualwear-Laden **WP Store** und **Palladium,** Mailands Insidertip für Naturleinen-Wear in modischen Schnitten. Viel lukrativer ist die angrenzende Modestrasse **Via Durini,** die seitlich von der Via Borgogna abgeht – die Yuppie-Fraktion wird begeistert sein: **Armani, Moschino, Trussardi** und **Calvin Klein** unterhalten in dieser eleganten Einkaufsstrasse ihre Zweitlinien-Tempel. Giorgio Armani hat hier sogar drei Geschäfte: einen **Emporio Armani,** einen **Collezioni-**Laden und ein **Armani Junior-**Geschäft. Mittendrin finden Sie das Pelzatelier von **Vito Nacci** und einige herrliche Boutiquen.

Der Duomo und seine Shopping-winkel: touristisch & vielschichtig

Mailands Wahrzeichen – der Dom – ist von zahlreichen Geschäften und Strassen umringt. Im Laufe der Zeit hat sich dieser Shopping-District völlig gewandelt. Früher galt das Dom-Viertel als bürgerliche Einkaufsgegend für Leute mit hohem Qualitätsanspruch; heute finden Sie hier einen unglaublichen Mix von Geschäften: kleine Läden und Megakomplexe, alteingesessene Geschäfte und junge Shops, klassische Edel-Dependancen und preiswerte Young-Fashion-Anlaufstellen. Neben ein paar Buchhandlungen und CD-Läden stossen Sie hier am Dom vor allem auf Fashion und Lederwaren.

Die Piazza del Duomo
und ihre beiden Seitenpassagen
Metro: M1, M3/Duomo

Beidseitig der **Piazza del Duomo** liegt rechts und links je eine Ladenpassage mit einigen reizvollen Geschäften. Wenn Sie vor dem Hauptportal des Doms stehen und sich nach rechts wenden, sehen Sie das alteingesessene Stoffwarengeschäft **Galtrucco,** gefolgt von **Virgin Megastore.** Ein kleiner Abstecher rechts um die Ecke, und Sie kommen nach ein paar Schritten auf die **Piazza Diaz** und damit zu **Habitat,** einem Ableger der famosen englischen Möbelhauskette.

Historisch interessanter ist allerdings die linke Seitenpassage. Dort befinden sich einige traditionelle Mailänder Läden, und nach **Missoni Sport,** dem sportiven Zweitlinien-Shop von Missoni, kommt am Eingang zur **Galleria Vittorio Emanuele II** die legendäre **Camparino Bar Zucca.** Hier wurde vor mehr als 100 Jahren das rote Aperitif-Getränk **Campari** erfunden. Nicht weniger berühmt ist die Galleria selbst – sie war die erste überdachte Einkaufspassage Europas. Dieses Relikt aus alten, glanzvollen Zeiten ist mit seiner Glaskuppel und den Bodenmosaiken einen Stopover wert, auch wenn die Galleria sonst nicht allzuviel Aufregendes zum Shoppen bietet: Sehenswert sind nur das

Prada-Geschäft, der **Mercedes-Benz Spot,** die Buchhandlung **Rizzoli** und der Multimedia-Shop **Ricordi.** Daneben gibt es hier eine Handvoll überteuerte Cafés, einen McDonald's und das hochpreisige Gourmet-Restaurant **Savini.** Wenn Sie auf der Rückseite der Galleria hinausgehen und dem Strassenverlauf folgen, kommen Sie zur weltberühmten **Mailänder Scala.** Und gleich dahinter beginnt das Brera-Viertel.

Falls Sie die Galleria allerdings wieder Richtung Dom verlassen, kommen Sie links um die Ecke zum Edelkaufhaus **La Rinascente.** Und hier müssen Sie abtauchen ...

Corso Vittorio Emanuele II
Metro: M1, M3/Duomo; M1/San Babila

Nach La Rinascente beginnt der **Corso Vittorio Emanuele.** Er ist mit seinen vielen kleinen Seitenpassagen die grösste und auch wichtigste Einkaufsstrasse am Dom. Hier drängen sich renommierte Lederwarengeschäfte **(Bruno Magli, Pollini, Valextra ...)** und Boutiquen **(Max Mara, Max & Co., Caractère ...),** junge Teenie-Shops **(Cisalfa, Onyx, Stefanel ...)** und natürlich auch der berühmte **Fiorucci-**Laden. In dieser gepflasterten Fussgängerzone tobt das Leben, und wenn Sie kreuz und quer durch die Läden streifen, kommen Sie am Ende auf die Piazza San Babila, wo Sie nach links hin ins Goldene Dreieck weiterwandern können.

Brera-Viertel: zwischen Kunst, Kommerz und Avantgarde

Das Brera-Viertel gehört zu den spannendsten Stadtteilen Mailands. Es ist einmalig, unkonventionell und lebendig – ein Ort zum Shoppen und Ideensammeln. Früher trafen sich hier die Künstler, Schriftsteller und Bohemiens. Heute locken Antiquitätengeschäfte, Galerien, Shops und Restaurants Kunden aus aller Welt an.

Via Brera, Via Fiori Chiari und Via Madonnina
Metro: M2/Lanza

Hier im Herzen des Brera-Viertels warten die schmalen, kleinen Gassen nur darauf, von Ihnen entdeckt zu werden. Zum Shoppen interessant sind vor allem die **Via Brera** und die beiden Seitengässchen **Via Fiori Chiari** und **Via Madonnina.** Hier liegen u.a. die Boutiquen von **Laura Ashley, Etro, Luisa Beccaria** und **Martino Midali,** aber auch die Szene-Kosmetikläden **Shu Uemura, Profumo** und **Diego della Palma** und natürlich **Tuttosole,** mein Lieblingsladen für Sonnenbrillen.

Via Solferino und Via Statuto
Metro: M2/Moscova

Beide Strassen liegen nördlich der Via Brera. Die fröhliche Quartierstrasse **Via Solferino** schliesst fast direkt an die Via Brera an und bietet einen kunterbunten Mix unterschiedlicher Shops: vom avantgardistischen Möbeldesignladen **Dilmos** bis hin zum Fashion-Outlet **Diffusione Firme Moda.** Sie finden hier aber auch konventionelle Modeshops, etwa **La Tenda** und **Urrà.** Falls Sie auf dekorative Küchenutensilien stehen, sollten Sie auch **Penelope 3** einen Besuch abstatten, und Dessous-Fans dürften bei **Kristina Ti** auf ihre Rechnung kommen. Wenn Sie weitermarschieren und den **Largo C. Treves** überqueren, landen Sie direkt in der **Via Statuto.** Dort liegen zwei meiner Lieblingsläden: die Szene-Boutique **La Vetrina di Beryl** und das Handtaschengeschäft **Coccinelle.**

Via Mercato, Via Ponte Vetero und Corso Garibaldi
Metro: M2/Lanza; M2/Moscova

Wenn Sie lieber in der Hauptmeile des Brera-Viertels shoppen wollen, fahren Sie am besten mit der Metrolinie 2 bis Lanza. An der **Via Mercato** und der angrenzenden **Via Ponte Vetero** drängen sich preiswerte Shops und Modeboutiquen. **Viativoli** gehört dazu, ebenso **Balloon** und **Bipa.** Schöne Lederwaren finden Sie bei **Esibusi** und ausgefallenen Modeschmuck bei **Demalde' Elvio.** Ausserdem liegt hier die Hauptniederlassung des italienischen Modedesigners **Martino Midali** und das Gourmethaus **Tea Time.** Beide

Shops sollten Sie sich ansehen, sie sind wunderschön. Entlang des **Corso Garibaldi** reihen sich beidseitig lediglich ein paar wenige Shops, die sich lohnen: Etwa **Docks Dora** und **Surplus,** zwei Secondhandläden für Young Fashion, **Natura e ...** und die Wohndesign-Galerie **Eclectica,** die im hinteren Teil auch spezielle Fashion uns Accessoires verkauft.

Corso Como und Piazza XXV Aprile
Metro: M2/Garibaldi

Im Norden des Brera-Viertels ist ein neuer Randbezirk hinzugekommen: Der **Corso Como** und die **Piazza XXV Aprile.** Zugegeben, in diese Gegend wird sich kaum ein durchschnittlicher Mailandbesucher verirren, aber hier in diesem wenig spektakulären Teil Mailands liegen die beiden Kult-Tempel **10 Corso Como** und **High-Tech.** Beide Shops sind unglaublich kreativ und aufregend und werden deshalb regelmässig von Moderedakteuren und Designspezialisten abgeklappert. Falls Sie wissen wollen, was in der Mailänder Szene gerade «in» ist, ein absolutes Muss.

Via Torino:
preiswerte Läden & Young Fashion

Metro: M1, M3/Duomo

Die **Via Torino** geht vom Domplatz ab und erstreckt sich bis zum Corso di Porta Ticinese. In dieser grossen Einkaufsstrasse haben sich die beiden Kaufhäuser **Upim** und **La Standa** niedergelassen und viele Läden, die preiswerte No-Name-Fashion verkaufen. Zu den interessanteren Shops gehören **Amaranto, H3O, Vergelio, Ultima Edizione** und **Tutto per lo Sport 2.** Die Gourmets unter Ihnen müssen unbedingt einen Abstecher in die schmale Seitengasse **Via Spadari** machen, wo Mailands Delikatessen-Tempel **Peck** residiert – ein wahrer Sight. Falls Sie der Teenie-Generation angehören: Vergessen Sie das alles, und tauchen Sie ab in die hippen und hypen Billigshops, für die die Via Torino geradezu berüchtigt ist. Versuchen Sie's bei **DNA Store, Gallery-A, Karisma** und Co. Extravagante Plateauschuhe bekommen Sie bei **Claire.** Gegenwärtig wird die Via Torino neu gepflastert und nachher für den Verkehr gesperrt. Dann kann sich Mailand rühmen, die grösste zusammenhängende Fussgängerzone Europas zu besitzen.

Corso di Porta Ticinese: fashionable & alternativ

ab Dom/Via Torino: Tram 3

Wenn Sie mich nach der hippsten Shopping-Ecke für Twens fragen, dann würde ich Sie zuerst zum **Corso di Porta Ticinese** schicken. Hier riecht es nach «vecchia» Milano: Sicherlich, die Strasse ist bei weitem nicht so edel wie der Corso Venezia, aber dafür um Längen origineller und szeniger. Einige Jungstylisten haben hier Quartier bezogen, darunter auch **Anna Fabiano** und **Vicenzo Marino.** Ausserdem finden Sie hier eine ganze Reihe interessanter Damenboutiquen: Den ultimativen Szene-Schick bekommen Sie bei **Chic Simple** und **Laura Urbinati;** konventionelleren Trendschick verkauft u.a. **Kookaï,** und wenn Sie Ethnoschick für die Grossstadtwüste suchen, dürften Sie bei **Fatto a Mano** und **Modi-Atipici** fündig werden.

Corso Genova: bürgerlich & trendy

ab Dom/Via Torino: Tram 2, 14; M2/Porta Genova

Sollte der Corso di Porta Ticinese nicht ganz Ihrem Geschmack entsprechen, können Sie immer noch in die Seitenstrasse **Via E. de Amicis** biegen, bis zur **Piazza Resist. Partigiana** laufen und dann links in den **Corso Genova** schwenken. Diese kurze, elegante Einkaufsstrasse beherbergt einige höchst empfehlenswerte Boutiquen, etwa **Biffi, Anna Raazzoli** und natürlich **Zeus.** Vor Ort finden Sie auch einen Ableger von **Max & Co.** und **Max Mara,** und unten an der Piazzale Cantore steht ein **Coin-**Kaufhaus. Für ein gediegenes Short-Shopping genau das Richtige.

Corso Buenos Aires:
Mailands längste Shoppingmeile

Metro: M1, M2/Loreto; M1/Lima; M1/Porta Venezia

Mit ihren fast zwei Kilometern und mehr als 300 Geschäften gehört diese gigantische Einkaufsstrasse zu den längsten Europas. Hier reiht sich ein Schaufenster ans nächste: vom ehrwürdigen Hutgeschäft bis zur Modeboutique, vom Stoffladen bis zum Ramsch-Shop, von der Naturkosmetik-Anlaufstelle bis zum Haushaltsgeschäft. Kurz und gut: Es gibt nichts, was Sie hier nicht bekommen. Viele bekannte italienische Ketten und Firmen haben am **Corso Buenos Aires** Niederlassungen, darunter auch **Mandarina Duck, Furla, Pollini, Richard Ginori, Frette, Bassetti, Stefanel** und **Feltrinelli.** Dazu gesellen sich Filialen von internationalen Unternehmen, etwa **Timberland, Foot Locker, Dockers, Habitat** und **Cartier;** Kaufhausableger von **La Standa, Upim** und **Coin,** zig preiswerte Modeläden und Schuhgeschäfte ... einige Fast-Food-Ketten und haufenweise Cafés. Ausserdem finden Teenies hier jede Menge Boutiquen mit billiger Fashion, wie zum Beispiel **Motivi, Café de Flore** und **Pro Mod.**

Corso Vercelli:
kommerziell & klassisch

Metro: M1/Conciliazione; M1/Wagner

Der **Corso Vercelli** liegt im westlichen Teil der Stadt und reicht von der **Piazzale Baracca** bis zur **Piazza Piemonte.** Es ist eine gänzlich untouristische Einkaufsstrasse, wo vor allem gutbürgerliche Mittelklasse-Mailänder einkaufen. Neben den beiden Kaufhausfilialen von **La Standa** und **Coin** gibt es hier mehrheitlich Modegeschäfte und einige Filialen von bekannten Marken, etwa **Superga, Cartier, Mandarina Duck** und **Furla.** Wenn Sie mich fragen: Kein Shoppingviertel, das Sie kennen müssen. Die guten und interessanten Läden finden Sie auch in zentraler gelegenen Shopping-Areas downtown. Ein Abstecher lohnt sich deshalb nur, wenn Sie sowieso in der Gegend zu tun haben.

FASHION VON A BIS Z

Italienisches Modedesign

Italienische Labels sind, was die Designerwear betrifft, der Verkaufsschlager schlechthin. Natürlich, Sie können auch in London, New York oder Paris Designerklamotten erstehen, aber wer in der Designer-Szene mitreden will, kommt an Mailand nicht vorbei. Und wenn ich Mailand sage, dann meine ich das Goldene Dreieck: Hier präsentieren Designer-Boutiquen auf kleinster Fläche eine unglaubliche Auswahl. Und alle haben gesalzene Preise, edle Verkaufsresidenzen und Verkäuferinnen, die gerade dem Titelblatt der Vogue entsprungen zu sein scheinen. Absolut sehenswert, selbst wenn es beim Window-Shopping bleibt!

Mailands Shopping-Devise heisst: «Kaufen Sie italienische Labels.» Sie versprechen den grössten Gegenwert. Obwohl einige Modeimperien, wie beispielsweise Prada, inzwischen ihre Preise dem europäischen Niveau angeglichen haben, sparen Sie immer noch 10 bis 15 Prozent. Apropos Preise: Auch Designer-Shops veranstalten zweimal jährlich einen Schlussverkauf, und dann gibt es so manches heissbegehrte Designerstückchen 30 bis 50 Prozent billiger. Zugegeben: Die Preise sind immer noch hoch, aber wozu hat man schliesslich Geld?

Alberta Ferretti

Via Montenapoleone 21/A   🖳 http://www.albertaferretti.com   TAX FREE
☎ 02 76003095   📖 Designer-Special/S. 293
Metro: M3/Montenapoleone 📖 Philosophy di Alberta Ferretti/S. 79
AE-BA-DC-EC-MC-V
Fashion & Cocktailmode für sie

Hier kauft die Frau von Welt die Prêt-à-porter-Linie aus dem Hause Ferretti. Die Sachen sind von elegantem Schnitt, exklusiv in den Materialien, und der Stil ist modern, aber doch feminin: vom smarten Business-Look bis zur hollywoodreifen Abendgarderobe. Darüber hinaus bietet der Laden ein stilsicher inszeniertes Interieur mit Ausblick auf einen malerischen Innenhof.

Alberto Biani

Via della Spiga 25/ Ecke Via Santo Spirito
☎ 02 76017202
Metro: M3/Montenapoleone
AE-BA-DC-EC-MC-V
Fashion für sie

 Designer-Special/S. 293

Ganz weiss und sehr clean zeigt sich Alberto Bianis Shop. Wer etwas mit Women's Wear im trendigen Unisex-Stil anfangen kann, dürfte sich hier heimisch fühlen. Ich habe allerdings auch schon anderes gesichtet.

Allegri

Corso Venezia 15
☎ 02 796547
Metro: M1/San Babila
AE-BA-DC-EC-MC-V
Wetterfeste Outdoor-Fashion für sie und ihn, v.a. Jacken & Mäntel

Allegris puristischer Weather Point Store präsentiert sich ganz nach nobler Manier: grosse Shopinszenierung mit vornehm zurückhaltender Auswahl. Bekannt geworden ist Allegri mit seinen wasserabstossenden klassischen Regenüberziehern aus innovativen Materialien. Beispielsweise bekommen Sie hier knitterfreie Regenmäntel aus «V Stretch» oder Baumwolljacken, die sich wie Leder anfühlen. Gerade billig ist diese Outdoorfashion aber nicht, mit einer Million Lire müssen Sie notfalls schon rechnen. Dafür können Sie einen weich fallenden Allegri-Regenmantel auch tragen, wenn es nicht regnet – *Vogue* hat es uns vorgemacht!

Alma

Via Manzoni 46
☎ 02 782413
Metro: M3/Montenapoleone
AE-BA-DC-EC-MC-V
Fashion für sie

Ich persönlich habe ein Faible für diese wunderschönen Hosenanzüge, Kostüme und Kleider. Almas Fashion-Stil ist zwar up-to-date, aber nicht so hypertrendy, um nicht auch elegantere Ladies zu kleiden.

Anna Molinari Blumarine

Via della Spiga 42   📖 Designer-Special/S. 295
☎ 02 795081
Metro: M3/Montenapoleone
AE-BA-DC-EC-MC-V
Fashion & Accessoires für sie

Die zweistöckige Boutique ist eine beliebte Adresse für feminine Naturen: perlenbestickte Bodies, romantische Rüschchenröcke, hauchzarte Streetwear und Co. Neben der Prêt-à-porter-Linie *Anna Molinari* bekommen Sie hier auch die beiden preiswerteren Zweitlinien *Blumarine* und *Bluegirl*.

Antonio Fusco

Via Sant'Andrea 11   📖 Designer-Special/S. 295
☎ 02 76001888
Metro: M1/San Babila
AE-BA-DC-EC-MC-V
Fashion & Accessoires für sie und ihn

Antonio Fusco hat nicht den Ruf von Giorgio Armani, aber ansonsten lässt sich sein Schick mit Armanis Prêt-à-porter-Linie messen: Edelklamotten im typischen italienischen Understatement-Stil. Nicht billig, aber preiswerter als Armani-Design.

Brioni

Via Gesù 3   🖳 http://www.brioni.it
☎ 02 76390086
Metro: M1/San Babila
AE-BA-DC-EC-MC-V
Exklusive Men's Wear: Smokings, Anzüge, Casualwear & Accessoires

Roms Edelschneider kann sich mit den berühmten Tailors an der Londoner Saville Row messen. Verwöhnte Männerseelen, die keine Kosten scheuen, werden sich in Brionis Exklusivshop mit VIP-Lounge für Massanfertigungen bestens aufgehoben fühlen.

Byblos

Via della Spiga 42   📖 Designer-Special/S. 309
☎ 02 799074   📖 Byblos spa/S. 277
Metro: M3/Montenapoleone
AE-BA-DC-EC-MC-V
Fashion & Accessoires für sie und ihn

Bei Byblos gibt es auf zwei Etagen urbane Trendklamotten für Junge und Junggebliebene, die schick aussehen, aber nicht unbedingt extrem auffallen wollen. Und dazu: Handtaschen, Schuhe und Sonnenbrillen.

Callaghan

Via della Spiga 8
☎ 02 76020703
Metro: M1/San Babila
AE-BA-DC-EC-MC-V
Fashion für sie

📖 Designer-Special/S. 296

TAX FREE

Grosszügige Boutique mit 24-Stunden-tauglichem Modeoutfit. Ideale Adresse für junge Businessfashion im Clean Chic. Moderate Preise.

Cerruti 1881

Via della Spiga 20
☎ 02 76009777
Metro: M1/San Babila
AE-BA-DC-V
Fashion & Accessoires für sie und ihn

🖥 http://www.cerruti.it
📖 Designer-Special/S. 298
📖 Lanificio F.lli Cerruti/S. 279

TAX FREE

Der zweistöckige Cerruti-Shop ist eine ideale Anlaufstelle für Leute, die zeitlose Klassik mögen und bereit sind, dafür zu zahlen. Mein Buying-Tip für die Damen: klassisch geschnittene Hosenanzüge, schlichte Kostüme und exklusive Kamelhaarmäntel. Den Herren rate ich: Schauen Sie sich die Anzüge an, die sind schlicht Kult. Führen ausschliesslich die beiden Linien *Cerruti 1881* (Prêt-à-porter) und *Arte Donna/Uomo* (Couture Collection).

Costume National

Via Sant'Andrea 12
☎ 02 76018356
Metro: M1/San Babila
AE-DC-MC-V
Fashion, Shoes & Accessoires für sie und ihn

📖 Designer-Special/S. 300

TAX FREE

Vom Insider-Tip zum Erfolgslabel: Ennio Capasas coole Streetcouture gilt derzeit als heisses italienisches Label. Die *New York Times* ging sogar noch einen Schritt weiter und sprach vom «Armani der 90er Jahre». Weil Costume-National-Klamotten international so gefragt sind, gibt es inzwischen auch Dependancen in Rom, New York, Hongkong und Tokio. Definitiv ein Shopping-Must.

☆ Dolce & Gabbana

- Via della Spiga 2
☎ 02 76001155
Metro: M1/San Babila
AE-BA-DC-EC-MC-V
Fashion & Accessoires für sie

📖 Designer-Special/S. 302
📖 D&G/S. 77

TAX FREE

- Via della Spiga 26
☎ 02 799950
Metro: M1/San Babila
AE-BA-DC-EC-MC-V
Fashion & Accessoires für ihn

Hier trägt alles die sinnliche Inschrift Dolce & Gabbana. Die beiden Götterboten haben den Raubtierdruck salonfähig gemacht und setzten mit ihrem frivolen Unterwäschelook neue Akzente. Und trotzdem, sie können mehr. Ihr Markenzeichen: Mode «à la Sicilienne», raffinierte Details und geniale Schnitte. Ein Shopping-Eldorado für starke Frauen und Männer mit dem nötigen Kleingeld!

Emanuel Ungaro

Via Montenapoleone 27
☎ 02 76023997
Metro: M3/Montenapoleone
AE-BA-DC-EC-MC-V
Fashion, Cocktailmode & Accessoires für sie

📖 Designer-Special/S. 303

TAX FREE

In der zweistöckigen Edelboutique finden gutbetuchte Ladies die gesamte Prêt-à-porter-Kollektion aus dem Hause Ungaro. Ein Faible für ausgefallene Stoffdessins und/oder eigenwillige Stoffkombinationen ist dabei von Vorteil. Und ansonsten? Elegante Schnitte und gesalzene Preise. Für ein Deux-pièces zahlen Sie ohne weiteres zwei Millionen Lire.

Ermenegildo Zegna

Via Pietro Verri 3
☎ 02 76006437
Metro: M1/San Babila
AE-BA-DC-EC-MC-V

💻 http://www.ermenegildozegna.com
📖 Designer-Special/S. 303
📖 Punto Vendita Bolgheri/S. 280

TAX FREE

Exklusive Men's Wear: Anzüge, Casualwear & Accessoires, neuerdings auch Home Collection

Ermenegildo Zegna ist der grösste Herrenausstatter der Welt und gilt als Experte für Stoffqualität und beste Verarbeitung. Nach meinem Dafürhalten eine der besten Adressen für elegante Geschäftsmänner mit Klasse. Natürlich ist Zegna-Wear teuer, aber in

Anbetracht der gebotenen Qualität sind die Sachen ihren Preis wert.

Erreuno

Via della Spiga 15 📖 Designer-Special/S. 304
☎ 02 795575
Metro: M1/San Babila
AE-DC-EC-MC-V
Fashion für sie

Die lichte, grosszügige Erreuno-Boutique gehört zu den typischen Vertretern des schnörkellosen Schicks «all' italiana»: Die Kleider sind meist in gedämpften Farben gehalten und haben einen klaren Schnitt. Erhältlich sind die drei Linien *Erreuno, Donnaerre* und *Miss Erreuno.*

☆ Etro

• Via Montenapoleone 5 📖 Designer-Special/S. 306
☎ 02 76005049 📖 Etro Essenze e Profumi/S. 189
Metro: M1/San Babila 📖 Spaccio di Etro/S. 146
AE-BA-DC-EC-MC-V
Fashion, Lederwaren & Accessoires für sie und ihn

• Via Pontaccio 17/Ecke Via Vicolo Fiori
☎ 02 86461192
Metro: M2/Lanza
AE-DC-MC-V
Fashion für sie und ihn, Home Collection & Möbel, Parfüms

Gimmo Etro begann mit Hometextilien, inzwischen bekommen Sie die ganze modische Palette: von Fashion über Accessoires bis hin zu Parfüms. Jahrelang stand der Name Etro für eine edle Lifestyle-Linie, die sich mehr oder weniger dem englischen Adellook verschrieben hatte. Und heute ist Etro-Design das neue Hip-Label aller Fashion-Junkies. Noch Fragen? Ja, auch die Verkaufsresidenzen sind eine Klasse für sich: Das Interieur entspricht ganz dem viktorianischen Stil und ist ausnahmslos mit Möbeln und Kunst aus dem 19. Jahrhundert ausstaffiert. Wer sich gerne im englischen Landadel-Stil einrichtet, trifft sich im Etro-Shop an der Via Pontaccio. Führen u.a. Möbel, Deko-Stoffe und Wohnaccessoires nach der Devise: «My home is my castle». Selbst Duftfetischisten sind bei Etro gut aufgehoben. In der firmeneigenen Parfümbou-tique **Etro Essenze e Profumi** (📖 S. 189) finden Sie orientalische Duftwässerchen vom Feinsten, und die kosten kein Vermögen.

Exté

Via della Spiga 6
☎ 02 783050
Metro: M1/San Babila
AE-BA-DC-EC-MC-V
Fashion & Accessoires für sie und ihn

📖 Designer-Special/S. 307

Avantgarde total. Schon einmal etwas von akkubeheizbaren Winterjacken oder dauerparfümierten Stoffen gehört? Das ist Exté. In Sachen Fashion sind sie die technologischen Vorboten des 21. Jahrhunderts. Für wagemutige Ladies und sportliche Jungs, die sich gerne körperbetont kleiden und das vorzugsweise in den Farben schwarz, schwarzblau, dunkelbraun und weiss.

Fendi

Via Sant'Andrea 16
☎ 02 76021617
Metro: M1/San Babila
AE-BA-DC-EC-MC-V
Pelze, Fashion, Lederwaren & Accessoires für sie

📖 Designer-Special/S. 307

Wer kennt ihn nicht, den legendären Fendi-Schick? In der zweistöckigen Boutique liegt Ihnen die gesamte Fendi-Welt zu Füssen: von den sündhaft teuren Lederwaren bis hin zur Prêt-à-porter-Fashion. Für Society-Ladies und Edelkundschaft heisst es im Winter Treppensteigen: Wer hoch hinaus will, kauft sich im ersten Stock einen Pelz. Ich liess mir hier einmal einen wunderschönen bodenlangen Kaschmirmantel mit Nerzbordüren zeigen. In Anbetracht des Preises – man denke an einen Mittelklassewagen – habe ich natürlich von einem Kauf abgesehen.

Gai Mattiolo

Via della Spiga 11
☎ 02 76002099
Metro: M1/San Babila
AE-BA-DC-EC-MC-V
Fashion & Cocktailmode für sie

📖 Designer-Special/S. 309

Der Römer Gai Mattiolo schneidert herrliche Kostüme: «molto elegante» und ladylike, aber immer mit dem gewissen Etwas. Stellen Sie sich ein enganliegendes schwarzes Deux-pièces mit überdimensionalen mattschimmernden Goldknöpfen vor, und Sie werden verstehen, dass ein solches Kleidungsstück eine Frau einfach umwerfend aussehen lässt. Ansonsten finden Sie hier auch so manches exzentrische und ausgefallene Abendkleid – typisch römisch eben: üppig und mit viel «Chi-Chi».

Genny

Via della Spiga 4
☎ 02 76023349
Metro: M1/San Babila
AE-BA-DC-EC-MC-V
Fashion, Cocktailmode & Accessoires für sie

📖 Designer-Special/S. 309
📖 Genny Moda/S. 284

TAX FREE

Genny ist ein Einkaufsparadies für elegante Damenherzen, bei denen es auch etwas femininer sein darf. Ich persönlich schwärme für Gennys weich fallende Hosenanzüge. Die Preise sind hoch, aber wegen der hervorragenden Qualität letztlich angemessen.

Gerani

Via Montenapoleone 12
☎ 02 794101
Metro: M1/San Babila
AE-BA-DC-EC-MC-V
Fashion & Accessoires für sie und ihn

🖥 http://www.gilmar.it
📖 Designer-Special/S. 310
📖 Iceberg/S. 78

TAX FREE

Für den klassisch-eleganten Look eine «1a»-Adresse. Sie können sich hier von Kopf bis Fuss eindecken, inklusive Accessoires.

Gianfranco Ferré

Via Sant'Andrea 15
☎ 02 780406
Metro: M1/San Babila
AE-BA-DC-EC-MC-V
Fashion & Accessoires für sie und ihn

🖥 http://www.gff.it
📖 Designer-Special/S. 311
📖 GFF/S. 77

TAX FREE

Mailands schwergewichtiger Modezar präsentiert sich seit Herbst 1998 an der Via Sant'Andrea. Ein Blick in die Schaufenster der beiden Prêt-à-porter-Boutiquen, und Sie werden verstehen, dass Ferré der sinnlichen Kraft kostbarer Stoffe nicht widerstehen kann. Sein Markenzeichen: opulente Abendroben mit einem Touch Sex-Appeal. Bravissimo! Gianfranco Ferré hat zudem den Ruf, aus weissen Hemden soviel herauszuholen wie kein anderer Designer.

☆ Gianni Versace

- Via Montenapoleone 2
- ☎ 02 76001982
- Metro: M1/San Babila
- AE-BA-DC-EC-MC-V
- Fashion & Accessoires für sie

- 📖 http://www.gianniversace.com
- 📖 Designer-Special/S. 312
- 📖 Versace/S. 80
- 📖 Istante/S. 78
- 📖 Versus/S. 80

TAX FREE

- Via Montenapoleone 11
- ☎ 02 76008528/9
- Metro: M1/San Babila
- AE-BA-DC-EC-MC-V
- Fashion & Accessoires für ihn

- 📖 Alias 2/S. 291

Erinnern Sie sich noch an Liz Hurley, die 1994 mit einem tief dekolletierten schwarzen Versace-Kleid, zusammengehalten von goldenen Sicherheitsnadeln, den Auftritt ihres Lebens hatte? Das ist ganz Versace – extravagant, wagemutig und unwahrscheinlich sexy. Wenn Sie auch auf Glamourauftritte und volle Aufmerksamkeit stehen, dann ist Versaces Welt für Sie ein wahres Wunderland. Selbst wenn Sie nichts übrig haben für üppige Ornamentik oder Selbstinszenierung in Reinkultur, die Versace-Residenz an der Via Montenapoleone 2 gehört zu den prestigeträchtigsten Shops des Goldenen Dreiecks und ist allein schon deshalb eine Sehenswürdigkeit. Sie könnten auch Eintritt verlangen! Anders, sprich: schlichter, aber keineswegs kleiner, gibt sich Versaces Herrenboutique: auf fünf Stockwerken «c'e tutto Versace».

Giorgio Armani

- Via Sant'Andrea 9
- ☎ 02 76003234
- Metro: M1/San Babila
- AE-BA-DC-EC-MC-V
- Fashion & Accessoires für sie und ihn

- 📖 Designer-Special/S. 313
- 📖 Collezioni Giorgio Armani/S. 76
- 📖 Emporio Armani/S. 77
- 📖 Intai Factory Store/ S. 272

TAX FREE

Die zweistöckige Boutique gibt sich sehr vornehm und noch mehr zurückhaltend, ganz Armani-like eben. Verkauft wird ausschliesslich die Prêt-à-porter-Linie *Giorgio Armani Borgonuovo 21*. Highlights für die Damen: perfekt sitzende Jacken, schlichte Hosenanzüge und elegante Abendkleider. Und des Meisters Krönung: lässig-weiche Herrenanzüge, sportliche Blousons und klassische Einreiher. Einfach umwerfend, ich liebe Männer in Armani-Anzügen!

☆ Gucci

- Via Montenapoleone 5   🖳 http://www.gucci.it
- ☎ 02 76013050   📖 Designer-Special/S. 315

Metro: M1/San Babila
AE-BA-DC-EC-MC-V
Lederwaren & Accessoires, Home Collection

- Via Montenapoleone 27
- ☎ 02 771271

Metro: M3/Montenapoleone
AE-BA-DC-EC-MC-V
Fashion & Accessoires für sie und ihn

Mit der Engagierung von Chefdesigner Tom Ford hat sich das alte Traditionshaus selbst einen Gefallen getan. In kürzester Zeit hievte der Amerikaner die verstaubte Marke zum Kultlabel «number one». Sein Stil? Ein gekonnter Mix aus Schlichtheit und Sex-Appeal. Highlight aller Fashion Victims und Society-Ladies ist der neue, 1000 Quadratmeter grosse Einkaufstempel an der Via Montenapoleone 27. Wer sich mit edlen Gucci-Loafers oder -Bags eindecken will, dürfte sich in der Via Montenapoleone 5 heimisch fühlen. Dort bekommen Sie übrigens auch das zur Zeit ultimativste Accessoire für Hundebesitzer: ein schwarzes Lederhalsband inklusive Hundeleine mit der Aufschrift «Gucci Dog», in drei Grössen verfügbar. Ein Shopping-Must.

Krizia

Via della Spiga 23   📖 Designer-Special/S. 321
☎ 02 76008429
Metro: M3/Montenapoleone
AE-BA-DC-EC-MC-V
Fashion & Accessoires für sie und ihn

Es gibt ihn nicht, den typischen Krizia-Stil. Was die Grande Dame der Mailänder Fashion-Szene immer wieder zaubert, sind geniale Einzelkreationen, und die sind nicht jedermanns Sache. Wer etwas mit kostbaren Tiger-, Elefanten- oder Pantherpullovern aus Kaschmir und/oder speziellen Stoffdessins anfangen kann, sollte sich hier umschauen.

Laura Biagiotti

Via Borgospesso 19   🖳 http://www.laurabiagiotti.it
☎ 02 799659   📖 Designer-Special/S. 323
Metro: M3/Montenapoleone
AE-BA-DC-EC-MC-V
Fashion & Accessoires für sie

Laura Biagiottis Boutique liegt etwas versteckt in einer kleinen Seitengasse des Goldenen Dreiecks. Was die Kaschmir-Queen modisch zu bieten hat, ist weich, bequem und sehr feminin. Vieles ist zudem relativ weit geschnitten, ideal also auch für Frauen, die nicht über einen Traumbody verfügen. Das meiste ist aus Seide, Wolle oder Kaschmir.

Les Copains

Via Montenapoleone 2   🖥 http://www.lescopains.it
☎ 02 76015515   📖 Designer-Special/S. 323
Metro: M1/San Babila
AE-BA-DC-EC-V
Fashion & Accessoires für sie und ihn

Willkommen in der Les-Copains-Welt: Zwei Hauptlinien, vier Zweitlinien und eine Jeans-Linie – das ist die Palette, die die 300 Quadratmeter grosse Les-Copains-Boutique in Mailand zu bieten hat. Falls das nicht reicht, können Sie immer noch ab Season-Katalog ordern, was im Shop selbst nicht verfügbar ist. Ideal, um die Grundgarderobe zu ergänzen: vom sportlichen über den trendigen bis hin zum klassischen Look.

Luisa Beccaria

Via Formentini 1 (Via Madonnina)
☎ 02 86460018
Metro: M2/Lanza
AE-BA-DC-EC-MC-V
Fashion & Abendmode für sie, Kidscorner

In ihrer grosszügigen Boutique im Brera-Viertel präsentiert die Mailänder Designerin feminine Schnitte und weiche Pastellfarben. Für meinen Geschmack sind die Sachen allerdings zu brav. Geheimtip für Kindermode im Sonntagslook «all'italiana».

Malhas

Via Santo Spirito 5
☎ 02 76017433
Metro: M3/Montenapoleone
AE-BA-DC-EC-MC-V
Fashion & Abendmode für sie

Orientalische Shopinszenierung mit schlichten Edelklamotten «à la Prêt-à-porter»: wunderschöne Kostüme und Abendroben. Glauben Sie's oder nicht: Wenn ich rösser als 1 Meter 80 wäre, würde ich mir eines dieer schmalen, langen Abendkleider zulegen.

Mariella Burani

Via Montenapoleone 3
☎ 02 76003382
Metro: M1/San Babila
AE-DC-V
Fashion & Accessoires für sie

🖵 http://www.mariellaburani.it
📖 Designer-Special/S. 325

TAX FREE

Mariella Burani setzt auf natürliche Materialien und ursprüngliche Motive, und sie mag Details. Ideal für Frauen, die sich dem romantischen Look verschrieben haben. Sie bekommen die Linien *Mariella Burani*, *Mariella Burani per Amuleti* und *Mariella De Mariella Burani*.

Marina Spradafora

Via della Spiga 52
☎ 02 782180
Metro: M3/Montenapoleone
AE-BA-DC-EC-MC-V
Strickwear & Fashion für sie

TAX FREE

Heller Boutique-Winzling mit eigenwilligen Klamotten. Pullover, Jacken und Co. Das Extremste, was mir hier je zu Gesicht kam, war eine gummierte Wollhose mit ausgestellten Beinen, natürlich wasserfest. Erster Spradafora-Shop weltweit.

Martino Midali

• Via Ponte Vetero 9
☎ 02 86462707
Metro: M1/Cairoli
• Corso di Porta Ticinese 60
☎ 02 89406830
ab Dom/Via Torino: Tram 3

📖 Midali Basic/S. 78
📖 Affari – Spaccio di Midali/S. 138

TAX FREE

AE-DC-MC-V
Fashion für sie

Midalis Design ist jung, modern und teilweise spartanisch. Seine bevorzugten Farben sind schwarz, wollweiss und sand. Was Martino Midali liebt, sind Schwarz-Weiss-Kontraste, hochwertige Maschenmode und einfache Schnitte. Und deshalb, meine Lieben, können Sie bei Midali alles mit allem kombinieren: den Supermini mit einem langen Gilet, die Velours-Jacke mit dem Nylonrock.

Maska

Corso Vittorio Emanuele
☎ 02 782215
Metro: M1, M3/Duomo
AE-BA-DC-EC-MC-V
Fashion für sie

🖥 http://www.maska.it

Diese italienische Prêt-à-porter-Linie spielt nicht mit Trends, sondern setzt auf Basics: reduziert im Schnitt und wesentlich in der Farbe. Wenn Sie mich fragen: ideal für den modernen Business-Look.

Max Mara

- Corso Vittorio Emanuele
☎ 02 76008849
Metro: M1, M3/Duomo
- Via Orefici
☎ 02 89103509
Metro: M1, M3/Duomo
- Corso Genova 12
☎ 02 8375720
ab Dom/Via Torino: Tram 2, 14

📖 Designer-Special/S. 327
📖 Sportmax/S. 79
📖 Diffusione Tessile/S. 140

AE-BA-DC-EC-MC-V
Fashion & Accessoires für sie

Im modernistisch-schlichten Tempel am Corso Vittorio Emanuele haben eingefleischte Max-Mara-Fans die Qual der Wahl: Sie bekommen dort ein immenses Angebot sämtlicher Linien – *Max Mara, Sportmax, Penny Black, Blues Club, Pianoforte* und *Weekend*. Die übrigen Filialen in Town sind wesentlich kleiner. Jüngste Neueröffnung: die **Sportmax**-Boutique (📖 S. 79) an der Via della Spiga.

Mila Schön

Via Montenapoleone 2
☎ 02 76001333
Metro: M1/San Babila
AE-BA-DC-EC-MC-V
Fashion & Accessoires für sie und ihn

📖 Designer-Special/S. 327
📖 Mila Schön Group S.p.A./S. 286

Mila Schön versorgt anspruchsvolle «middle-aged People» mit stilvoller Made-in-Italy-Fashion. In den Staaten und in Asien sehr beliebt, hierzulande aber weniger bekannt.

Mimmina

Via della Spiga 31/A
☎ 02 76002878
Metro: M3/Montenapoleone
AE-BA-DC-EC-MC-V
Fashion & Accessoires für sie

Hinter dieser italienischen Prêt-à-porter-Linie steckt eine Agentur mit internationalem Renommee. Mimmina fertigt tragbaren Trendschick in modischen Farben. Definitiv die falsche Adresse für Leute, die sich dem letzten Modeschrei verpflichtet fühlen.

Missoni

Via Sant'Andrea 2
☎ 02 76003555
Metro: M1/San Babila
AE-BA-DC-EC-MC-V
Strick-Fashion für sie und ihn

📖 Designer-Special/S. 328
📖 Missoni Sport/S. 78

Erkennungswert? Auf 100 Meter 100 Prozent. Wenn Sie etwas mit knappen Trägerkleidchen, federleichtem Strick und buntem Zickzack- und Musterlook anfangen können, dann bitte gleich zu Missoni. Für Farbenfrohe und solche, die es werden wollen!

Moschino

• Via Sant'Andrea 12
☎ 02 76000832
Metro: M1/San Babila
AE-DC
Fashion & Accessoires für sie

🖥 http://www.moschino.it
📖 Designer-Special/S. 329

• Via Durini 14
☎ 02 76004320
Metro: M1/San Babila
AE-DC
Fashion & Accessoires für sie und ihn, Kidscorner

Moschino wollte zeitlebens provokante Mode mit Aussage machen, und das meinte er durchaus wörtlich. So schrieb er einst auf das Rückenteil eines *«Moschino Couture!»*-Jäckchens: «Waste of money». Glamour-Ladies, die sich zum Moschino-Schick bekennen, finden die gesamte Prêt-à-porter-Fashion an der Via Sant'Andrea. Im grösseren Flagship-Store an der Via Durini bekommen Sie die beiden preiswerteren Zweitlinien *Moschino Jeans* und *Cheap & Chic* inklusive Accessoires und Junior Collection. Witziges Ladenambiente!

Prada

- Via Sant'Andrea 21
☎ 02 76001426
Metro: M1/San Babila
AE-BA-DC-EC-MC-V
Fashion & Accessoires für sie

💻 http://www.prada.it
📖 Designer-Special/S. 330
📖 Miu Miu/S. 79

- Via della Spiga 5
☎ 02 76000799
Metro: M1/San Babila
AE-BA-DC-EC-MC-V
Dessous

- Via Montenapoleone 12
☎ 02 76020273
Metro: M1/San Babila
AE-BA-DC-EC-MC-V
Fashion & Accessoires für ihn

- Via della Spiga 1
☎ 02 76002019
Metro: M1/San Babila
AE-BA-DC-EC-MC-V
Shoes & Bags

- Galleria Vittorio Emanuele 63/65
☎ 02 876979
Metro: M1, M3/Duomo
AE-BA-DC-EC-MC-V
Handtaschen & Bags, einige Shoes & etwas Fashion

Prada ist schlicht Kult. Models, Trendsetter, Stars ... von Tokio bis New York, alle kleiden sich in Miuccia Pradas Szene-Look «alla milanese». Prada-Süchtige sind in Mailand bestens aufgehoben: vier Boutiquen im Goldenen Dreieck und eine am Dom. Ladies first: Fashion gibt's in der Via Sant'Andrea, das passende Schuhwerk um die Ecke in der Via della Spiga 1 und Hauchdünnes für Drunter gleich nebenan im Haus Nr. 5 – gesalzene Preise inbegriffen: BH & Slip kosten ganz locker 280 000 Lire. Noch nicht genug? Handtaschen & Co. kauft Frau vorzugsweise in der zweistöckigen Dependance am Dom. Und die Männer? Die haben es wesentlich leichter: Via Montenapoleone 12 «e basta»!

Roccobarocco

Via della Spiga 31
☎ 02 76000518
Metro: M3/Montenapoleone
AE-BA-DC-EC-MC-V
Fashion & Accessoires für sie

📖 Designer-Special/S. 332

eminines «alla romana»: Bei Roccobarocco kauft die
vorwiegend junge Kundschaft schlichte En-vogue-Kla-
notten, auch Jeans.

Romeo Gigli

Via della Spiga 30   📖 Designer-Special/S. 332   TAX FREE
☎ 02 76011983
Metro: M1/San Babila
AE-BA-DC-EC-MC-V
Fashion & Accessoires für sie und ihn

Der Meister aller modernen Nymphen, Elfen und Feen.
All jene, die etwas mit Giglis Mode-Poesie anfangen
können, sind in diesem Edel-Shop bestens aufgehoben: sehr grosszügig und noch mehr gestylt. Geheimtip
für fragil-dandyhafte Men's Wear.

Salvatore Ferragamo

• Via Montenapoleone 3   📖 Designer-Special/S. 333   TAX FREE
☎ 02 76000054
Metro: M1/San Babila
AE-BA-DC-EC-MC-V
Shoes, Lederaccessoires & Fashion für sie

• Via Montenapoleone 20
☎ 02 76006660
Metro: M3/Montenapoleone
AE-BA-DC-EC-MC-V
Shoes, Lederaccessoires & Fashion für ihn

Inzwischen gibt's im Hause Ferragamo die gesamte
modische Palette von Kopf bis Fuss und zwar in dem
typischen italienischen Understatement-Stil. Weltbekannt und legendär sind Ferragamos exquisite Schuhkreationen – Klassiker, wenn Sie mich fragen!

Trussardi

• Via Sant'Andrea 5   🖳 http://www.trussardi.it
☎ 02 76020380   📖 Designer-Special/S. 337
Metro: M1/San Babila   📖 T-Store/S. 80
AE-BA-DC-EC-MC-V
Fashion, Lederbekleidung & Accessoires für sie und ihn

• Piazza della Scala 5
☎ 02 80688222
Metro: M1, M3/Duomo
AE-BA-DC-EC-MC-V
Fashion & Accessoires für sie und ihn

Falls Sie auf schlichtes Design, edle Materialien und
Raffinesse im Detail abfahren, sind Sie bei Trussardi in

guten Händen. Im Flagship-Store an der Via Sant'Andrea bekommen Sie das ganze Sortiment, auch diese herrlichen Handtaschen und natürlich Ledermode. Die Trussardi-Residenz an der Piazza della Scala ist mehr monumentale Huldigung und weniger Shop: durchgestyltes Ladenambiente mit vornehm zurückhaltender Auswahl. In der **Edelcafeteria** im ersten Stock können sich Kaufmüde ausserdem eine kleine Pause gönnen (von 10 bis 22 Uhr geöffnet), und die Schöngeister unter Ihnen finden dort auch einen kleinen **Art & Book Shop,** der etwas mentale Zerstreuung bietet.

Valentino

- Via Santo Spirito 3
- ☎ 02 76006478
- 🖥 http://www.valentino.it
- 📖 Designer-Special/S. 338
- 📖 Oliver by Valentino/S. 79

Metro: M3/Montenapoleone
AE-BA-DC-EC-MC-V
Fashion & Accessoires für sie

- Via Montenapoleone 20
- ☎ 02 76020285

Metro: M3/Montenapoleone
AE-BA-DC-EC-MC-V
Fashion & Accessoires für ihn

Valentinos Modestil ist exquisit, extravagant und zuweilen dramatisch, aber immer auch sehr geschmackvoll. Und das hat ihn zum Couturier vieler Reichen und Schönen gemacht. Jacqueline Kennedy-Onassis, Liz Taylor und Audrey Hepburn trugen Valentino-Kleider, und Sophia Loren ist heute noch mit von der Partie. Alle drei Valentino-Boutiquen (Valentino Donna, Valentino Uomo und Oliver by Valentino) befinden sich bequemerweise an der gleichen Shoppingecke.

Viele italienische Modegurus haben eigene **Zweitlinien-Shops** in der City. Ihr Angebot ist jünger, trendiger, und die Preise sind nicht so exorbitant hoch wie in den Prêt-à-porter-Residenzen. Also bleiben Sie dran, aber träumen Sie nicht von Schnäppchenpreisen. Auch hier zahlen Sie den Namen mit!

Collezioni Giorgio Armani

Via Durini 25/27
☎ 02 76020306
Metro: M1/San Babila
AE-BA-DC-EC-MC-V
Fashion & Accessoires für sie und ihn

Collezioni-Klamotten sind preiswerter als die Prêt-à-porter-Linie aus dem Hause Armani, aber teurer als die trendige Junglinie Emporio Armani. Und der Schick? Wunderschön schlicht.

D&G

- Corso Venezia 7
- ☎ 02 76004091

Metro: M1/San Babila

- Via Fiori Chiari 12
- ☎ 02 864521

Metro: M2/Lanza

AE-BA-DC-EC-MC-V
Fashion & Accessoires für sie und ihn

Hier deckt sich die junge «Dolce & Gabbana»-Fangemeinde mit allem ein, was ihr extrovertiertes Herz höher schlagen lässt: hippe Trendwear inklusive Schuhwerk und Handtaschen.

Emporio Armani

Via Durini 24
☎ 02 76003030
Metro: M1/San Babila
AE-BA-DC-EC-MC-V
Fashion & Accessoires für sie und ihn

Auf zwei Etagen findet sich alles, was Giorgio Armani für seine junge Klientel erschaffen hat: trendige Casuals und feine Zwirne, Jeans und Schuhe, Sonnenbrillen und sogar Kerzen. Ganz nach dem Motto: «Schlichtes Understatement in Szene gesetzt». Selbst die Shopbeschriftung hat's in sich: «molto discreto».

GFF

Corso Venezia 2
☎ 02 76004072
Metro: M1/San Babila
AE-BA-DC-EC-MC-V
Fashion & Accessoires für sie und ihn

GFF (sagen Sie «Dschi-eff-effe») ist die junge Trendlinie aus dem Hause Ferré: zeitgemässes En-vogue-Design, aber keine Ultrahip-Fashion.

Iceberg

Via Montenapoleone 10  http://www.iceberg.it
☎ 02 782385
Metro: M1/San Babila
AE-BA-DC-EC-MC-V
Fashion & Accessoires für sie und ihn

Wie der Name, so auch der Shop: weiss und kühl. Das junge Trendlabel von Gerani bietet auf zwei Stockwerken coolen Schick, und der soll angeblich so bequem und praktisch sein wie Sportswear.

Istante

Via San Pietro all'Orto 11
☎ 02 76014544
Metro: M1/San Babila
AE-BA-DC-EC-MC-V
Fashion & Accessoires für sie und ihn

Definitiv *die* Adresse für kaufwütige Fashion Victims, die sich dem urbanen Trend-Look «à la Versace» verschrieben haben. Führen auch Schuhe und Accessoires.

Midali Basic

Via Madonnina 3
☎ 02 801295
Metro: M2/Lanza
AE-BC-MC-V
Fashion für sie und ihn

Ich bin ziemlich angetan von der erschwinglichen Zweitlinie *Midali Basic*. Die Klamotten präsentieren sich in bunt-fröhlichen Farben, fallen bequem aus, sind trendy, aber nicht zu fashionable.

Missoni Sport

Piazza del Duomo 21
☎ 02 86464860
Metro: M1, M3/Duomo
AE-BA-DC-EC-MC-V
Strickwear, Schuhe & Accessoires für sie und ihn

Mailands Shop für den sportlichen Freizeit-Look «à la Missoni»: bequem, funktional und bunt, bunter ... Wenn Sie etwas mit Missonis Musterwirrwarr anfangen können, dann bitte mir nach zur Beachmode. Best Buys: feine Strickbikinis für perfekte Figuren.

Miu Miu

Corso Venezia 3
☎ 02 76001799
Metro: M1/San Babila
AE-BA-DC-EC-MC-V
Fashion, Lederwaren & Dessous für sie

Man nehme Prada-Design hoch zwei und mixe noch eine Extraportion Abgefahrenheit darunter, et voilà: Miu Miu. Ein Shopping-Eldorado für wagemutige Trendsetter und all jene, die es werden wollen!

Oliver by Valentino

Via Santo Spirito 3
☎ 02 76015214
Metro: M3/Montenapoleone
AE-BA-DC-EC-MC-V
Fashion & Accessoires für sie und ihn

Neben den beiden Valentino-Prêt-à-porter-Residenzen befindet sich rechts um die Ecke die Boutique der preiswerteren Zweitlinie *Oliver by Valentino*. Sie versorgt die trendbewusste Valentino-Anhängerschaft mit dem nötigen Outfit.

Philosophy di Alberta Ferretti

Via Montenapoleone 19
☎ 02 796034/5
Metro: M3/Montenapoleone
AE-BA-DC-EC-MC-V
Fashion & Accessoires für sie

Eine ausgezeichnete Anlaufstelle für trendige Streetwear mit einem Schuss Romantik. Ziemlich angesagt, aber ich trage so was nicht.

Sportmax

Via della Spiga 30
☎ 02 76011944
Metro: M1/San Babila
AE-BA-DC-EC-MC-V
Fashion & Accessoires für sie

Ich bin – ehrlich gesagt – erstaunt, dass die sportliche Trendlinie von Max Mara erst Ende der 90er Jahre einen eigenen Shop in Mailand bekommen hat. Immerhin ist Sportmax seit Jahren die Bestseller-Linie des Hauses.

T-Store

Via Durini/Ecke Galleria Strasburgo
☎ 02 76011313
Metro: M1/San Babila
AE-BA-DC-EC-MC-V
Fashion & Accessoires für sie und ihn

Sie werden es wahrscheinlich nicht bemerken: Der 350 Quadratmeter grosse Zweitlinien-Shop von Trussardi ist ein perfekt inszeniertes Lichtspiel. Ein Glaszylinder, der je nach Lichteinfall unterschiedliche Farben annimmt, lässt den Laden immer wieder in einem neuen Ambiente erstrahlen, sehr diskret natürlich. Trussardi-Wütige bekommen hier die Linien *T Trussardi*, *Trussardi Jeans*, *Trussardi Sport* und dazu viele Lifestyle-gerechte Accessoires.

Versace

Via Carducci 38
☎ 02 4983968
Metro: M2/Sant'Ambrogio
AE-DC-EC-MC-V
Fashion & Accessoires für sie und ihn, Kosmetik & Home Decoration

Ausgesuchte Fashion der Linien *Istante, Versus, V2 Versace Classic, Versace Jeans Couture;* einige Handtaschen, Uhren und Sonnenbrillen; ein bisschen Home Decoration und ein Kosmetikcorner – das ist der Versace-Look, der hier geboten wird. Viel kleiner und weniger prestigeträchtig als die beiden Edelresidenzen im Goldenen Dreieck.

Versus

Via San Pietro all'Orto 10
☎ 02 76014722
Metro: M1/San Babila
AE-BA-DC-EC-MC-V
Fashion & Accessoires für sie und ihn, Kidscorner

Auf drei Stockwerken finden junge Versace-Fans abgefahrene Farbkombinationen, schwarze Szeneklamotten, Jeans und trendige Accessoires. Kurz und gut: sexy Outfits für Offenherzige mit einem Hang zur Selbstinszenierung.

Internationales Modedesign

Calvin Klein

Via Durini 6   📖 Designer-Special/S. 296   TAX FREE
☎ 02 76007331
Metro: M1/San Babila
AE-BA-DC-EC-MC-V
Fashion, Shoes, Accessoires & Underwear für sie und ihn

Auf zwei Etagen und 1300 Quadratmetern verkauft Amerikas populärster Fashion-Guru seine Linien *cK Calvin Klein, cK Jeans* und *Khakis,* ausserdem: Underwear, Schuhe, Sonnenbrillen und Parfüms. Just be.

Céline

Via Montenapoleone 25   🖥 http://www.lvmh.com   TAX FREE
☎ 02 76015579   📖 Designer-Special/S. 297
Metro: M3/Montenapoleone
AE-BA-DC-EC-MC-V
Fashion, Lederwaren & Accessoires für sie

Auf der Suche nach eleganten Basics? In Célines Boutique können Sie sich mit wunderschönen Edeloutfits eindecken. Die Sachen eignen sich übrigens hervorragend für Business-Reisen. Ausserdem führt der Laden eine breite Palette an luxuriösen Lederwaren: Handtaschen & Co.

Chanel

Via Sant'Andrea 10/A   🖥 http://www.chanel.com   TAX FREE
☎ 02 782514   📖 Designer-Special/S. 298
Metro: M1/San Babila
AE-BA-DC-EC-MC-V
Fashion, Bags, Shoes, Accessoires & Kosmetik

Chanel-Kostüme sind nach wie vor Statussymbole im Kreise luxussüchtiger Ladies von Welt. In der Chanel-Filiale von Mailand steht Ihnen auf zwei Etagen die gesamte Palette zur Auswahl. Hier findet sich alles, was Sie benötigen, um reich und berühmt auszusehen.

Christian Lacroix

Via Pietro Verri 8   🖥 http://www.christianlacroix.fr   TAX FREE
☎ 02 76026784   📖 Designer-Special/S. 300
Metro: M1/San Babila
AE-BA-DC-EC-MC-V
Fashion & Accessoires für sie

Unmittelbar neben der YSL-Boutique finden Sie rechts an der Ecke Via Pietro Verri/Via San Pietro all'Orto die Lacroix-Dependance. Postmoderne Luxusklamotten der besonderen Art: ein unkonventioneller Mix aus Farben, Mustern und Stilen. «C'est la vie!»

Escada

Corso Matteotti 22
☎ 02 76000753
Metro: M1/San Babila
AE-BA-DC-EC-MC-V
Fashion & Accessoires für sie

🖥 http://www.escada.com
📖 Designer-Special/S. 305
📖 Escada Italia/S. 282

TAX FREE

Happy, groovy und glamourös. Auch wenn das Münchner Modeimperium neuerdings etwas dezenter mit Glitzer und Glimmer umgeht, die Abendkleider aus dem Hause Escada sind und bleiben eine Glanznummer für sich. Und sie kosten nur ein kleines Vermögen: Auch weit unter 5 000 000 Lire findet sich Kleidsames für grosse Auftritte.

Helmut Lang

Via Sant'Andrea 14
☎ 02 798327
Metro: M1/San Babila
AE-DC-V
Fashion, Accessoires & Underwear für sie und ihn

🖥 http://www.helmutlang.com
📖 Designer-Special/S. 316

TAX FREE

Ebenso schlicht und pur wie die Fashion zeigt sich auch die Boutique des Wiener «In»-Designers. Und minimal ist auch Langs Farbpalette: weiss, beige, schwarz, und wenn der Meister sich einen farbigen Höhenflug leistet, dann am liebsten mit einem «Tupferl» Rot.

Hermès

Via Sant'Andrea 21
☎ 02 76003495
Metro: M1/San Babila
AE-BA-DC-EC-MC-V
Fashion, Lederwaren & Accessoires für sie und ihn

📖 Designer-Special/S. 317

TAX FREE

Moderne Edel-Fashion und statussymbolträchtige Accessoires. Hermès gilt vor allem in Frankreich und England als Autorität für stilvolle Accessoires der Luxusklasse. Wer etwas auf sich hält, trägt ein Hermès-Seiden-Carré bzw. eine Hermès-Krawatte. Kultklassiker des Hauses: die legendäre «Kelly-Bag» – ab 5 000 000 Lire sind Sie dabei.

Jil Sander

Via Pietro Verri 1   📖 Designer-Special/S. 318
☎ 02 7772991
Metro: M1/San Babila
AE-BA-DC-EC-MC-V
Fashion, Lederwaren & Accessoires für sie und ihn

Seit Herbst 1998 ist in Mailand der zwölfte Jil-Sander-Flagship-Store zu bewundern: zweistöckig und Lifestyle-umfassend. Eine architektonische Meisterleistung des Jungarchitekten Michael Gabellini. Definitiv einen Besuch wert!

John Richmond

Via Pietro Verri/Ecke Via Bigli   📖 Designer-Special/S. 319
☎ 02 76028173
Metro: M1/San Babila
AE-BA-DC-EC-MC-V
Fashion & Accessoires für sie und ihn

Urbaner Szene-Schick «in stile inglese». Richmond-Boutiquen gab es früher nur in London, und die waren eine beliebte Anlaufstelle für die Londoner Clubszene. Auch Mick Jagger und Brian Adams haben sich hier mit cleanen Rock-'n'-Roll-Klamotten eingedeckt. Später kam eine Boutique in Paris dazu, und seit Herbst 1998 hat der gebürtige Engländer nun auch eine Dependance in Mailand.

Ken Scott

Via Montenapoleone 10   🖥 http://www.kenscott.it
☎ 02 76023211   📖 Designer-Special/S. 320
Metro: M1/San Babila
AE-BA-DC-EC-MC-V
Fashion & Accessoires für sie

Nichts für stilbewusste Ästheten: Mit kunterbunten Scott-Klamotten dürften Sie selbst in New York als «Eyecatcher» durchgehen. Der winzige Laden liegt in einer kleinen Seitenpassage der Via Montenapoleone.

Kenzo

Via Sant'Andrea 11   🖥 http://www.lvmh.com   TAX FREE
☎ 02 76020929   📖 Designer-Special/S. 320
Metro: M1/San Babila
AE-BA-DC-EC-MC-V
Fashion & Accessoires für sie und ihn

Ein japanischer Top-Designer, der für seine witzigen Lifestyle-Einfälle geradezu berühmt ist. Geheimtip für unkonventionellen Mustermix und intensive Farbsinfonien, auch in Sachen Men's Wear.

Laura Ashley

Via Brera 4   📖 Designer-Special/S. 322
☎ 02 86463532
Metro: M3/Montenapoleone
AE-BA-DC-EC-MC-V
Home Collection & etwas Fashion

Die Ashley-Niederlassung im Brera-Viertel ist mehr Home-Decoration-Shop als Fashion-Dependance. Hier bekommen Sie das Nötige, um Ihrer Wohnung einen beiläufigen Romantik-Look zu verpassen: Tapeten, Bettwäsche, Tischdecken und Co. Wer den typischen Ashley-Stil mit Blümchenmuster nicht mag, hat immer noch die Möglichkeit, sich mit englischem Country-Look einzudecken.

Louis Vuitton

Via Montenapoleone 14   🖥 http://www.vuitton.com   `TAX FREE`
☎ 02 76000496   📖 Designer-Special/S. 324
Metro: M3/Montenapoleone
AE-BA-DC-EC-MC-V
Lederwaren, Reisegepäck & Fashion für sie und ihn

Egal, ob Sie sich für Evergreens oder Trendschick begeistern können, Vuitton ist immer wieder eine gute (aber teure!) Anlaufstelle für Handtaschen und luxuriöse Koffer, mit denen der Mensch von Welt seit dem letzten Jahrhundert verreist. Neuester Sortimentszugang: schlichte, sportliche Szene-Fashion «à la Marc Jacobs» und himmlisches Schuhwerk.

Rena Lange

Via della Spiga 7   📖 Designer-Special/S. 331   `TAX FREE`
☎ 02 76021884
Metro: M1/San Babila
AE-BA-DC-EC-MC-V
Fashion & Accessoires für sie

Ein deutscher Klassiker, der sich seit 1981 mit einem eigenen Shop in Mailand erfolgreich behauptet. Die Prêt-à-porter-Linie mit dem aufwendigen Goldknopf-Design ist im Kreise eleganter Ladies und Business-frauen mittleren Alters sehr beliebt.

Strenesse

Via Manzoni 37   📖 Designer-Special/S. 335
☎ 02 6572401
Metro: M3/Montenapoleone
AE-BA-DC-EC-MC-V
Fashion & Accessoires für sie

Der Name Strenesse kann sich auf dem internationalen Parkett sehen lassen: Aussprechen tut's man englisch, aber was dahintersteckt, ist ein deutsch-französischer Zwitter: **Stre**hle und Jeu**nesse** = Strenesse. Seit Herbst 1998 läuft die Strenesse-Kollektion unter dem Namen «Gabriele Strehle». Der Grund dafür? Personifiziertes Design verkauft sich international einfach besser. Ebenso puristisch und sec wie die Fashion präsentiert sich auch die Strenesse-Boutique unweit des Goldenen Dreiecks.

Tommy Hilfiger

Piazza Oberdan 2   📖 Designer-Special/S. 336
☎ 02 29404326
Metro: M1/Porta Venezia
AE-BA-DC-EC-MC-V
T-Shirts & Sweater

US-Designer tun sich schwer mit der italienischen Fashion City. Weder Ralph Lauren noch Donna Karan besitzen eigene Dependancen in Mailand. Einzig Calvin Klein verkauft in guter italienischer Gesellschaft seine preiswertere Young Fashion in einem grosszügigen Tempel. Neu ist auch Amerikas Shooting-Star Tommy Hilfiger, der die halbe USA mit seinen farbenfrohen Freizeitklamotten eindeckt (Bill Clinton inklusive) in Mailand präsent. Der Laden ist kaum grösser als ein Schliessfach und liegt ganz bescheiden an zweitklassiger Shoppinglage.

Yves Saint Laurent

Via Pietro Verri 8   🖥 http://www.yslonline.com
☎ 02 76000573   📖 Designer-Special/S. 340
Metro: M1/San Babila
AE-BA-DC-EC-MC-V
Fashion & Accessoires für sie

Bei YSL laufen die Kreditkarten heiss! Der Society-Darling der Mode kleidet gutbetuchte Ladies in exzellente Farbkreationen. Catherine Deneuve ist Stammkundin – natürlich in Paris.

Szene-Shopping

Anna Fabiano

Corso di Porta Ticinese 40
☎ 02 58112348
ab Dom/Via Torino: Tram 3
AE-BA-DC-EC-MC-V
Jungdesign für sie
••/•••

Anna Fabiano ist Shopbesitzerin und Designerin in einem. Sie hat was von einer englischen Newcomerin, obwohl sie Italienerin ist. Sie ist jung und androgyn, und so schneidert sie auch. Beispielsweise fertigt sie schwarze, schmale Hosen, die perfekt auf der Hüfte sitzen. Geheimtip des Hauses: farbenfrohe Maschenkleider mit einem Touch Romantik.

Anna Raazzoli

Corso Genova 16
☎ 02 89403359
ab Dom/Via Torino: Tram 2, 14
AE-BA-DC-EC-MC-V
Designerwear für sie
•••

Ein Mini-Laden mit ausgesuchten Modellen für schlanke Figuren: u.a. von Roberto Cavalli, Rifat Ozbek und Jean-Paul Gaultier. Für hypertrendige Kundschaft mit dem nötigen Kleingeld!

Chic Simple

Corso di Porta Ticinese 48
☎ 02 58100146
ab Dom/Via Torino: Tram 3
BA-DC-EC-MC-V
Designerwear für sie
••/•••

Chic Simple ist immer wieder eine gute Anlaufstelle für junge Leute, die sich dem letzten Schrei verpflichtet fühlen. Hypertrendiges für nächtliche Auftritte: u.a. von D&G, G Gigli, Helmut Lang Jeans, John Richmond, Plein Sud Jeans und T et B (Ter et Bantine).

☆ 10 Corso Como

Corso Como 10 (im Hinterhof)
☎ 02 29002674
Metro: M2/Garibaldi
⏱ 10.30-19.30, inkl. SO   MI bis 21 Uhr
AE-BA-DC-EC-MC-V
Designerwear für sie und ihn, Home Decoration, Bücher & CDs
●●/●●●/●●●●

Ein Shopping-Must für Trendsetter. Wer den Shopeingang gefunden hat, wird begeistert sein. Was 10 Corso Como so speziell macht, ist der ladenarchitektonische Mix aus Bazar und Luxusshop. Darüber hinaus ist das Angebot «1a». Und das hat seinen Grund: Die Besitzerin Carla Sozzani ist die Schwester der Chefredakteurin Vogue Italia (Franca Sozzani). Neben avantgardistischer Designerwear (u.a. von Prada, Miu Miu, Fabrizio del Carlo und Vivienne Westwood) findet die hippe Szene-Klientel exotischen Modeschmuck und traumhafte Home Decoration (u.a. Murano-Glas, marokkanische Becher, Objektkerzen, japanische Teekannen und Duftessenzen). Ausserdem schneidert Salvatore Scarpa vor Ihren Augen Klamotten auf Bestellung. Im ersten Stock gibt es einen Art & Book Shop mit aktuellen Büchern rund ums Design und einen CD-Corner: Auf coolen Designertischchen stapeln sich CDs, die Carla Sozzani nach ihrem ganz persönlichen Geschmack aussucht. Gleich nebenan liegt eine der besten Mailänder Galerien für moderne Fotokunst. Und seit Herbst 1998 kann sich die hippe Insider-Kundschaft im topgestylten Café-Restaurant (📖 S. 26) auch eine kleine Pause gönnen.

Dantone

• Corso Vittorio Emanuele 37/B (Eingang: Galleria del Toro)
☎ 02 76002120
Metro: M1/San Babila
AE-BA-DC-EC-MC-V
Designerwear für sie
●●●

• Corso Matteotti 20 (Eingang: Galleria del Toro)
☎ 02 76002098
Metro: M1/San Babila
AE-BA-DC-EC-MC-V
Designerwear für ihn
●●●

Zwei kleine Avantgarde-Boutiquen mit ausgesuchten Modellen von Alexander McQueen, Jean-Paul Gaul-

tier, Jean Colonna, Helmut Lang, Dries van Noten und,
und, und. Topadresse für schlanke Szene-Junkies!

Laura Urbinati

Corso di Porta Ticinese 58
☎ 02 89409857
ab Dom/Via Torino: Tram 3
AE-BA-DC-EC-MC-V
Designerwear für sie
●●/●●●

Bei Laura Urbinati finden Sie eine Rarität: Daryl-K-
Klamotten. Daryl Kerrigan ist eine gebürtige Irländerin,
die in New York inzwischen zur Insideradresse für perfekt sitzende Hosen geworden ist. Ihr Stil ist super-
schlicht und androgyn. Markenzeichen: Hiphuggers
(schmale, überlange Hosen, die perfekt auf der Hüfte
sitzen) und Tube-Tops. Leider oft ausverkauft. Weitere
Labels: Miu Miu, Helmut Lang, Ann Demeulemeester
und Tocca. Zudem verkauft die kleine Boutique auch
verführerisch-transparente Dessous und im Sommer
ausgefallene Beachwear.

☆ La Vetrina di Beryl

Via Statuto 4
☎ 02 654278
Metro: M2/Moscova
AE
Designerwear & -shoes für sie
●●●

Eine Adresse, die Sie auf keinen Fall verpassen dürfen.
Barbara Beryls Laden ist Mailands Kultadresse für
bekennende Fashion Victims. Die Ladenarchitektur ist
No-Design, aber «very cool». Vorne gibt es extravagantes Schuhwerk von Free Lance, Michel Perry, Todd
Oldman, Patrick Cox und Miu Miu; im hinteren Teil des
Shops decken sich Fashion-Wütige mit Szeneklamotten ein: u.a. von Dries van Noten, Ann Demeulemeester, Helmut Lang, Miu Miu, Missoni und Costume
National. Am besten, Sie schauen im Schlussverkauf
vorbei: «tutto a metà prezzo»!

Michelle Mabelle Milano Monamour

Via della Spiga 36
☎ 02 798888
Metro: M3/Montenapoleone
AE-BA-DC-EC-MC-V
Avantgardistische Designerwear für sie
●●●/●●●●

Michelle Mabelle führt einen unglaublichen Modemix hipper Jungdesigner: von Anna Rita Celano über Julien Mac Donald und Helene Zubeldia bis zu John Rocha. Daneben finden Sie auch internationale Top-Designer wie beispielsweise Vivienne Westwood, Paco Rabanne und Azzedine Alaïa. Mein Shopping-Tip für einen durchschlagenden Auftritt!

☆ Zeus

Corso Genova 24
☎ 02 89408267
ab Dom/Via Torino: Tram 2, 14
AE-BA-DC-MC-V
Trendfashion für sie
●●/●●●/●●●●

Eine meiner Lieblingsboutiquen: verkaufen avantgardistische Designerwear von Vivienne Westwood, Helmut Lang, Paola Frani und Co., leider nicht billig. Etwas moderater im Preis sind die vielen Industrielabels, die bei Zeus auch zu haben sind: u.a. Plein Sud, L'Altra Moda, One Day und Simultaneous.

Urbaner Schick «alla milanese»

Atelier di Vincenzo Marino

Corso di Porta Ticinese 58
☎ 02 8393915
ab Dom/Via Torino: Tram 3
AE-BA-DC-EC-MC-V
Jungdesign für sie
●●/●●●

Vincenzo Marino gehört zu den Vertretern des italienischen Understatement-Stils: schlichte En-vogue-Klamotten in klaren Farben und einfachen Schnitten. Die Preise sind akzeptabel.

Bipa

Via Ponte Vetero 10
☎ 02 878168
Metro: M1/Cairoli
AE-BA-DC-EC-MC-V
Trendfashion für sie
••

Bipa ist keine Boutique, die man kennen muss, und sie verkauft auch keine berühmten Labels. Und trotzdem: Ich mag diesen bezahlbaren Trendschick ab Stange. Ausserdem finden Sie hier auch die eine oder andere ausgefallene Modeschmuckkreation von Maria Calderara.

Caractère

Corso Vittorio Emanuele 8
☎ 02 795481
Metro: M1, M3/Duomo
AE-BA-DC-EC-MC-V
Trendfashion für sie
••/•••

Ein französischer Name, aber das Label ist italienischer Herkunft. Was den Stil betrifft, bietet Caractère eine coole Mixtur: ein bisschen romantisch, ein bisschen elegant und ein bisschen trendy, «ma non troppo»!

Clan International

Via Pontaccio 15
☎ 02 875759
Metro: M2/Lanza
AE-BA-DC-EC-MC-V
Trendwear für sie und ihn
••/•••

Lassen Sie sich nicht von der Adresse abschrecken, die Hausnummer 15 ist ein Wohnblock. Bei Clan klingeln und dann seitlich rechts die unscheinbare Eingangstür zum Shop nehmen. Der Laden zeigt trendige Cityklamotten «par excellence»: 24-Stunden-tauglich und garantiert tragbar. Auch für Männer eine lohnenswerte Anlaufstelle.

Dock of the Bay

Viale Gorizia 30
☎ 02 89409394
ab Dom/Via Torino: Tram 3
AE-BA-DC-EC-MC-V
Fashion für sie und ihn
••

Wer im grossen Stil shoppen will, ist mit dem nostal-gischen Navigli-Viertel schlecht beraten. Einzig die beiden Dock-of-the-Bay-Boutiquen können sich sehen lassen. Weibliche Shopper stossen auf schlichte En-vogue-Fashion von Sahzà, Robert Friedman, Victor Victoria, Luviana Conti und Gucce di Mare – «very sophisticated». In der Herrenboutique nebenan können sich Endzwanziger mit Casuals eindecken, für meinen Geschmack sind die Sachen aber einen Tick zu klassisch.

ICB

Via della Spiga 19
☎ 02 781469
Metro: M3/Montenapoleone
AE-DC-V
Fashion & Accessoires für sie
••/•••

Hinter dem Label ICB stehen namhafte internationale Designer. Der Laden eignet sich für kosmopolitische Frauen, die sich einem reduzierten Trend-Look verschrieben haben. Vernünftige Preislage.

L'Altra Moda

Corso Venezia 5
☎ 02 76021117
Metro: M1/San Babila
AE-BA-DC-EC-MC-V
Fashion & Accessoires für sie
••/•••

Gegründet wurde das Unternehmen Anfang der 90er Jahre. Inzwischen existieren weltweit 30 Exklusiv-Boutiquen und mehr als 200 Verkaufspunkte, Tendenz steigend. L'Altra Moda ist mein ganz persönlicher Favorit, wenn es um businesstaugliche Basicwear in aktuellen Trend-Colours geht. Sämtliche Stücke einer Kollektion passen nämlich farblich zusammen und lassen sich problemlos kombinieren.

Massimo Rebecchi

Via Pietro Verri 10
☎ 02 799211
Metro: M1/San Babila
AE-BA-DC-EC-MC-V
Fashion & Accessoires für sie und ihn
• • •

Massimo Rebecchi hat inzwischen ein paar eigene Shops eröffnet, sein Name aber ist nicht sehr bekannt. Oder kennen Sie ihn etwa? Wie auch immer, Massimo Rebecchi produziert tragbare Fashion, die stets jung und essentiell daherkommt.

Max & Co.

• Piazza del Liberty 2/C
☎ 02 780433
Metro: M1, M3/Duomo
• Via V. Hugo 1/Ecke Via Orefici
☎ 02 861504
Metro: M1, M3/Duomo
• Corso Genova 5
☎ 02 58100466
ab Dom/Via Torino: Tram 2,14

AE-BA-DC-EC-MC-V
Junge Trendwear für sie
• •

Die Max & Co.s sind die jungen Trendboutiquen von Max Mara. Wenn Sie die hiesigen jungen Männer beeindrucken wollen, sollten Sie in einem der Shops einen Stopover machen und zuschlagen. Bezahlbare Klamotten, von lebensfroh und frech bis hypertrendy. Dazu coole Accessoires.

Modyva

Via Manzoni 43   🖳 http://www.modyva.it
☎ 02 29001535
Metro: M3/Montenapoleone
AE-DC-MC-V
Fashion für sie
• • •

Die italienische Marke zeigt hier ihre hauseigenen Kollektionen *Privilegio, Delia Ferrari* und *Modyva*. Die Kleider sind feminin, stets elegant, aber von Linie zu Linie mit einem ganz speziellen Touch versehen: Privilegio zielt auf die jüngere Kundschaft ab und setzt Glamour-Akzente. Delia Ferrari spricht den mediterranen

Typ an: weibliche Frauen, die zu ihren Kurven stehen, aber immer auch auf den «bon ton» bedacht sind. Und die Hauptlinie Modyva hat sich ganz und gar dem italienischen Understatement-Stil verschrieben.

Mortarotti

Via Montenapoleone 24
☎ 02 76003839
Metro: M3/Montenapoleone
AE-BA-DC-EC-MC-V
Fashion & Lederwaren für sie
••/•••

Eine Topadresse für schlichte En-vogue-Klamotten. Auf den Kleiderbügeln hängen bekannte Labels, u.a. Allegri, Orwell und Studio 000.1 by Ferré, und preiswertere Marken wie Borgofiori, La Matta, Transit, Mari, Bess und Le Gatte. Daneben verkauft Mortarotti auch schicke Lederaccessoires, insbesondere Handtaschen.

Primoprima

Via Sant'Andrea 10/A
☎ 02 799988
Metro: M1/San Babila
AE-DC-V
Trendfashion für sie
•••

Primoprima ist ein junges italienisches Label, das sich auf schlichte Trendwear spezialisiert hat. Eine strenge, klare Linienführung mit figurbetonter Silhouette ist das Markenzeichen des Hauses. Kreativer Kopf der Kollektion ist die freie Modedesignerin Martine Sitbone, eine gebürtige Marokkanerin, die seit 1985 auch unter ihrem eigenen Namen Fashion verkauft.

Rouge

Corso Venezia 21
☎ 02 76000339
Metro: M1/San Babila
AE-BA-DC-EC-MC-V
Trendfashion für sie
•••

Italienische Edelklamotten für Frauen, die sich gerne ultimativ trendig kleiden, aber trotzdem elegant erscheinen wollen. Nicht billig.

Sahzà

Corso Venezia 11
☎ 02 76011039
Metro: M1/San Babila
AE-BA-EC-MC-V
Trendfashion für sie
••

Die Sahzà-Linie ist ein Produkt der italienischen Industriegruppe GFT. Diese produziert und vertreibt weltweit 60 verschiedene Labels und erzielt jährlich einen Umsatz in Milliardenhöhe – US-Dollars, versteht sich. Sahzà-Fashion ist schlicht und «very sophisticated», aber immer «autentico femminile» und auf jeden Fall 24-Stunden-tauglich: Man trägt sie im Büro, zum Shoppen und fürs abendliche Rendezvous.

Swing

Corso di Porta Ticinese 56
☎ 02 89408648
ab Dom/Via Torino: Tram 3
AE-BA-EC-MC-V
Fashion für sie
•/••

Swing ist ein Geheimtip für günstige Fashion in guter Qualität, vorausgesetzt, Sie können etwas mit dem Hausstil anfangen: ein bisschen elegant und ein bisschen trendy.

Viativoli

Corso Garibaldi 3
☎ 02 867997
Metro: M2/Lanza
AE-BA-EC-MC-V
Fashion für sie und ihn, Underwear
••

Falls Sie zu den preisbewussten Shoppern gehören, dann sind Sie hier genau richtig. Bei Viativoli (sprich: «Via Tivoli» – so heisst übrigens die seitliche Querstrasse) findet sich so manches schlichte Stück für den sportlich-eleganten Typ.

Mailands Klassiker

Balloon

- Via Dante 11
- ☎ 02 86454256
Metro: M1/Cordusio
- Via Mercato 4
- ☎ 02 8053018
Metro: M2/Lanza
- Corso Garibaldi 125
- ☎ 02 654854
Metro: M2/Moscova

AE-BA-DC-EC-MC-V
Damenfashion: v.a. Pullover & Blusen
•/••

Balloon ist ein kleiner Insider-Tip für Frauen, die ein Faible fürs Klassische haben und – ganz wichtig – nicht allzuviel Geld für Mode ausgeben wollen oder können. Was es hier zu kaufen gibt? Pullover in allen möglichen Farben, auch mit V-Ausschnitt, Hosen, Blusen und immer wieder Seidenpyjamas.

Banner

Via Sant'Andrea 8
☎ 02 76004361
Metro: M1/San Babila
AE-BA-DC-EC-MC-V
Designerwear für sie
•••/••••

Banner hat sich auf internationale Designerwear spezialisiert: von Dries van Noten, Mac Leod, Paul Smith, Ralph Lauren bis zu Yohji Yamamoto. Stilmässig findet sich hier die ganze Bandbreite, vom hochmodischen Fummel bis hin zu elegant-lässigen Kleidern. Wunderschöne Fashion, aber die Preise: «oh, là là»!

☆ Biffi

Corso Genova 6
☎ 02 8394206
ab Dom/Via Torino: Tram 2, 14
AE-BA-DC-V
Designerwear für sie und ihn
•••/••••

Biffi ist eine Mailänder Institution: Seit mehr als zwanzig Jahren führt der Laden eine gelungene Mischung von klassischer und avantgardistischer Designerwear.

Ausserdem gibt es hier Dinge, die in Mailand Selten heitswert haben: Bodies und schmal geschnittene klassische Hosen in ganz verschiedenen Farben Labels: Antonio Fusco, DKNY, Donna Karan, Dries var Noten, New York, Paul Smith und Yohji Yamamoto. Eir Shopping-Must für Schlussverkaufs-Junkies!

Galaxy

Via San Paolo 1
☎ 02 86463579
Metro: M1, M3/Duomo
AE-BA-DC-EC-MC-V
Designerwear für sie
●●●/●●●●

Eine stilvolle Boutique, die sich auf Designerwear (auch Abendmode) spezialisiert hat. Sie finden dort exquisite Modelle namhafter Designer: u.a. von Gai Mattiolo, Gianmarco Venturi, Lagerfeld, Montana, Roberto Cavalli und Valentino. Eine passende Anlaufstelle für elegante Ladies mit dem nötigen Kleingeld.

Gio Moretti

Via della Spiga 4   🖳 http://www.giomoretti.com   TAX FREE
☎ 02 76003186
Metro: M1/San Babila
AE-BA-DC-EC-MC-V
Designerwear für sie und ihn, Accessoires & Home Decoration
●●●/●●●●

Gio Moretti hat ihre 550-Quadratmeter-Residenz umgebaut. Verantwortlich für den Umbau war der argentinische Architekt Ferdinando Mosca. Der Grund dafür? Gio Moretti will sich ihrer internationalen Noblesse-oblige-Klientel angemessen präsentieren, und da braucht es eben ab und zu ein Shoplifting. Neuerdings verkauft Signora Moretti auch Literarisches und etwas Home Decoration. Was die Fashion angeht, hat Gio Moretti eine gute Auswahl getroffen: Für die Damen gibt's Topdesign von Donna Karan, Calvin Klein, Narciso Rodriguez, Hervé Leger, Jean-Paul Gaultier, Ter et Bantine, Malo, Piazza Sempione ... und Jungdesign von Alessandro dell'Acqua, Lawrence Steele, Lambros Milona und Antonio Berardi. Die Herren werden mit Jil-Sander- und Donna-Karan-Fashion bedient.

a Tenda

Piazza San Marco 1 (Via Solferino)
☎ 02 6575804
Metro: M2/Moscova
AE-BA-DC-EC-MC-V
Fashion für sie
•

Die kleine Boutique verkauft elegante Mode, die immer in Einklang mit den aktuellen Trends steht, niemals aber hypertrendy oder extravagant ist. Führen u.a. Alberto Aspesi, Cantarelli, Cividini und Ramosport.

Marisa

• Via Sant'Andrea 1
☎ 02 76001416
Metro: M1/San Babila
• Via Sant'Andrea 10/A
☎ 02 76000905
Metro: M1/San Babila
• Via della Spiga 52
☎ 02 76002082
Metro: M3/Montenapoleone

AE-BA-DC-EC-MC-V
Designerwear für sie
•••/••••

In Mailand ein Klassiker, mit drei eigenen Shops im Goldenen Dreieck. Marisa steht für hochklassige nationale und internationale Designerwear, von Alberto Aspesi bis Issey Miyake. Am besten, Sie fangen im Shop an der Via Sant'Andrea 10/A an, er hat die grösste Auswahl.

Palladium – 120 % Lino

Via Borgogna 4
☎ 02 76023394
Metro: M1/San Babila
AE-DC-MC-V
Leinenoutfits für sie und ihn
••/•••

Palladium ist ein Geheimtip für nonchalante Naturleinen-Wear in verschiedenen Farben: von naturweiss über olivgrün, pflaumenblau bis schwarz. Ziemlich kleiner Shop, aber die Auswahl an Hemden, Hosen, Kostüme, Minis etc. ist gut.

Paolo Tonali

- Via Agnello 18
☎ 02 8055804
Metro: M1, M3/Duomo
- Via Sant'Andrea 8
☎ 02 76002452
Metro: M1/San Babila
- Corso Venezia 6
☎ 02 76024462
Metro: M1/San Babila

AE-BA-DC-EC-MC-V
Fashion für sie
•••

Sehr gute Adresse für klassische italienische Damenmode. Ausgezeichnete Qualität, entsprechende Preise Das Hauptgeschäft liegt beim Dom: an der Via Agnello, einer kleinen Seitenstrasse des Corso Vittorio Emanuele.

Tincati Donna

Via M. Malpighi 1
☎ 02 29518349
Metro: M1/Porta Venezia
AE-BA-DC-EC-MC-V
Fashion für sie, Kidscorner
•••/••••

Tincati Donna ist, zumindest für mich, eine der besten Adressen für klassisch-legere Alltagsmode der Luxusklasse. Das elegante Geschäft führt Sachen von Ralph Lauren, Burberry, Malo, Alberto Aspesi, Polo Sport und Co. Ich mag diesen Laden wegen der Atmosphäre und des Services, aber einkaufen würde ich hier nur im Schlussverkauf.

Mailands Exoten

De Clerq & De Clerq

Via Borgospesso 25
☎ 02 798082
Metro: M3/Montenapoleone
AE-BA-DC-EC-MC-V
Maschenwear für sie: v.a. Pullover & Accessoires
••/•••

De Clerq & De Clerq ist ein junges italienisches Label, das sich 1997 erstmals an der Mailänder Modemesse präsentiert hat. Dahinter stecken zwei Schwestern aus

Rom, und die haben sich auf feine Maschenwear aus Wolle und Seide spezialisiert. Ihr Markenzeichen: Pullover mit speziellen Halsausschnitten und ausgefallenen Krageneinsätzen; die Kragen sind entweder ungewohnt reduziert oder andersfarbig und abnehmbar. Die kleine Boutique liegt im Herzen des Goldenen Dreiecks, also schauen Sie im Vorbeigehen schnell rein, und machen Sie sich selbst ein Bild.

Fatto a Mano

Corso di Porta Ticinese 82
☎ 02 89401958
ab Dom/Via Torino: Tram 3
AE-BA-DC-EC-MC-V
Fashion für sie
••

Ein magisches Wunderland für Batik-Seidenfans. Der Laden verkauft Hosen, Blusen, Jacken, Mäntel und Schals aus Thailand, Indien und Peru. Alles Handarbeit. Sehr humane Preise.

Modi-Atipici

Corso di Porta Ticinese 66
☎ 02 58100206
ab Dom/Via Torino: Tram 3
Nehmen keine Kreditkarten
Fashion für sie
•/••

Auf der Suche nach etwas Ausgefallenem? Versuchen Sie's bei Antonio Habe. Dieser Shop führt ethnolike Retro-Klamotten für die Grossstadtwüste: ausgefallene Schnitte und farbenfrohe Muster, «very special»! Und das Beste: Das Zeug ist äusserst preiswert.

Rue d'Antibes

Via Madonnina 13
☎ 02 86462055
Metro: M2/Lanza
AE-BA-DC-EC-MC-V
Fashion für sie, Kidscorner
••/•••

Kleine Boutique mit französischer Fashion. Das Ganze bewegt sich zwischen femininer Verspieltheit und modischer Kuriosität, und irgendwie sind die Sachen sehr süss, wie übrigens das gleichnamige Parfüm auch. Ich habe hier einmal einen hellblauen, bauchnabelkurzen Baumwollpullover mit überlangen Ärmeln gesehen dessen Hals- und Armbordüren mit hellblau eingefärbtem Kaninchenpelz bestückt waren. Alles klar?

Men's Wear

Ein paar Informationen vorab:

- Viele Modedesigner verkaufen in ihren Haupt- und Zweitlinien-Shops auch Herrenmode. Gianfranco Ferré, Gianni Versace, Prada, Salvatore Ferragamo und Valentino besitzen sogar eigene Prêt-à-porter-Boutiquen für Männer. Falls Sie ernsthaft an Designerwear interessiert sind, empfehle ich Ihnen, das Kapitel **«Italienisches Modedesign»** (📖 S. 60) etwas genauer unter die Lupe zu nehmen.

- Gesetzt den Fall, Sie haben nur wenig Zeit und suchen klassische italienische Kleidung der gehobenen Preisklasse: Machen Sie einen kurzen Einkaufsabstecher in die Via Pietro Verri und auf die angrenzende Piazza Meda. Diese Ausläufer des Goldenen Dreiecks beherbergen eine Handvoll erstklassige Herrenshops.

- Wer mit der Partnerin einen Modebummel machen will, der kann das in Mailand vortrefflich tun. Nicht nur Designer-Dependancen und Outlet-Shops verkaufen Damen- und Herrenmode, auch zahlreiche Modeboutiquen und Casualwear-Läden tun das. Meine ganz persönlichen Favoriten sind: **Biffi** (📖 S. 95) für Designerwear, **Dantone** (📖 S. 87) für Szene-Fashion, **Clan International** (📖 S. 90) für Trendfashion «alla milanese» und **Marina Yachting** (📖 S. 117) für Casualwear.

- Preiswerte Fashion für die jüngere Generation mit oder ohne Krawatte finden Sie in der gutbürgerlichen Einkaufsstrasse Via Torino, ganz in der Nähe des Doms.

- **Mailands Spardeals:** Outlet-Shops sind nicht nur für die Damen eine glückliche Erfindung, auch die Herren werden dort mit einem sensationellen Angebot beglückt. Also meine lieben Schnäppchenjäger und Designer-Junkies, studieren Sie das Kapitel **Outlet-Shopping** (📖 S. 137) sehr genau, insbesondere die Shops **Emporio Isola, Gruppo Italia Grandi Firme** und **Libero.**

Und denken Sie daran: Auch Herrenbekleidung wird im **Schlussverkauf** um 30 bis 50 Prozent herabgesetzt. Natürlich halten auch die Outlets mit. Fahren Sie nach Mailand, um das mitzuerleben.

In Mailand können Sie problemlos viel Geld, sehr viel Geld für Fashion ausgeben. Etwa bei:

Brioni

Via Gesù 3   🖳 http://www.brioni.it
☎ 02 76390086
Metro: M1/San Babila
AE-BA-DC-EC-MC-V
Exklusive Men's Wear: Smokings, Anzüge, Casualwear & Accessoires
● ● ● ●

Roms Edelschneider und Hauscouturier von James Bond kann sich mit den berühmten Tailors an der Londoner Saville Row messen. In Insiderkreisen munkelt man sogar, dass in keinem Laden der Welt exquisitere Ready-to-wear-Anzüge zu sehen sind. Und exquisit sind auch die Preise. Definitiv die beste Adresse für verwöhnte Männerseelen, inklusive VIP-Lounge für Massanfertigungen – Gerhard Schröder sei Dank!

Castellani

Piazza Meda 3   TAX FREE
☎ 02 781873
Metro: M1/San Babila
AE-DC-EC-MC-V
Men's Wear & Accessoires
● ● ● ●

Das Geschäft sieht noch genauso aus wie anno 1935, als Cesare Castellani seinen Laden eröffnet hat. Castellani hat sich in all den Jahren einen Namen für klassisch-elegante Männermode der Superlative gemacht. Sortiment: Anzüge von Kiton und Brioni, Burini-Hemden, Kaschmirpullover von Ballantyne, Krawatten von Stefano Ricci, Kaschmirschals von George Harrison und Luxusschuhe aus Parma. Kurz und gut: alles, was man in besseren Kreisen fürs tägliche Outfit benötigt.

Ermenegildo Zegna

Via Pietro Verri 3
☎ 02 76006437
Metro: M1/San Babila
AE-BA-DC-EC-V
Men's Wear: Anzüge, Casualwear & Accessoires
•••/••••

🖥 http://www.ermenegildozegna.com
📖 Designer-Special/S. 303
📖 Punto Vendita Bolgheri/S. 280

TAX FREE

Ermenegildo Zegna ist der grösste Herrenausstatter der Welt und gilt als Experte für Stoffqualität und beste Verarbeitung. Und das ist auch der Grund dafür, dass Valentino und Versace bei Zegna den Stoff beziehen und dort auch endfertigen lassen. Zegna selbst produziert klassisch-elegante Anzüge und alles andere, was Geschäftsmänner mit Niveau an Kleidsamem so brauchen. Beste Qualität, beste Verarbeitung, und obendrein ist der Service hervorragend. Viele Zegna-Kunden halten dem Unternehmen deshalb schon seit Jahren die Treue.

Neglia

Corso Venezia 2
☎ 02 795231
Metro: M1/San Babila
AE-BA-DC-EC-MC-V
Men's Wear, Accessoires & Schuhe
•••/••••

TAX FREE

Dieses Geschäft ist etwas für anspruchsvolle männliche Seelen. Falls Sie an einem exklusiven Business-Look mit Brioni- oder Kiton-Anzug und Schuhen von Church's oder Bootmakers interessiert sind, privat aber lieber im legeren Look «à la Ralph Lauren» herumlaufen, dann dürfte dieses Geschäft Ihre erste Wahl sein.

Sie suchen **gute Qualität zu annehmbaren Preisen.** Fein, bleiben Sie dran ...

Boggi

• Piazza San Babila 3
☎ 02 76000366
Metro: M1/San Babila
• Galleria Passarella 1
☎ 02 76023328
Metro: M1/San Babila
• Via Dante 17
☎ 02 86463562
Metro: M1/Cordusio

TAX FREE

AE-BA-DC-EC-MC-V
Men's Wear & Accessoires, vereinzelt auch Damenmode
••

eine Ladenkette, die traditionelle italienische Herrenmode verkauft. Vieles hat einen ziemlich britischen, sprich konservativen Touch. Bei Boggi bekommen Sie klassische Businessklamotten und Freizeitkleidung, inclusive Accessoires. Sagenhaft gutes Preis-Leistungs-Verhältnis.

Brooksfield

Corso Venezia 12
☎ 02 76006242
Metro: M1/San Babila
AE-BA-DC-EC-MC-V
Men's Wear & Accessoires
••/•••

Legere Casual- und Businesswear der stilvollen Art: Mit diesem Image lebt die Italo-Marke nicht schlecht. Klassische Fashion im anglo-amerikanischen Stil.

Cashmere Cotton & Silk

Via Madonnina 19
☎ 02 8057426
Metro: M2/Lanza
AE-BA-DC-EC-MC-V
Men's Wear & Accessoires
•••

Cashmere Cotton & Silk ist ein unvergängliches Mekka für klassisch-elegante Anzüge, Sakkos, Pullover und Co. Nur beste Qualität. Was ich hier ganz besonders schätze, ist die grosszügige Auswahl an Pullovern. Highlight des Hauses: qualitativ hochwertige Kaschmirpullover in den typisch italienischen Modefarben.

Cavi by Nico

Piazza Meda 3/5
☎ 02 781450
Metro: M1/San Babila
AE-BA-DC-EC-MC-V
Men's Wear & Accessoires
•••

Die mehrstöckige Herrenboutique verkauft zeitlose Fashion für einen tadellosen Auftritt im Geschäft oder zu Hause. Vieles davon richtet sich an Männer über vierzig. Die Preise sind in Anbetracht der gebotenen Qualität moderat, das Personal stets zuvorkommend und hilfsbereit. Ein Klassiker, wenn Sie mich fragen.

Corneliani

Via Montenapoleone 12   🖳 http://www.corneliani.com
☎ 02 7773611
Metro: M1/San Babila
AE-BA-DC-EC-MC-V
Men's Wear & Accessoires
• • •

Moderne Geschäftsleute, die nicht auf Aktualität verzichten wollen, werden sich bei Corneliani bestens aufgehoben fühlen. Auf 350 Quadratmetern findet sich im weltweit ersten Corneliani-Shop so ziemlich alles, was der Mann von heute für den durchgestylten Total-Look braucht: Anzüge (auch Massanfertigungen), Casuals, Underwear und viele Accessoires. Obendrein ist der Service ausgezeichnet.

✫ Doriani

Via Sant'Andrea 2
☎ 02 76008012
Metro: M1/San Babila
AE-BA-DC-EC-MC-V
Men's Wear & Accessoires
• • •

Billig ist bei Doriani gar nichts, aber das Angebot ist ausgezeichnet und die Qualität super. Ich bin ziemlich angetan von diesem Shop, und, ehrlich gesagt, die Mailänder sind es auch. Ideales Shopping-Revier für smarte Classic-Men: vom qualitativ hochwertigen Kaschmirpullover bis hin zum Edel-Sakko.

Eddy Monetti

Piazza San Babila 4/A
☎ 02 76000940
Metro: M1/San Babila
AE-BA-DC-EC-MC-V
Men's Wear & Accessoires
• • •

Das Geschäft hat sich dem traditionellen italienischen Stil verschrieben. Konservative Geschäftsmänner, die Wert auf Stoffqualität und perfektes Finish legen, sind bei Eddy Monetti in guten Händen: Sie finden eine grosszügige Auswahl an klassischen Anzügen, Jacken, Pullovern, Hemden, Krawatten …

Larusmiani

- Corso Vittorio Emanuele 5
- ☎ 02 874865

Metro: M1, M3/Duomo

- Via Montenapoleone 7
- ☎ 02 76020470

Metro: M1/San Babila

AE-DC-EC-MC-V
Men's Wear & Accessoires
•••

Larusmiani ist ein alteingesessener Herrenausstatter, der seit den 40er Jahren klassische italienische Men's Wear in ihrer konservativsten Ausprägung verkauft. Hier findet man(n) alles, was den perfekten Auftritt im Geschäft und in der Freizeit ausmacht. Grossartige Auswahl an Pullovern, Hemden und Krawatten.

Oldani

Corso Venezia 34/36
☎ 02 76001087
Metro: M1/Palestro
Nehmen keine Kreditkarten
Men's Wear & Accessoires
•/••

Oldani ist eine grossartige Anlaufstelle für klassisch-elegante Männer, die preiswert einkaufen wollen. Führen propere, solide Businessklamotten und Legeres fürs Wochenende. Sortiment: Anzüge, Hemden, Krawatten, Pullover, Jacken und Hosen. Sehr gutes Preis-Leistungs-Verhältnis.

Pal Zileri

Via Pietro Verri 1   🖳 http://www.palzileri.com
☎ 02 76000335
Metro: M1/San Babila
AE-BA-DC-EC-MC-V
Men's Wear & Accessoires
••/•••

Das perfekte Gegenstück zu Larusmiani: Seit 25 Jahren gehört Pal Zileri zu den Wegbereitern der modernen, schlichten Eleganz. Zileri bietet einen kompletten, zeitgemässen Lifestyle-Look, insbesondere Anzüge und Casuals, und setzt auf natürliche Materialien wie Baumwolle, Wolle und Kaschmir.

Paul & Shark

- Via Montenapoleone 15
☎ 02 76008565
Metro: M3/Montenapoleone
- Corso Europa 13·
☎ 02 783679
Metro: M1/San Babila

AE-BA-DC-EC-MC-V
Casualwear & Accessoires
•••

Und Sie dachten bisher, exklusiv und sportlich-leger passen nicht zusammen? Dann folgen Sie mir zu Paul & Shark: Das italienische Label hat sich auf sportliche Casual- und Leisurewear der gehobenen Klasse spezialisiert. Perfektes Finish und hochwertige Materialien sind das Markenzeichen des Hauses. Anspruchsvolle Segler lassen grüssen!

Reporter

Piazza del Duomo 25
☎ 02 8053974
Metro: M1, M3/Duomo
AE-BA-DC-EC-MC-V
Men's Wear & Accessoires
••/•••

Ein Ableger der italienischen Konfektionsfirma Inghirami Company. Auf zwei Etagen finden smarte Thirties alles, was sie für einen trendigen Auftritt brauchen: schicke italienische En-vogue-Klamotten und Anzüge.

Tombolini

Corso Venezia 8
☎ 02 76015769
Metro: M1/San Babila
AE-DC-V
Men's Wear & Accessoires, auch Damenmode
••/•••

Nach meinem Dafürhalten ist Tombolini eine gute Wahl für Business-Outfits: schlichte, zeitlose Fashion im typischen italienischen Understatement-Stil. Das Angebot ähnelt dem von Cerruti, allerdings sind die Sachen wesentlich billiger. Fertigen auch Anzüge nach Mass.

✫ Verri

Via Pietro Verri
☎ 02 76020355
Metro: M1/San Babila
AE-BA-DC-EC-MC-V
Men's Wear & Accessoires
●●/●●●

Verri-Klamotten sind nicht so extravagant wie Designerwear, aber garantiert trendy: Anzüge, Sakkos, Mäntel, Pullover und Co. Mein ganz persönlicher Lieblingsladen für nonchalante Men's Wear ohne Krawattenzwang.

Hemden

Masshemden können Sie sich in den meisten Hemdengeschäften fertigen lassen. Natürlich zahlen Sie mehr als für ein Hemd ab Stange, im Gegensatz zu London aber kommen Sie in Mailand relativ preiswert zu einem massgeschneiderten Hemd. Rechnen Sie mit Lieferfristen von zwei bis vier Wochen.

✫ Corso Venezia 18 Camiceria

Corso Venezia 18
☎ 02 76020991
Metro: M1/San Babila
AE-BA-DC-EC-MC-V
Hemden & Krawatten
●●

Wer sich ein Hemd schneidern lassen will, sollte das hier tun. Das Geschäft bietet eine riesige Auswahl an qualitativ hochwertigen Stoffen, darüber hinaus ist das Preis-Leistungs-Verhältnis ausgezeichnet und der Service perfekt. Sie wählen den Stoff, die Kragen- und Manschettenform, und drei bis vier Wochen später können Sie das Hemd abholen oder es sich per Post zuschicken lassen. Für ein Masshemd zahlen Sie zwischen 135 000 und 165 000 Lire, auf Wunsch mit auswechselbaren Halskragen und Manschetten versehen (kostet aber zusätzlich). Abgesehen von Masshemden, können Sie hier auch fixfertige Stücke ab Stange kaufen, Krawatten übrigens auch.

Gioffrè

Via Ponte Vetero 15
☎ 02 867167
Metro: M1/Cairoli
AE-BA-DC-EC-MC-V
Hemden
••

Eine gute Quelle für Qualitätshemden. Sie bezahlen rund 120 000 Lire pro Stück. Gioffrè fertigt auch nach Mass.

J & S

Corso Garibaldi 24/A
☎ 02 8051233
Metro: M2/Lanza
AE-BA-DC-EC-MC-V
Hemden, Krawatten & Damenblusen
•/••

Falls Sie, ohne knausern zu wollen, lieber etwas weniger Geld für ein Herrenhemd ausgeben möchten, sollten Sie J & S einen Besuch abstatten. Das Angebot entspricht dem der Konkurrenz, allerdings bietet das Geschäft auch immer wieder lukrative Special Offers. Die Qualität ist gut, ich spreche aus Erfahrung.

Siniscalchi

Via C. Porta 1/Ecke Via Turati
☎ 02 29003365
Metro: M3/Turati
AE-BA-DC-EC-MC-V
Masshemden
••••

Die Topadresse in Mailand. Der Schneider Vittorio Siniscalchi produziert die besten Masshemden der Stadt, natürlich aus exklusivster Baumwolle und mit Doppelmanschetten und handgenähten Knopflöchern versehen. Jedes Hemd trägt zudem seine Initialen und ist mit dem Fertigungsdatum versehen. Rund 500 000 Lire pro Hemd müssten Sie allerdings schon investieren. Und stellen Sie sich darauf ein, dass Vittorio Siniscalchi eine Mindestbestellmenge von sechs Stück verlangt.

Krawatten

Krawatten sind essentielle Bestandteile einer guten Herrengarderobe. Die meisten Designer bieten in ihren Verkaufsresidenzen eine mehr oder weniger grosse Auswahl an Krawatten: Bei **Etro** (📖 S. 65) beispielsweise finden Sie klassische Stücke mit Paisley-Motiven, **Versace** (📖 S. 68) mag's farbenfroh und exzentrisch, **Armani** (📖 S. 68) setzt auf schlichtes Understatement, und bei **Dolce & Gabbana** (📖 S. 64) finden Sie trendige Eyecatcher. Alternativ bekommen Sie Krawatten natürlich auch in Herrenboutiquen oder in einem Spezialgeschäft. Meine Favoriten:

Andrew's Ties

- Via Agnello 1
☎ 02 86461694
💻 http://www.andrewsties.com
Metro: M1, M3/Duomo
- Galleria del Duomo
☎ 02 860935
Metro: M1, M3/Duomo
- Via Torino 54
☎ 02 72010618
ab Dom/Via Torino: Tram 3
- Corso Buenos Aires 10
☎ 02 29524343
Metro: M1/Porta Venezia

AE-BA-DC-EC-MC-V
Krawatten & Accessoires
-

Eine italienische Accessoirekette, die sich auf den klassisch-eleganten Look spezialisiert hat. Inzwischen gibt es weltweit Dependancen. Andrew's Ties ist eine geeignete Anlaufstelle für Männer, die gute Qualität schätzen und möglichst viel für ihr Geld bekommen wollen. Weil das Preis-Leistungs-Verhältnis das ganze Jahr über stimmt, verzichten die Shops auf Schlussverkäufe.

Anselmo Dionisio

Via San Pietro all'Orto 17
☎ 02 76002300
Metro: M1/San Babila
AE-BA-EC-MC-V
Seidenkrawatten & Accessoires
●●●

TAX FREE

Ein Geheimtip für Seidenfans: Anselmo Dionisio fertig
exklusive Krawatten, Westen und Foulards in speziel
len Dessins, aber nicht nur.

Cravatterie Nazionali

Via Pietro Verri 5
☎ 02 76004208
Metro: M1/San Babila
AE-BA-DC-EC-MC-V
Krawatten & Accessoires
•••

Mittlerweile besitzen die wichtigsten Metropolen der
Welt eigene Cravatterie-Nazionali-Geschäfte. Der
Shop in Mailand war der erste dieser Art, aber – nehmen Sie's mir nicht übel – das sieht man auch: Die
Ladenarchitektur ist ziemlich konservativ und inzwischen auch etwas abgenutzt. Dafür meine Lieben, bietet Cravatterie Nazionali die grösste Auswahl an pre-
stigeträchtigen Designerkrawatten in Town: Mehr als
10 000 verschiedene Modelle, das muss man sich mal
vorstellen! Von Dolce & Gabbana über Hermès, Moschino bis zu Yves Saint Laurent.

Vismara

• Piazza del Duomo 31
☎ 02 804619
Metro: M1, M3/Duomo
• Via S. Pellico 8 (Galleria Vittorio Emanuele)
☎ 02 878725
Metro: M1, M3/Duomo
• Piazza Santa Maria Beltrade 8
☎ 02 861948
Metro: M1, M3/Duomo

AE-BA-DC-EC-MC-V
Krawatten, Hemden & Accessoires
••

Eine Mailänder Institution, die seit 1929 klassisch-
elegante Krawatten und Accessoires in mittlerer Preislage verkauft. Grosse Auswahl zu fairen Preisen. Alle
drei Geschäfte liegen in der Nähe des Doms.

Kaschmir ist nicht gleich Kaschmir

Wer keine Ahnung von Kaschmir hat, der kann die Qualität eines Kaschmirpullovers kaum einschätzen. Ein bekanntes Label oder ein stolzer Preis heisst noch lange nicht, dass es sich auch tatsächlich um hochwertigen Kaschmir handelt. Lassen Sie mich deshalb ein paar Dinge vorab sagen:

- Das feine, kurze Flaumhaar der Kaschmirziege gibt es in drei Qualitätsstufen: weiss, hellgrau und braun. Das weisse Haar, das die kostbarste Wolle ergibt, stammt fast ausschliesslich vom Nacken der Ziege. Es ist nur in kleiner Menge verfügbar und folglich auch das teuerste. Dann kommt das hellgraue Haar und schliesslich das braune: Diese sind viel ergiebiger, aber auch qualitativ schlechter und deshalb nicht ganz so teuer.

  Kaschmirpullover aus minderem Material können Sie mit blossem Auge relativ leicht erkennen: Halten Sie den Pullover vor eine Lichtquelle. Wenn Sie farbliche Unregelmässigkeiten oder gar schwarze Haare im Gewebe entdecken, dann ist das Rohmaterial von minderer Qualität.

- Je höher die Anzahl der Fäden bzw. Fasern, die zu Garn versponnen werden, desto schwerer wird der Pullover, und desto teurer ist er auch. Ein- bis vierfädige Verarbeitung ist die Norm, Pullover können allerdings bis zu zwölffach gesponnen sein.

- Kaschmir wird fast ausschliesslich in Italien, Schottland oder China verarbeitet. In China produzierte Kaschmirpullover sind in der Regel weniger gut verarbeitet als italienische oder schottische Produkte. Das fängt bei der Reinigung der Kaschmirhaare an und hört beim Stricken auf.

Kaschmirmode – die teuren Klassiker

Schwärmen Sie für feinsten Kaschmir? Im Goldenen Dreieck finden Sie drei Topadressen. Zugegeben, die Preise sind exorbitant hoch, aber dafür hält ein solches Edelstückchen jahrelang; wenn's sein muss, auch ein Leben lang.

Agnona

Via della Spiga 3 🖥 http://www.agnona.it TAX FREE
☎ 02 76021529
Metro: M1/San Babila
AE-BA-DC-EC-MC-V
Pullover & Accessoires für sie und ihn, Home Collection
••••

Agnona ist der Maschenspezialist schlechthin. Unter Insidern munkelt man sogar, dass Agnona weltweit die exklusivsten Fasern herstellt. Im zweistöckigen Shop bekommen Sie Sachen aus Kaschmir, Wolle, Mohair, Alpaka, Vikunja und Seide: edle Kaschmirpullover, hauchdünne Schals aus Vikunja, Strickdecken, Überwürfe und Kissen aus Alpaka und Mohair-Mischungen... und vieles mehr. Ich habe mich in die niedlichen Teddybären mit dem flauschigen Fell verliebt. Agnona-Sachen bekommen Sie auch im Flughafen Malpensa.

Cesare Gatti

Via Montenapoleone 19 🖥 http://www.cesaregatti.it TAX FREE
(in der Seitenpassage)
☎ 02 796860
Metro: M3/Montenapoleone
AE-BA-DC-EC-MC-V
Kaschmirmode für sie und ihn
••••

Sie suchen etwas Klassisch-Elegantes? Einen Pullover, eine Jacke, einen Mantel aus feinstem Kaschmir? Und Sie haben genügend Geld und sind bereit zu zahlen? Okay, dann sind Sie hier genau richtig. Die Qualität lässt billiges Kaschmir alt aussehen, und die Farben sind wunderschön.

Loro Piana

Via Montenapoleone 27/C TAX FREE
☎ 02 7772901
Metro: M3/Montenapoleone
AE-BA-DC-EC-MC-V
Kaschmirmode für sie und ihn
••••

Ein Kaschmir-Newcomer mit einem grosszügigen Geschäft an bester Shoppinglage. Sie finden hier erstklassige Kaschmirfashion in gedämpften Farben, vom Kurzarmpulli bis zum Anzug. Allerdings trifft mich beim Anblick der Preisschilder fast jedesmal der Schlag: ein

eichtes Kaschmir/Seide-Twinset kann ohne weiteres
1 000 000 Lire kosten. Am besten, Sie schauen im
Schlussverkauf vorbei.

Kaschmirpullover & Co.

Die meisten Kaschmirläden verkaufen Pullover in den
typisch italienischen Modefarben. In der Regel sind sie
in klassischer Form gehalten und haben einen Rund-
ausschnitt; Sie bekommen aber auch Pullover mit Roll-
kragen oder V-Ausschnitt und natürlich Cardigans und
Twinsets.
Einen trendigen Kaschmirpullover aufzutreiben ist allerdings schwer, und Sie müssen dafür tief in die
Tasche greifen. Einige Modedesigner (u.a. auch Mila
Schön und Jil Sander) verkaufen in ihren Luxusshops
einzelne Kaschmirstückchen zu horrenden Preisen: ab
1 200 000 Lire.

Bottega del Cashmere

Via Manzoni 46
☎ 02 798711
Metro: M3/Montenapoleone
AE-DC-EC-MC-V
Kaschmirfashion für sie
•••

Eine kleine Boutique, die solide Kaschmirsachen zu
annehmbaren Preisen verkauft. Sie finden klassisch-
elegante Röcke und Pullover, Mäntel und Capes,
Schals und Handschuhe. Im Sommer bekommen Sie
hier hochwertige Baumwoll-, Leinen- und Seidenwear.

Cashmere

Via Manzoni/Ecke Via Bigli
☎ 02 76002801
Metro: M3/Montenapoleone
AE-BA-DC-EC-MC-V
Kaschmirpullover für sie und ihn
•••

Eine Alternative zur Bottega del Cashmere, mit Kaschmirmode auch für Männer! Der Laden hat vereinzelt
Jacken, Mäntel und Capes, einige Schals und dann
natürlich Pullover. Führen reine Kaschmirpullover, aber
auch Wolle mit Kaschmir- oder Seidebeimischung, das
meiste in klassisch-eleganter Ausführung.

Maglificio R. Scaglione

Corso Genova 2
☎ 02 89403751
ab Dom/Via Torino: Tram 2, 14
AE-DC-MC-V
Pullover für sie und ihn

••/•••

Bei Scaglione sind qualitativ gute Kaschmirpullover relativ preisgünstig. Ich sage ganz bewusst relativ, weil guter Kaschmir eben immer seinen Preis hat. Der Laden führt zudem eine beachtliche Auswahl an Wollwaren, insbesondere Merinopullover. Im Sommer bekommen Sie sportlich-elegante Fashion aus Seide, Baumwolle und Viskose.

Manrico Cashmere

• Via della Spiga 27   🖳 http://www.manricocashmere.com
☎ 02 76014904
Metro: M3/Montenapoleone
• Corso Magenta 11
☎ 02 862262
Metro: M1/Cordusio

AE-BA-DC-EC-MC-V
Pullover aus Kaschmir, Wolle & Baumwolle

•••

Ein erstklassiges Geschäft: Bei Manrico Cashmere wird die Kaschmirwolle in China, Schottland oder Italien zu Garn gesponnen und in Perugia zu Pullovern verarbeitet. Ich mag diese Pullover! Was ich allerdings am meisten schätze, ist die Auswahl an Farben, die sie haben. Beispielsweise finden Sie hier herrliche Twinsets in weichen Pastellfarben. Nicht billig, aber mit der richtigen Pflege hält ein solches Stück Jahre!

Kaschmirpullover zu Fabrikverkaufspreisen

Amaranto Fratelli Recchia

Via delle Forze Armate 11 (im Hinterhof)
☎ 02 4072408
🕓 9.30-12.30/15.30-19.30, Montagmorgen geschlossen
AE-DC-MC-V

Wegbeschreibung: Metro: M1/Bande Nere. Nehmen Sie den Metroausgang Viale Pisa, und folgen Sie dem Strassenverlauf bis zur ersten Querstrasse. Dort biegen Sie rechts ab in die Via delle Forze Armate. Die Nummer 11 befindet sich rechts in einem kleinen Hinterhof.

Wenn Sie einen Blick auf den Metroplan werfen, sehen Sie, dass der Verkauf von Fratelli Recchia nicht gerade im Zentrum von Mailand liegt. Aber der Weg lohnt sich: Die Gebrüder Recchia produzieren seit Jahren für ein bekanntes italienisches Kaschmirlabel hochwertige Pullover. Nebenbei verkaufen sie in eigenen Shops ihre Hausmarke (klassische Pullover & Knitwear) zu günstigen Preisen: Kaschmirpullover in zweifädiger Verarbeitung kosten um die 200 000 Lire, für einen vierfädigen Herrencardigan aus China zahlen Sie 590 000 Lire. Am besten, Sie kommen im Schlussverkauf, dann geht das Zeug zu Tiefstpreisen über den Ladentisch. Verkaufen auch im Sommer Kaschmir, aber nicht nur.

Wer sich den Weg sparen will, kann alternativ in einem der **Amaranto**-Shops downtown zuschlagen. Allerdings, meine Lieben, habe ich dort noch nie (auch im Winter nicht) reine Kaschmirpullover gesichtet. Für günstige Pullover im allgemeinen aber eine lohnende Adresse.

Amaranto

- Via Torino 68
☎ 02 867464
ab Dom/Via Torino: Tram 3
- Corso Buenos Aires 77
☎ 02 6704072
Metro: M1, M2/Loreto

AE-DC-MC-V
Pullover für sie und ihn
•/••

Casualwear

Belfe & Belfe

Via San Pietro all'Orto 7
☎ 02 781023
Metro: M1/San Babila
AE-BA-DC-EC-MC-V
Sportliche Leisurewear für sie und ihn
••/•••

Belfe & Belfe ist eine italienische Marke mit internationalem Stehvermögen. Tendenz steigend. Was Belfe & Belfe so interessant macht, ist ihr Mix aus Technik, Qualität und Design. Im «Belfe & Belfe»-Shop in Mai-

land finden Sie fast ausschliesslich die sportliche Frei-
zeitlinie: metropolitane Cityklamotten der legeren Art
Führen vereinzelt auch saisonale Sportswear und Jogginganzüge.

Henry Cotton's

Galleria Strasburgo 3
☎ 02 794064
Metro: M1/San Babila
AE-EC-MC-V
Rainwear & sportliche Casuals für sie und ihn
••/•••

Willkommen bei Henry Cotton's, vorausgesetzt, Sie
glauben an einen Stil, der kurzfristige Modeströmun-
gen überdauert. Auf drei Etagen finden Sie eine grosszügige Auswahl an sportlicher Casualwear. Markenzeichen des Hauses: klassische Schnitte und gedämpfte
Farben. Für meinen Geschmack sehen die Sachen
ziemlich konservativ und «british-like» aus, obwohl das
Label italienischer Herkunft ist.

Mandarina Duck

Via Montenapoleone 23
☎ 02 76011174
Metro: M3/Montenapoleone
AE-BA-DC-EC-MC-V
Sportliche Streetwear für sie und ihn
•••

Die Geschichte von Mandarina Duck ist eine einzige
Erfolgsgeschichte. Ende der 80er Jahre machte das
Unternehmen mit einem Rucksackmodell Furore. Mittlerweile steht Mandarina Duck für qualitativ hoch-
wertiges Made-in-Italy-Taschendesign der innovativen
Art. Und jetzt ist eine eigene Damen- und Herrenkollektion dazugekommen: praktische, funktionelle
Streetwear in schlichten Farben. Das tönt alles ziemlich unspektakulär, ist es aber nicht: Mandarina-Duck-
Fashion besteht aus ganz neuen Materialien. Beispielsweise werden sportliche Freizeitjacken aus
Nylongewebe mit 3D-Effekt produziert oder Parkas, die
so leicht und dünn sind wie Papier und trotzdem vor
Wind und Wasser schützen. Muss ich noch mehr
sagen? Vielleicht noch, dass der Laden weltweit die
erste und (noch einzige) Fashion-Dependance dieses
Labels ist.

Marina Yachting

- Piazzale Cadorna 4
- ☎ 02 72003110
- Metro: M1, M2/Cadorna
- Via Santa Croce 3
- ☎ 02 8356903
- ab Dom/Via Torino: Tram 3

AE-DC-MC-V
Casualwear für sie und ihn
●●

Mein persönlicher Tip für bequeme Freizeitklamotten. Die Auswahl reicht vom klassischen Marinelook über sportliche Citywear bis zu legeren Casuals. Sie finden hier im Sommer auch Beachwear. Sehr gutes Preis-Leistungs-Verhältnis.

Urrà

Via Solferino 3
☎ 02 864385
Metro: M2/Moscova
AE-BA-DC-EC-MC-V
Sportliche Freizeitmode & -schuhe für sie und ihn
●●/●●●

Urrà ist eine Superadresse für sportliche Freizeitklamotten. Wunderschöne Leisurewear, u.a. von Strenesse Blue, im Sommer tolle Beachwear und ganz wichtig: eine grosszügige Auswahl der italienischen Kulttreter Superga.

WP Store

Via Borgogna 3
☎ 02 76004694
Metro: M1/San Babila
AE-BA-DC-EC-MC-V
Casualwear & Accessoires für ihn, führen vereinzelt Women's Wear
●●

Lieblingsladen vieler Mailänder Studenten. Führen junge Citywear im anglo-amerikanischen Stil. Das modische Profil liegt irgendwo zwischen sportlich und trendy. Gute Qualität und annehmbare Preise.

Jeans

In regulären Jeansshops sind die Preise nicht wesentlich tiefer als bei uns. Und trotzdem rate ich Ihnen. Sollten Sie nicht in naher Zukunft einen Trip in die USA planen, dann würde ich an Ihrer Stelle in einem der drei **Jeans-Outlet-Shops** zuschlagen. Und das hat seinen Grund: ein gigantisches Angebot zu bombastischen Preisen. Also, bleiben Sie dran.

Diesel Store

Piazza San Babila 3   🖵 http://www.diesel.com
(Eingang: Galleria del Toro)
☎ 02 76005542
Metro: M1/San Babila
AE-BA-DC-EC-MC-V

Ein Kultlabel – gute Verarbeitung, coole Kollektionen. Mittlerweile habe ich mich auch der Diesel-Fangemeinde angeschlossen. Mein Lieblingsmodell hat einen geraden Schnitt, die Beinlänge ist perfekt – und ganz wichtig: die Farbe weder zu hell noch zu dunkel. Bestseller unter den Diesel-Jeans ist übrigens die «Fellow» – Renzo Rosso sei Dank!

Inside Store

Corso Buenos Aires 18 (im Hinterhof)
☎ 02 2047019
Metro: M1/Porta Venezia
AE-DC-MC-V

Sollte das Haustor geschlossen sein, bitte klingeln! Bei Inside Store bekommen Sie bekannte Jeansmarken (*Levi's, Ralph Lauren, Calvin Klein, Barboour* etc.) zu guten Preisen: Für die Kulthose Levi's 501 zahlen Sie beispielsweise 113 000 Lire, Levi's-Hemden kosten 99 000 Lire, und für ein Ralph-Lauren-Hemd zahlen Sie zwischen 139 000 und 169 000 Lire.

Jeanseria del Corso

Galleria Pattari 2
☎ 02 86461737
Metro: M1, M3/Duomo
AE-BA-DC-EC-MC-V

Eine Kultstätte für Jeans und junge Trendklamotten. Im ersten Stock des J.D.C.-Shops beherrscht die unverwüstliche Segeltuch-Hose das Angebot, und zwar in eglicher Farbe und Form: *Levi's, Diesel, Wrangler …*

Original Levi's Store

Via S. Pellico 6
(Galleria Vittorio Emanuele)
☎ 02 86464609
Metro: M1, M3/Duomo
AE-BA-DC-EC-MC-V

🖥 http://www.levi.com

TAX FREE

Wussten Sie, dass Levi Strauss ein Bayer war, der 1847 in die Staaten auswanderte? Er suchte im Land der unbegrenzten Möglichkeiten sein Glück und fand es in San Francisco. Dort entwickelte er für Goldwäscher eine strapazierfähige, robuste Arbeiterhose, die billig war – die legendäre Jeans. Mal ehrlich, können Sie sich ein Leben ohne Jeans vorstellen? Ich sage nur: «five, zero, one». Nur die Geheimdienstnummer eines britischen Ladykillers mit «licence to kill» hat international dieselbe magnetische Anziehungskraft. Genug der Geschichten. Im 200 Quadratmeter grossen Levi's-Laden finden Sie das gesamte Sortiment. Für eine Original-Levi's 501 zahlen Sie rund 140 000 Lire.

Jeans-Outlet-Shops

Natürlich ist mir klar, dass Outlet-Shopping nicht jedermanns Sache ist. Aber wenn Sie Markenjeans zu Tiefstpreisen erstehen wollen, dann dürften sich diese drei Adressen als wahre Schnäppchen-Fundgruben erweisen. Allerdings müssen Sie sich vor Augen halten, dass einige Stücke beschädigt sind oder kleine Mängel haben. Deshalb sollten Sie Ihre Trouvaillen vor dem Kauf ziemlich genau in Augenschein nehmen und auf jeden Fall auch anprobieren … good Shopping!

☆ Factory Store Jeans

Viale Certosa 113
☎ 02 39262664
🕐 9.30-12.30/15-19, Montagmorgen geschlossen
Nehmen keine Kreditkarten

Wegbeschreibung: ab Dom/Via Orefici: Tram 14. Fahren Sie zur Viale Certosa, und steigen Sie nach der Piazza Accursio an der dritten Haltestelle aus. Gleich links ist die Eingangstür zum Factory Store Jeans.

Gesetzt den Fall, Sie wollen nur einen Jeans-Outlet-Shop besuchen, dann diesen hier: ein gigantischer Laden mit einem bombastischen Angebot an **Levi's**-Produkte. Sie bekommen hier zweite Wahl, Auslaufmodelle und Reststücke mit einem Preisnachlass von rund 50 Prozent. Im Angebot sind Jeans mit fünf Taschen, die legendären 501er, klassische Modelle, farbige Stücke und sommerliche Varianten. Eine Levi's 501 kostet 69 000 Lire, T-Shirts gibt's ab 29 000 Lire. Erwarten Sie keine Beratung, Selfservice ist angesagt. Und halten Sie die Augen offen: Taschendiebe fühlen sich hier auch ganz wohl.

Free Time and Work

Via Simone d'Orsenigo 27
☎ 02 55187094
🕐 9.45-13/14.30-19.15, Montagmorgen geschlossen
BA-EC-MC-V

Wegbeschreibung: ab Metrostation Lodi: ATM-Bus 92. An der vierten Haltestelle verlassen Sie den Bus, überqueren die Strasse und biegen links ab in die Via Simone d'Orsenigo. Ein paar Schritte weiter, und Sie sehen zur rechten Hand «Free Time and Work».

Eine Schnäppchen-Oase für junge, trendorientierte Leute. «Free Time and Work» verkauft Überschussware, zweite Wahl und Fehlerhaftes zur Hälfte des ursprünglichen Preises, mitunter zahlen Sie auch weniger. Hier finden Sie Markenjeans in den verschiedensten Farben und Schnitten: farbig, schwarz, blau — gebleicht oder stonewashed; zudem jede Menge Jeansjacken, Jeanshemden und T-Shirts. Kostenpunkt für ein Paar Hosen? Ab 40 000 Lire sind Sie dabei, für die Levi's 501 zahlen Sie allerdings etwas mehr: rund 69 000 Lire.

Off Price Store

Viale Espinasse 5
☎ 02 33003111
🕐 9.30-12.30/15-19, Montagmorgen geschlossen
Nehmen keine Kreditkarten

Wegbeschreibung: ab Dom/Via Orefici: Tram 14. Fahren Sie zur Viale Certosa, und steigen Sie nach der Piazza Accursio an der ersten Haltestelle aus. Überueren Sie die Viale Certosa, und biegen Sie unmittelbar vor der Agip-Tankstelle rechts ab in die Via Marcantonio dal Re. An der nächsten Abzweigung links, und Sie sehen ebenfalls linker Hand den Off Price Store.

Der Laden ist nur 5 Gehminuten vom Factory Store Jeans entfernt. Für **Lee Cooper**-Fans das reinste Paradies: Hosen, Jacken, Hemden, Sweaters und T-Shirts. Die Preise sind mehr als konkurrenzfähig. Erst kürzlich habe ich hier mal wieder zugeschlagen: drei gerippte, ärmellose Cooper-Shirts für sage und schreibe 19 000 Lire. Ja, es war eine Special Offer. Aber die gibt es hier immer!

Sondergrössen

Viele Shops helfen Ihnen gerne, ein passendes Outfit zusammenzustellen – egal, wie klein oder gross Sie sind. Kleine Grössen sind in Mailand generell kein Problem. Die meisten Shops führen auch Stücke in **grossen Grössen,** eine Ausnahme machen allerdings Trendboutiquen und Szene-Läden.

Liolà

- Corso di Porta Nuova 38   📘 Liolà Tex/S. 286
☎ 02 29002065
Metro: M3/Turati
- Corso Garibaldi 22
☎ 02 8057010
Metro: M2/Lanza
- Corso di Porta Romana 123
☎ 02 55184842
Metro: M3/Crocetta
- Ripa di Porta Ticinese 5
☎ 02 58110806
ab Dom/Via Torino: Tram 3

AE-BA-DC-EC-MC-V
Fashion & Accessoires für sie
● ● ●

TAX FREE

Liolà ist eine italienische Edelmarke, die sich auf hochwertige Jersey-Damenmode in den Grössen 42 bis 56 spezialisiert hat. Der firmeneigene Stil ist ein gekonnter Mix aus einem Hauch von Chanel und Escada mit den Farbtupfern von Yves Saint Laurent. Markenzeichen des Hauses? Kostüme und Kleider, Sie bekommen aber auch Jacken, Mäntel, Blusen und Accessoires — unterteilt in eine Tages- und eine After-Six Kollektion. Und das Beste: Bei Liolà können Sie jedes Kleidungsteil auch einzeln kaufen: beispielsweise eine Kostümjacke in Grösse 42 und den passenden Rock dazu in Grösse 44.

Mittlerweile hat Mailand zwölf Liolà-Shops. Ich habe mich allerdings auf diejenigen Dependancen beschränkt, die einigermassen zentral gelegen sind. Das Sortiment ist nicht in allen Boutiquen identisch.

Marina Rinaldi

- Galleria Passarella 2
- ☎ 02 782065
- Metro: M1/San Babila
- Corso Buenos Aires 77
- ☎ 02 6692691
- Metro: M1, M2/Loreto

📖 Designer-Special/S. 327
📖 Diffusione Tessile/S. 140

AE-BA-DC-EC-MC-V
Fashion & Accessoires für sie
•••

Das perfekte Gegenstück zu Liolà: Bei Marina Rinaldi, dem Max-Mara-Ableger für grosse Damengrössen, finden Sie schlichte Basicwear in den typischen italienischen Modefarben ab Grösse 46. Hier kleiden sich viele mollige Mailänderinnen ein. Auch für Business-Outfits eine gute Adresse.

Renco

Corso Venezia 29
☎ 02 76000235
Metro: M1/San Babila
AE-BA-DC-EC-MC-V
Men's Wear & Schuhe
••/•••

Für grosse Männer und Übergrössen das reinste Paradies. Seit 1926 verkauft Renco qualitativ hochwertige Men's Wear zu annehmbaren Preisen. Auch Schuhe bis Grösse 49. Die Sachen sind allerdings sehr klassisch. Eventuelle Änderungen können Sie im Laden vornehmen lassen.

Wäsche

Fogal

Via Montenapoleone 1
☎ 02 76021795
Metro: M1/San Babila
AE-BA-DC-EC-MC-V
Strumpfhosen & Socken
●●●●

🖥 http://www.fogal.com

Die Rolls-Royce unter den Strumpfhosen. Fogal produziert die exklusivsten Strümpfe der ganzen Welt, allerdings auch die teuersten. Ich weiss nicht, wie Sie das handhaben, aber wenn ich Strümpfe in einer ganz bestimmten Farbe suche, dann gehe ich – wohin wohl? – zu Fogal.

Kristina Ti

Via Solferino 18
☎ 02 653379
Metro: M2/Moscova
AE-BA-DC-EC-MC-V
Dessous & Underwear
●●/●●●

Diese Mini-Boutique gehört zu meinen Insider-Tips. Sie finden hier hochwertige, schlichte Underwear und verführerische Seiden-Dessous, die Sie noch nicht gesehen haben, aber ganz bestimmt mögen. Führen auch einige Kindersachen.

La Perla

Via Montenapoleone 1
☎ 02 7600460
Metro: M1/San Babila
AE-BA-DC-EC-MC-V
Dessous, Beachwear & Abendmode
●●●●

🖥 http://www.laperla.it

La Perla gehört zu den führenden Unternehmen in der Dessous-Szene. In den 60er Jahren brachte das italienische Label Farbe in die Dessousmode, und später kamen innovative Materialien dazu. In meinen Augen die beste Adresse für feine Edel-Dessous der stilvollen Art. Unwahrscheinlich verführerisch. Und wenn Sie der Verführung nicht widerstehen können, dann sind Sie hier auch ganz schnell sehr viel Geld los. Ich schätze auch die La-Perla-Beachwear sehr, obwohl ich noch keine 450 000-Lire-Bikinis trage.

Prada

Via della Spiga 5
☎ 02 76000799
Metro: M1/San Babila
AE-BA-DC-EC-MC-V
Dessous
•••/••••

🖳 http://www.prada.it
📖 Designer-Special/S. 330

Die heisseste Adresse für Fashion Victims. Hier bekommen Sie Hauchdünnes für Drunter, beispielsweise schlicht-transparente BHs & Slips. Klein, aber ultimativ hip. Auch bei **Miu Miu** (📖 S. 79), dem Zweitlinien-Laden von Miuccia Prada, findet sich das eine oder andere Dessous-Stückchen, ebenfalls zu gesalzenen Preisen.

Wolford

Via Manzoni 16/B
☎ 02 76005029
Metro: M3/Montenapoleone
AE-BA-DC-EC-MC-V
Strumpfhosen, Socken, Dessous, Bodies & Beachwear
•••

🖳 http://www.wolford.com

Meine Lieblingsmarke für Strumpfhosen: Die Farben sind toll, und die Qualität lässt billige Strümpfe alt aussehen. Ich persönlich kaufe meistens solche mit Satinglanz. Bei den Bodies bin ich allerdings auch schon auf ganz exquisite Stückchen gestossen, beispielsweise hautfarbene, fast schon transparent wirkende Bodies mit einem schwarzen, dekolletierten Marabu-Kragen.

Italienische Ketten

Calzedonia

• Corso Buenos Aires 65   🖳 http://www.calzedonia.it
☎ 02 29406253
Metro: M1/Lima
• Galleria Pattari 2
☎ 02 8692092
Metro: M1, M3/Duomo
• Via Manzoni 46
☎ 02 76002860
Metro: M3/Montenapoleone
• Corso Genova 21
☎ 02 89406686
ab Dom/Via Torino: Tram 2, 14

AE-BA-DC-EC-MC-V
Strumpfhosen & Socken, im Sommer auch Beachwear
•/••

Calzedonia ist eine italienische Ladenkette für Strumpfwaren. Sie bekommen dort Strümpfe in allen möglichen Farben und Varianten, vom klassisch-eleganten Modell bis hin zu extravaganten Stücken.

Intimo 3

- Corso Buenos Aires 65
☎ 02 29531363
Metro: M1/Lima
- Corso Europa 22
☎ 02 76000075
Metro: M1/San Babila
- Corso Genova 24
☎ 02 8323377
ab Dom/Via Torino: Tram 2, 14
- Corso Garibaldi 12
☎ 02 72023237
Metro: M2/Lanza

AE-BA-DC-EC-MC-V
Underwear & Beachwear
•/••

Eine Ladenkette, die BHs, Slips, Pyjamas und Beach-wear in grosser Auswahl führt. Intimo 3 hat sich auf einen jungen Stil für einen schmalen Geldbeutel spe-zialisiert. Ideal also für Frauen und Männer, die schöne Unterwäsche tragen wollen, ohne dafür allzuviel aus-zugeben.

Young Fashion

Teenies und Early-Twenties, die auf der Suche nach **hippen & hypen Billigklamotten** sind, fahren am besten mit der Metro zum Dom. Wer sich auf eine Shoppingstrasse beschränken will, ist mit der Via Tori-no am besten beraten.

Best Shops für junge **Clubwear:**

DNA Store
Via Torino 34
☎ 02 866431
Metro: M1, M3/Duomo
AE-BA-DC-EC-MC-V
Hippe Partyklamotten für sie und ihn
•/••

Sie brauchen ein passendes Disco-Outfit, aber Ihr Geldbeutel ist schon arg strapaziert? Versuchen Sie's im DNA Store. Hier gibt's Hippes von Kopf bis Fuss Treue Kunden werden mit einer 10-%-Rabatt-Karte belohnt.

✩ Fiorucci Dept. Store

Galleria Passarella 1 ⬛ http://www.fiorucci.it
(Corso Vittorio Emanuele) 📖 Designer-Special/S. 308
☎ 02 76004896
Metro: M1/San Babila
AE-EC-MC-V
Fashion, Lifestyle-Items, Geschenkideen & Wohnaccessoires
••/•••

TAX FREE

Nicht nur für Teens & Twens ein Kaufrausch: Täglich besuchen bis zu 5000 Modefans den Kultshop am Corso Vittorio Emanuele. Auf drei Stockwerken finden Sie viele kleine Versuchungen aller Art, vom Aluminium-Aschenbecher bis hin zum zitronengelben Zebraoutfit. Highlight des Ladens: die bunte, witzige Mode von Elio Fiorucci, dem italienischen «enfant terrible» der frühen 70er Jahre. Sagt Ihnen nichts? Ich helfe Ihnen gerne auf die Sprünge: Der Name Fiorucci steht für Tiefpreis- und kurzlebige Sortimentspolitik, gewürzt mit einem Schuss modischer Ironie.
Ich gestehe, die Auswahl an Fiorucci-Klamotten ist eher mässig, aber dafür sind die Preise tief und das Angebot schrill. Darüber hinaus bietet das kaufhausähnliche Shopgebilde viele kleine Shop-in-Shops mit ganz unterschiedlichen Dingen: Swish-Jeans, Fossil-Uhren, Designerbrillen, Dessous, Kosmetika, Kultgegenstände und ... allerlei Kuriosa wie zum Beispiel bodydynamischer Food. Definitiv ein Shopping-Must.

✩ Gallery-A

Piazza San Giorgio (Via Torino)
☎ 02 8053252
Metro: M1, M3/Duomo
AE-BA-MC-V
Fashion & Accessoires für das technoide Herz
••

Gallery-A ist Mailands Szene-Shop für Discofreaks, Partygänger und Nachtvögel. «Auffallen um jeden Preis» gehört hier zum guten Ton. Wenn Sie eine farbige Haarperücke oder farbige, auswaschbare Haarfarben suchen, dann sind Sie bei Gallery-A in guter Gesellschaft. Und was es sonst noch so gibt: extravagante Klamotten für nächtliche Szenetouren und extreme Plateauschuhe für Schwindelfreie. Jeden Samstag so gegen 16 Uhr wandelt sich der Gallery-A-Shop zur Gallery-A-Discothek, ideal zur Einstimmung auf den nächtlichen Streifzug durch Mailands «In»-Discotheken.

Juke Box

Via G. Sapeto 3/Ecke Corso Genova
☎ 02 8321729
ab Dom/Via Torino: Tram 2, 14
AE-EC-MC-V
Abgefahrene Klamotten für junge Hyperpeople
•/••

Schräg, abgefahren und extravagant. Das ist der Modemix, der hier geboten wird. Führen u.a. auch Fiorucci-Fashion. Ein Vorschlag gefällig? Drunter ein hauchdünnes Dessous und drüber eine trendige Plastikjacke, kombiniert mit einem ultrakurzen Mini. Und nicht vergessen: für den perfekten Finish einen Nagellack in schriller Farbe ... und ab geht's ins Party-Life!

Mixage

Galleria Pattari 2
☎ 02 861276
Metro: M1, M3/Duomo
AE-BA-DC-EC-MC-V
Schwarze Szeneklamotten für sie und ihn
•/••

Bei Mixage steigt man im wahrsten Sinne des Wortes in die unterirdischen Gefilde von Mailand. Also sehen Sie zu, dass Sie die Eingangstür nicht verpassen. Willkommen in der Unterwelt! Und das meine ich jetzt nicht nur physisch. Auch die Klamotten haben so einen «Underground-Touch». Ganz nach dem Motto «Black is beautiful», lässt sich hier alles Mögliche und Unmögliche an schwarzer Kleidung finden. Und dazwischen gibt es auch das eine oder andere helle Stück.

Sport-ok

Via Torino 51
☎ 02 72022354
ab Dom/Via Torino: Tram 3
Nehmen keine Kreditkarten
T-Shirts
•

T-Shirts, T-Shirts und nochmals T-Shirts, alle mit metropolitanen Graffitis versehen. Wer will, kann sich auch ein T-Shirt nach eigener Vorlage bedrucken lassen, Kostenpunkt: rund 40 000 Lire.

USA Shop

- Via Torino 73
☎ 02 86453559
ab Dom/Via Torino: Tram 3
- Via San Maurilio 2
☎ 02 72011271
Metro: M1, M3/Duomo

Nehmen keine Kreditkarten
Ausgeflipptes und Trendiges für junge Leute

-

Das Beste an den beiden USA Shops sind die Preise. Hier gilt: mehr Klamotten für weniger Lire. Geradezu zelebriert wird dieses ungeschriebene Grundgesetz noch durch das sagenhaft billige Angebot an trendiger Secondhand-Wear.

Falls Sie eine Alternative zu Hennes & Mauritz suchen, meine Shopping-Highlights für **günstige Trendwear**:

Café de Flore

Corso Buenos Aires 24
☎ 02 29514590
Metro: M1/Lima
AE-BA-DC-EC-MC-V
Junge Trendwear für sie

TAX
FREE

-

Sehr gute Adresse für topmodische Klamotten, die kein Loch ins Portemonnaie reissen. Wer's gerne enganliegend hat, ist hier richtig.

Dress

Corso di Porta Ticinese 59
☎ 02 58112245
ab Dom/Via Torino: Tram 3
AE-BA-DC-EC-MC-V
Junge Trendwear für sie

-

Günstige Modeoutfits. Selbst ich habe hier schon gekauft. Aber Achtung: unbedingt die Waschanleitung befolgen. Ansonsten müssen Sie unter Umständen damit rechnen, dass ein kuscheliger Winterpullover zum

Frau-Holle-Zombie wird. Donnerstags und freitags bis 23 Uhr geöffnet.

Guess

Piazza San Babila 4/B   🖥 http://www.guess.com
☎ 02 76392070
Metro: M1/San Babila
AE-BA-EC-MC-V
Junge Trendwear & Accessoires für sie und ihn
•

Guess-Fashion ist bei den US-Teens beliebter als Calvin-Klein-Wear. Grosse Auswahl an erschwinglichen Casuals: Hosen, T-Shirts, Sweater und Co. Tolle Khaki-Hosen, trendige T-Shirts.

Henry's

Via Mercato 18
☎ 02 861669
Metro: M2/Lanza
AE-BA-DC-EC-MC-V
Junge Trendwear für sie
•/••

Henry's ist immer wieder eine gute Anlaufstelle für tragbaren Trendschick: Schnitte, Stoffe und Farben sorgen für den modischen Touch.

Karisma

Via Torino 51
☎ 02 89011049
ab Dom/Via Torino: Tram 3
AE-DC-EC-MC-V
Junge Trendwear für sie
•

Hypertrendige Billigklamotten für Abwechslungsfreudige.

Kookaï

Corso di Porta Ticinese 60   🖥 http://www.kookaï.fr   [TAX FREE]
☎ 02 8376007
ab Dom/Via Torino: Tram 3
AE-BA-DC-EC-MC-V
Trendwear für sie
••

Das französische Label lässt sich mit Benetton vergleichen. Was die beiden gemeinsam haben, ist die Vermarktungsstrategie: sehr aggressive Werbung und eine schnell wachsende, starke Präsenz. Und der Unterschied? Bei Benetton ist die Tendenz sinkend, bei Kookaï steigend. Was Kookaï modisch zu bieten hat, ist kokett, verführerisch, wandelbar und sehr saisonal ausgerichtet.

MBC Workshop

Corso di Porta Ticinese 87   🖳 http://www.mbcworkshop.it
☎ 02 8372063
ab Dom/Via Torino: Tram 3
AE-BA-V
T-Shirts & Casuals für sie und ihn
•/••

Ich kenne keinen Teenager, der nicht auf diese Klamotten abfährt: kurze T-Shirts, coole Sweater und trendige Hosen – das meiste enganliegend.

Motivi

Corso Buenos Aires 22
☎ 02 2049537
Metro: M1/Lima
AE-BA-DC-EC-MC-V
Junge Trendwear für sie
•

Schnörkelloser Schick für Teens: günstig und schwungvoll.

Onyx Store

Corso Vittorio Emanuele 24   🖳 http://www.onyx.it
☎ 02 76016083
Metro: M1, M3/Duomo
AE-BA-DC-EC-MC-V
Fashion & Accessoires für sie
•/••

Inmitten der traditionellen Einkaufsstrasse Corso Vittorio Emanuele thront der moderne Einkaufskomplex Onyx. Auf drei Stockwerken finden kaufwütige Teens & Twens preiswerte Streetwear. Egal, ob Sie sich nun dem romantischen Look oder dem Metropolitan-Taste verschrieben haben, die Auswahl ist in jedem Fall gigantisch.

Pinko

Via Torino/Ecke Via dei Piatti
☎ 02 8900084
Metro: M1, M3/Duomo
AE-V
Young Fashion für sie
•/••

Was Pinko zu bieten hat, ist junge Trendwear für abwechslungsfreudige Frauen. Damit wir uns richtig verstehen: Wer einen Hang zu modischen Extravaganzen hat, der ist bei Pinko an der falschen Adresse.

Pro Mod

Corso Buenos Aires 41
☎ 02 29520575
Metro: M1/Lima
MC-V
Junge Trendwear für sie
•

Junge, pfiffige und leicht kombinierbare Trendklamotten zu vernünftigen Preisen. Sagenhaft günstig im Schlussverkauf!

Stefanel Megastore

Corso Vittorio Emanuele 28   ⌨ http://www.stefanel.it
☎ 02 780721
Metro: M1, M3/Duomo
AE-BA-DC-EC-MC-V
Fashion für sie und ihn
•/••

Eine gigantische Kette mit unzähligen Filialen in ganz Italien, allein in Mailand sind es sechs Stück. Was der grösste Stefanel-Shop in Town zu bieten hat, ist wirklich mega: Auf zwei Stockwerken finden Sie eine riesige Auswahl an Fashion. Dezente, gut kombinierbare Basics und Stricksachen in frischen und frechen Farben. Solide Materialien.

X-Ray

Via de Amicis 3
☎ 02 8360124
ab Dom/Via Torino: Tram 3
AE-DC-EC-MC-V
Trendwear für sie
•/••

Bei X-Ray drückt sich die junge Käuferschaft die Nase an den Vitrinen platt, immer auf der Suche nach dem neuesten Schick, «Avanguardia-Mania» eben! Viel Enganliegendes in speziellen Farben. Ist nicht jedermanns Sache.

Kidsfashion

Armani Junior

Via Durini 27
☎ 02 794248
Metro: M1/San Babila
AE-BA-DC-EC-MC-V
Kindermode/2 bis 14 Jahre
•••/••••

📖 Designer-Special/S. 313
📖 Intai Factory Store/S. 272

Schlichte Edelklamotten für kleine Prinzen und Prinzessinnen.

Bimbus

Corso Buenos Aires 75
☎ 02 6701112
Metro: M1, M2/Loreto
AE-BA-DC-EC-MC-V
Kindermode & -schuhe/0 bis 12 Jahre
•/••

Bimbus hat eine respektable Auswahl an günstiger Baby- und Kindermode, vom Strampelhöschen bis zu bunten Kleidchen. Führen auch Baby-Artikel und Kinderschuhe.

Bonpoint

Via Manzoni 15
☎ 02 89010023
Metro: M3/Montenapoleone
AE-DC-MC-V
Kindermode/0 bis 16 Jahre
•••

Eine französische Edelmarke, die sich auf Kinder und Jugendliche spezialisiert hat. Geeignete Anlaufstelle für solvente Eltern mit Markenbewusstsein.

✫ Boule-de-lait
c/o Fiorucci Dept. Store

Galleria Passarella 1 (Corso Vittorio Emanuele)
☎ 02 76004896
Metro: M1/San Babila
AE-EC-MC-V
Babysachen aus Kaschmir
• • • •

Der winzige Shop-in-Shop befindet sich im **Fiorucci Dept. Store,** im Untergeschoss. Boule-de-lait verkauft weiche Kaschmirpullöverchen, -höschen und -jäckchen für niedliche kleine Babys. Diese hochwertigen Edelstückchen in natürlichen Farben sind extrem teuer, aber dafür auch wunderschön warm und weich.

Guess Kids

Via Manzoni 25
☎ 02 862221
Metro: M3/Montenapoleone
AE-V
Kindermode/3 Monate bis 14 Jahre
• •

Eine US-Kette, na und? Für Kids das reinste Paradies: Jeanswear und farbenfrohe Alltagsklamotten. Nicht billig, aber bezahlbar.

I Pinco Pallino

Via della Spiga 42   🖳 http://www.ipincopallino.com
☎ 02 781931
Metro: M3/Montenapoleone
AE-BA-DC-EC-MC-V
Kindermode, Schuhe & Accessoires/3 Monate bis 12/14 Jahre
• • •/• • • •

Hier deckt die High-Society ihre Sprösslinge mit wunderbaren Edelkleidchen und -schühchen ein. Ausgefallene (und teure) Kidswear mit vielen, vielen passenden Accessoires. Für einen besonderen Anlass goldrichtig.

Meroni

Via Madonnina 10
☎ 02 8057406
Metro: M2/Lanza
DC-MC-V
Kindermode/0 bis 8/10 Jahre
• •

«Reinschlüpfen und wohl fühlen» lautet die Devise be Meroni. Ich mag diesen Laden mitsamt seiner speziel-len Baby- und Kidsfashion im idyllischen Country-Look Wer Kindersachen ab Stange sucht, ist hier falsch. Gute Qualität, moderate Preislage.

Pappa & Ciccia

Via Palermo 8   🖳 http://www.pappaeciccia.it
☎ 02 6572733
Metro: M2/Moscova
AE-BA-DC-MC-V
Kindermode/0 bis 8 Jahre
••

Ein Kindergeschäft mit vielen «süssen» Outfits aus natürlichen Materialien. Sie bekommen dort weisse, hellblaue und rosarote Babysachen, aber auch farbige Stückchen wie zum Beispiel blaue Pullöverchen mit braunen Bären. Reelle Preise, gute Qualität.

Stefanel Kids

• Corso Buenos Aires 45
☎ 02 2049477
Metro: M1/Lima
• Via Torino 1
☎ 02 809279
Metro: M1, M3/Duomo

AE-BA-DC-EC-MC-V
Young Fashion & Kindermode/1 bis 13 Jahre
•/••

In Italien sehr populär. Gut kombinierbare Kidsfashion aus soliden Materialien. Die Qualität hält, was sie ver-spricht, und die Preise sind fair.

Ketten, die Baby- und Kinderkleidung verkaufen

Chicco, Gusella und **Prénatal** besitzen Filialen in ganz Mailand. Ich habe lediglich diejenigen Geschäfte aufgeführt, die in bekannten Shopping-Districts liegen.

☆ Chicco

• Corso Matteotti 10
☎ 02 76008399
Metro: M1/San Babila
• Corso Buenos Aires 88
☎ 02 295109
Metro: M1, M2/Loreto

AE-BA-DC-EC-MC-V
Kindermode/0 bis 10 Jahre & Baby-Equipment
••/•••

Eine bekannte italienische Marke, die sich auf Kinderkleidung und Baby-Equipment spezialisiert hat. Die Sachen sind durchweg von guter Qualität und ansprechendem Design. Führen u.a. wunderschöne Kinderwagen und Sonstiges, was das Leben mit Kleinkindern erleichtert.

Gusella

- Corso Vittorio Emanuele 37/B
- ☎ 02 76020133

Metro: M1, M3/Duomo

- Via Torino 19
- ☎ 02 860246

Metro: M1, M3/Duomo

- Corso Buenos Aires 13
- ☎ 02 2047617

Metro: M1/Porta Venezia

- Via F. Casati 2
- ☎ 02 29522313

Metro: M1/Porta Venezia

AE-BA-DC-EC-MC-V
Kindermode & -schuhe/0 bis 14 Jahre
••/•••

Eine gigantische Kette, die in allen italienischen Städten eigene Filialen besitzt. Gusella steht für solide Kidsfashion der klassischen Art. Für meinen Geschmack ist das Angebot zu proper, zu konservativ. Aber das muss nichts heissen.

Prénatal

- Corso Vittorio Emanuele 13
- ☎ 02 76001283

Metro: M1, M3/Duomo

- Via Dante 7
- ☎ 02 8692535

Metro: M1/Cairoli

- Corso Buenos Aires 28/E
- ☎ 02 29526457

Metro: M1/Lima

AE-BA-DC-EC-MC-V
Kindermode/0 bis 11 Jahre & Baby-Equipment
•

Prénatal ist eine günstige Anlaufstelle für robuste Alltagskleider, niedliche Strampelhöschen, Babyschühchen und Co. Mit dem Blick fürs Richtige findet sich hier so manches schöne Outfit für Ihre Kids. Sie bekommen das ganze Jahr über Rabatte auf einzelne Stücke.

Kidsfashion zu Outlet-Preisen

Sie suchen für Ihre Youngsters erstklassige Markenoutfits zu sensationellen Preisen? Nehmen Sie sich einen Tag frei, und besuchen Sie die Kidsfiliale des grössten Outlet-Shops der Stadt.

☆ Il Salvagente Bambini

Via Balzaretti 28 (im Hinterhof)
☎ 02 26680764
Metro: M2/Piola
🕐 10-12.30/15-19, Montagmorgen geschlossen
Vom 1. Juli bis 1. September ferienhalber geschlossen
Nehmen keine Kreditkarten
Kindermode & -schuhe/0 bis 14 Jahre
Sie sparen: 50 Prozent, teilweise auch mehr

Wenn Sie in den Verkaufsraum hineinkommen, dürften Sie in Anbetracht der Auswahl überwältigt sein: In endlosen Reihen können Sie auf einer Etage nach Herzenslust Designerwear und Markenoutfits für Ihre Sprösslinge zusammenstellen. Die Bandbreite der Marken reicht von **Ralph Lauren, Aspesi, Brooksfield** über **Cheapie, Magil** bis zu **Coveri** und **Kenzo.** Alles ist sehr übersichtlich geordnet, in Mädchen- und Knabenmode unterteilt und nach Grössen sortiert. Il Salvagente ist allgemein bekannt für seine attraktive Preispolitik. Deshalb sind die im Januar und Juni stattfindenden Schlussverkäufe richtige Ereignisse: In den ersten beiden Wochen bekommen Sie auf das ganze Sortiment nochmals 30 Prozent Reduktion, in der dritten steigt der Preisnachlass auf sage und schreibe 60 Prozent.

PAY LESS

Outlet-Shopping

Designerklamotten sind leicht verderbliche Ware: Alle sechs Monate setzen Modestylisten neue Trends, und dann heisst es für nichtverkaufte Designerwear Abschied nehmen von den Luxus-Verkaufsresidenzen. So landet manches Designerstück in einem Outlet-Shop, hängt dort nach Grösse sortiert an der Stange und wartet auf einen Käufer, der gewillt ist, die Hälfte des ursprünglichen Ladenpreises zu bezahlen. Bleibt das gute Stück auch für 600 000 Lire liegen, kommt es in den Outlet-Schlussverkauf: 420 000 Lire zum ersten, 180 000 Lire zum letzten – «c'est la vie»!

Jetzt wissen Sie, wie das Geschäft läuft, aber wissen Sie auch, was Sie in einem **Outlet-Shop** zu erwarten haben? Lassen Sie mich zuerst den Begriff definieren: Outlets verkaufen nichtaktuelle Designerkollektionen, Restbestände aus Boutiquen und Designerwear mit kleinen Fehlern zu reduzierten Preisen: in der Regel mit 30 bis 50 Prozent Rabatt auf den ursprünglichen Ladenpreis. Für gewöhnlich sind die Shops nicht superzentral gelegen, aber mit öffentlichen Verkehrsmitteln bequem zu erreichen. Halten Sie sich vor Augen, dass Sie in den meisten Fällen mit einem schmucklosen Verkaufsraum ohne persönliche Beratung Vorlieb nehmen müssen. In der Regel ist auch kein Umtausch möglich. **Smart Shopper** (wie ich) lassen sich davon wenig beeindrucken, denn die Preise sind einfach zu gut. Und sie werden im Schlussverkauf im Januar und Juli noch besser: Dann bekommen Sie nochmals 30 bis 60 Prozent Rabatt. Mir gehen die Worte aus, wenn ich nur schon daran denke.

Also, meine lieben Schnäppchenjäger, wenn Sie teure Designerwear zu niedrigen, sehr niedrigen Preisen einkaufen wollen, dann sind Sie mit Mailand gut beraten: Die City ist allgemein bekannt für ihre vielen hochkarätigen Designershops. Was diese nicht zu gesalzenen

Preisen an die Kundschaft bringen, wandert ab in die Outlet-Shops downtown. Und dort, meine Freunde, können Sie dann zuschlagen. Am besten, Sie kommen im Schlussverkauf. Ich mache das immer so.

Meine ganz persönlichen **Outlet-Favoriten** sind Il Salvagente und Emporio Isola. **Il Salvagente** ist das grösste (und auch älteste) Stockhouse der Stadt, und es hat die tiefsten Preise. Ausserdem findet hier der beste Schlussverkauf von ganz Mailand statt: Auf die ohnehin schon zur Hälfte reduzierte Ware bekommen Sie nochmals 60 Prozent Preisnachlass. Das muss man sich mal vorstellen! **Emporio Isola** dagegen ist ganz anders: eine Art Outlet-Newcomer mit dekorativem Ladenambiente und hilfsbereitem Verkaufspersonal. Die Preise liegen im allgemeinen 40 Prozent unter dem Ladenverkaufspreis, und die Auswahl ist generell sehr gut: wunderschöne Designerwear, viele Trendklamotten, aber nicht nur. Im Schlussverkauf gibt man Ihnen weitere Rabatte, in der Regel nochmals 30 bis 40 Prozent.

Bevor Sie jetzt losziehen, gebe ich Ihnen noch ein paar nützliche **Shopping-Tips** mit auf den Weg:

- Probieren Sie jedes Kleidungsstück an. Es kommt vor, dass die angegebene Grösse nicht der tatsächlichen entspricht. Italienische Grössen sind zudem häufig etwas enger geschnitten.

- Vor dem Kauf sollten Sie die Kleidungsstücke auf Mängel und Fehler durchchecken. Im Falle eines Mangels können Sie ungeniert nach einer zusätzlichen Preisermässigung fragen. Manchmal klappt's, manchmal auch nicht.

- Kaufen Sie nichts nur des Preises wegen! Kleidungsstücke müssen sitzen, sonst bleiben sie erfahrungsgemäss im Kleiderschrank hängen.

Die besten Designer-Outlets in Town

Affari – Spaccio di Midali

Via Fratelli Bronzetti 23
☎ 02 7610941   TAX FREE
ab Dom/Via Mazzini: Tram 12 (Haltestelle: XXII Marzo Bronzetti)
🕐 MO: 15-19   DI-SA: 10-13/15-19   MI und SA durchgehend geöffnet
AE-BA-EC-MC-V
Designerwear von Martino Midali
Sie sparen: 30 bis 50 Prozent

Nur eine kleine Verkaufsstelle, aber für eingefleischte **Midali-**Fans einen Abstecher wert: Sie bekommen hier Reststücke aus den Midali-Shops mit einem Preisnachlass von 30 bis 50 Prozent. Allerdings hat der «Laden» mit Abstand die schrecklichste Verkaufsfläche, die mir je zu Gesicht kam. Ich schaue hier höchstens rein, wenn ich gerade in der Gegend bin. Das heisst, wenn ich dem grössten Stockhouse der Stadt, **Il Salvagente,** einen Besuch abstatte.

Diecidecimi Spazimoda

Corso Buenos Aires 59 (Galleria Corti di Bayres)
☏ 02 2046782
Metro: M1/Lima
🕐 MO: 15-19.30   DI-SA: 10-13/15-19.30   FR durchgehend geöffnet
AE-BA-DC-MC-V
Klassisch-elegante Designerwear für sie und ihn
Sie sparen: 30 Prozent

Ich bin mir nicht sicher, wie Sie Diecidecimi einschätzen würden. Für mich jedenfalls ist der Laden eine Art Riesenboutique mit den Vorteilen eines amerikanischen Discountshops: Er liegt sehr zentral und verkauft topaktuelle Designerklamotten mit einem Rabatt von 30 Prozent; dafür verzichtet man allerdings auf den sonst üblichen Schlussverkauf. Diecidecimi bietet auf 1000 Quadratmetern eine grosszügige Auswahl an eleganter Basicwear, u.a. von **Fendi, Ferré, Missoni, Trussardi, Valentino** und **Versace.** Das Verkaufspersonal ist zudem nett, sehr aufmerksam – und ganz wichtig: nicht aufdringlich.

Diffusione Firme Moda

• Corso Buenos Aires 77
☏ 02 66983113
Metro: M1, M2/Loreto
• Via Solferino 11
☏ 02 878092
Metro: M2/Moscova

🕐 MO: 15-19.30   DI-SA: 10-19.30
AE-BA-DC-EC-MC-V
Junge Designerwear für sie und ihn
Sie sparen: 30 bis 50 Prozent, teilweise auch mehr

Das Geschäft am Corso Buenos Aires liegt etwas versteckt in einer kleinen Seitenpassage. Falls Sie gerne herumstöbern und nichts gegen eine Wühltischatmosphäre einzuwenden haben, dürfte dies eine lohnende

Adresse sein. Hier bekommen Sie junge Fashion für relativ wenig Geld, vorausgesetzt, Sie sind schlank. Neben erstklassiger Designerwear von **Antonio Fusco, Bugatti** und **Dolce & Gabbana** finden Sie preiswertere Zweitlinien-Fashion (**Versus, Versace Sport, D&G, Iceberg** etc.) und Young Fashion, u.a. von **Kookaï, Naf Naf** und **Elite.** Allerdings sollten Sie sich vor Augen halten, dass das Angebot an Designerwear eher mässig ist. Viele Sachen sind älteren Datums, und teilweise sind sie sogar beschädigt. Aber was die Young Fashion betrifft, dürfte sich der Laden als wahrer Einkaufsknüller erweisen. Wie wär's beispielsweise mit einem farbigen Versace-Sport-Pullover für 70 000 Lire? Zudem finden Sie hier auch immer wieder Special Offers. Ich habe schon **Calvin Klein**-Jeans für 69 000 Lire gesichtet.

✩ Diffusione Tessile

Galleria San Carlo 6   📖 Designer-Special/S. 327   TAX FREE
☎ 02 76000829
Metro: M1/San Babila
🕐 MO: 15.30-19.30   DI-SA: 10.30-19.30
AE-MC-DC-V
Designerwear von Max Mara
Sie sparen: 30 bis 50 Prozent

Der zweistöckige Outlet-Shop von Max Mara liegt ganz zentral: Am besten, Sie laufen vom Dom aus in Richtung Piazza San Babila. Unmittelbar nach der Stefanel-Boutique biegen Sie rechts in die Seitenpassage ab, und dort, zur linken Hand, befindet sich dieser herrliche Laden. Bei Diffusione Tessile bekommen Sie sämtliche **Max Mara**-Linien: von **Blues Club** bis zu **Sportmax.** Sie finden auch Handtaschen, Schuhe und Sonnenbrillen. Der Laden verkauft zudem Reststücke von **Marina Rinaldi** (📖 S. 122) und **Max & Co.** (📖 S. 92). Vieles ist klassisch-elegant, einiges auch trendy. Ich habe hier auch schon gekauft, allerdings im Schlussverkauf: eine Sonnenbrille von Max & Co. für 30 000 Lire, ein paar Hosen von Max & Co. für 50 000 Lire und ein langes Sportmax-Träger-Shirt für 70 000 Lire. Ein guter Deal.

☆ Emporio Isola

Via G. Prina 11 (im Hinterhof)
☎ 02 3491040
ab Dom/Via S. Margherita: Tram 1 (Haltestelle: Via Riva Villasanta)
🕐 MO: 15-19.30   DI-SA: 10-19.30
DC-EC-MC-V
Designerwear für sie und ihn, Schuhe & Handtaschen
Sie sparen: 40 Prozent, teilweise auch mehr

Mein Lieblingsladen. Eigentlich lebe ich nicht nach Prinzipien, aber ein Mailandbesuch ohne Emporio Isola ist bei mir nicht drin. Emporio Isola ist ein sehr gepflegtes zweistöckiges kleines Wunderland für Leute, die auf der Suche nach dem letzten Schrei sind. Vor allem die jüngere Generation dürfte hier voll auf ihre Rechnung kommen (aber nicht nur). Auch ältere Semester verlassen dieses Einkaufsparadies selten ohne Einkaufstüte – mein Vater lässt grüssen: ein **Redaelli**-Anzug, ein **Les Copains**-Pullover und drei Paar **Aspesi**-Hosen für sage und schreibe 649 000 Lire. Sie haben es erfasst, er hat im Schlussverkauf zugeschlagen. Wie auch immer, Emporio Isola ist voll von grossen Designermarken **(Dolce & Gabbana, Fendi, Calvin Klein, Moschino …)** inklusive Handtaschen von **Gucci** und **Dolce & Gabbana.** Ich habe mich hier einmal in eine wunderbare hellbeige Gucci-Handtasche aus Pelz verliebt. Der Preis dagegen hat mich weniger entzückt: 800 000 Lire! Zugeschlagen habe ich schliesslich ein paar Monate später im Schlussverkauf: 350 000 Lire zum letzten. Um die Weihnachtszeit finden Sie bei Emporio Isola für gewöhnlich auch einige gute Angebote an Abendkleidern und Smokings. Und jetzt zum Schlussverkauf im Januar/Februar und Juni/Juli: Sie bekommen nochmals 30 bis 40 Prozent Preisnachlass. Glauben Sie mir, so macht Design-Shopping richtig Spass. Ich spreche aus Erfahrung: ein Kaschmir/Seide-Twinset, ein **Costume National**-Mäntelchen und ein Paar **Dolce & Gabbana**-Hosen für 550 000 Lire. Der reinste Wahnsinn! Es geht noch weiter: Das Personal ist äusserst hilfsbereit, und wer eine kleine Verschnaufpause benötigt, kann in der kleinen Bar im ersten Stock einen Nespresso-Kaffee trinken, gratis.

Emporio Soldati

Via Ausonio 14 (im Hinterhof)
☎ 02 8373965
Metro: M2/Sant'Agostino
🕙 MO: 15-19   DI-FR: 9.30-12.30/15-19   SA: 9.30-19
DC-EC-MC-V
Designerwear für sie und ihn
Sie sparen: 40 bis 50 Prozent

Emporio Soldati verkauft junge Designermode, u.a. von **Gigli, Moschino, Swish** und **Versace.** Mitunter lässt sich aber auch Elegantes von **Byblos, Cerruti** und Co. finden. Der Laden ist zwar nicht sehr gross, aber in Sachen Men's Wear eine nicht zu unterschätzende Grösse: Im unteren Stock stossen Labelbessene auf Mäntel, Anzüge und Sakkos, zum Beispiel von **Ferré, Redaelli, Soprani** und **Valentino.** Ausserdem gibt es da eine Ecke mit Restposten, wo Sie verrückte und teilweise auch etwas entrückte Mode kaufen können, natürlich nochmals verbilligt. Ich habe hier schon Bademode von Gianni Versace gesehen, die so «abgefahren» war, dass ich doch tatsächlich mit dem Gedanken gespielt habe, mir ein solches Extremstück für den Karneval zuzulegen. Bei Emporio Soldati können Sie, falls Sie sich zu einem Grosseinkauf hinreissen lassen, noch über einen zusätzlichen Rabatt verhandeln.

Entrata Libera

Via Montenapoleone 26
☎ 02 76006027
Metro: M3/Montenapoleone
🕙 MO: 15-19.30   DI-SA: 9.30-19.30
AE-BA-DC-EC-MC-V
Junge Designerwear für sie und ihn
Sie sparen: bis zu 50 Prozent

Inmitten der edlen Verkaufsresidenzen von Modestars und -sternchen wirkt der einfache Shop fast wie ein Armenhaus. Nach meinem Dafürhalten gibt es bessere Schnäppchenadressen. Aber wenn Sie schon mal im Goldenen Dreieck sind, sollten Sie schnell vorbeischauen. Mitunter lässt sich hier das eine oder andere gute Stück von **Callaghan, Emporio Armani, Lawrence Steele, Romeo Gigli** und Co. finden. Allerdings gehören eine sehr schlanke Figur und perfekte Beine zu den Voraussetzungen, wenn Sie etwas wirk-

lich Trendiges finden wollen. Die Herren stossen auf
Casuals und Anzüge.

Floretta Coen

Via San Calocero 3 (im 1. Stock)
☎ 02 58111708
ab Dom/Via Torino: Tram 2, 14 (Haltestelle: Piazza Resist. Partigiana)
🕐 MO-SA: 14.30-19
Im Juli und August geschlossen
Nehmen keine Kreditkarten
Klassisch-elegante Designerwear für sie
Sie sparen: 50 Prozent, teilweise auch mehr

Zentral gelegen, aber nicht leicht zu finden: Auf der linken Strassenseite der Via Calocero sehen Sie bei Hausnummer 3 einen alten Wohnblock. Nehmen Sie den Haupteingang, und gehen Sie die Treppe hoch in den ersten Stock. Dort hängt an der rechten Wand ein weisses A4-Blatt mit der Aufschrift «Blocchista». Folgen Sie der angegebenen Pfeilrichtung bis zur beschrifteten Eingangstür. Et voilà: Floretta Coen. Diese Mailänder Outlet-Institution hat sich auf klassisch-elegante Designerwear für Damen spezialisiert, insbesondere auf Pullover, Jacken, Mäntel und Kostüme. Nach meinem Dafürhalten eine lohnende Anlaufstelle für «middle-aged Ladies». Ich habe allerdings schon Sachen gesichtet, die ich auch tragen würde: Beispielsweise einen superweichen camelfarbenen Wintermantel von Erreuno. Führen erstklassige Designernamen, u.a. auch **Valentino, Yves Saint Laurent** und **Krizia.** Die Preise sind sehr gut. Meine Mutter hat hier schon ein 720 000-Lire-Pullöverchen der aktuellen (!) **Fendi-**Kollektion für 320 000 Lire gekauft. Nicht schlecht, oder? Es kommt noch besser: Im Januar und Juni werden die Sachen nochmals um 30 bis 50 Prozent reduziert. Und der Nachteil bei dieser Geschichte? Die lagerhausähnlichen Verkaufsräume sind sehr eng und voll, und erwarten Sie keine fachkundige Bedienung oder etwa Umkleidekabinen. Lediglich ein kleiner offener Raum mit Spiegel dient quasi als Sammelstelle für Probierfreudige.

Gruppo Italia Grandi Firme

Via Montegani 7/A (im Hinterhof)
☎ 02 89513951
ab Dom/Via Torino: Tram 3 (Haltestelle: Via Montegani Neera)
🕐 MO: 15.30-19 DI-SA: 10.30-19
AE-BA-DC-EC-MC-V
Designerwear für sie und ihn, Lederwaren
Sie sparen: rund 30 Prozent, bei Special Offers mehr

Bei Gruppo Italia Grandi Firme haben Sie auf zwei Etagen eine gute Auswahl an grossen italienischen Designernamen (**Fendi, Ferré, Missoni, Moschino, Valentino, Versace** etc.). Das Sortiment ist in vier Bereiche unterteilt: Damenmode, Herrenmode, Lederwaren und Special Offers. Das Angebot an Designerwear ist im allgemeinen sehr gut: Wahre Highlights sind die buntgemusterten Missoni-Stricks, und ansonsten gibt's hier viel Trendiges, aber auch Elegantes. Mit den Lederwaren steht's allerdings nicht zum besten, und die Special Offers entpuppen sich bei näherer Betrachtung als mehr oder weniger unmögliche Ladenhüter mit einem zusätzlichen Preisnachlass von 50 Prozent. Haben Sie etwa Lust, in einem neongelben Versace-Kostüm der 80er Jahre rumzulaufen? Ich jedenfalls nicht. Im Januar und Juli bekommen Sie zusätzlich 30 Prozent Schlussverkaufsrabatt. Ehrlich gesagt, ich würde hier schon das eine oder andere Stückchen finden, aber die Konkurrenz hat eben die besseren Preise.

☆ Il Salvagente

Via Fratelli Bronzetti 16 (im Hinterhof)
☎ 02 76110328
ab Dom/Via Mazzini: Tram 12 (Haltestelle: XXII Marzo Bronzetti)
🕐 MO: 15-19 DI-SA: 10-12.30/15-19 MI u. SA durchg. geöffnet
Vom 15. Juli bis 1. September ferienhalber geschlossen
Nehmen keine Kreditkarten, nur Cash – auch Fremdwährungen
Designerwear für sie und ihn, Schuhe & Handtaschen
Sie sparen: 50 Prozent, teilweise auch mehr

Wenn der Preis für Sie das wichtigste Kriterium ist und Sie nur einen Outlet-Shop besuchen wollen, dann diesen hier. Die Auswahl an Designerwear ist schlicht überwältigend: von **Calvin Klein** bis **Versace,** vom ultimativ trendigen T-Shirt bis hin zum feinen Leinenkleid. Allerdings muss ich gestehen, dass die Auswahl an Women's Wear nicht nur um einiges grösser, sondern auch um Längen besser ist als die der Männer. Und nun zum Schnäppchenereignis der Saison: Im Januar und Ende Juni/Anfang Juli veranstaltet der grösste Outlet-Shop seinen Schlussverkauf. In den ersten beiden Wochen werden die Sachen um 30 Prozent reduziert; in der dritten Woche zahlen Sie noch 40 Prozent dessen, was auf der Etikette steht. Und jetzt heisst es zuschlagen. Ich bin übrigens jedes Mal mit von der Partie. Das letzte Mal, als ich hier war, bin ich einem richtigen Kaufrausch verfallen: Unter anderem habe ich ein Trägerkleidchen aus Seide von **Dries van Noten** für 40 000 Lire erstanden und einen **Trussardi**-Blazer für 140 000 Lire. Drei Wochen davor hätte ich noch 350 000 Lire gezahlt, und im Trussardi-Shop hätte man mir einst gar 750 000 Lire abgeknöpft. Können Sie das glauben?

Libero

- Corso XXII Marzo/Ecke Via Sciesa
- ☎ 02 5512545
ab Dom/Via Mazzini: Tram 20, 27 (Haltestelle: XXII Marzo 5 Giornate)
- Corso Europa 18
- ☎ 02 782396
Metro: M1/San Babila
- Via Dante 14
- ☎ 02 801294
Metro: M1/Cordusio

- ⏰ MO: 15-19   DI-SA: 10-19
AE-BA-DC-EC-MC-V
Designerwear & Markenlabels für sie und ihn
Sie sparen: 30 bis 50 Prozent

Libero-Shops sind Direktverkaufsstellen von Modeagenturen, die grosse und kleinere Marken zu wirklich annehmbaren Preisen verkaufen. Das Sortiment ist nicht in allen Shops identisch. Nach meinem Dafürhalten ist das Angebot an Men's Wear sehr überzeugend: Sie bekommen hier erstklassige Ware (Pullover, Hemden, Krawatten & Co.) von **Calvin Klein, Cerruti, D&G, Ralph Lauren, Romeo Gigli** und **Valentino.** Für ein Ralph-Lauren-Hemd zahlen Sie beispielsweise 119 000 Lire. Bei den Damen habe ich allerdings den Eindruck, dass die Auswahl an Industrielabels (**Divina, New England, Stone Island** etc.) die Oberhand hat. Ganz allgemein ist die Mode jung mit einem Faible fürs Klassische. Im Schlussverkauf sind die Sachen bis zu insgesamt 70 Prozent reduziert.

Spaccio di Etro

Via Spartaco 3   ⌨ Designer-Special/S. 306
☎ 02 55020218
ab Dom/Via Mazzini: Tram 20, 27 (Haltestelle: XXII Marzo 5 Giornate)
🕐 MO: 14.45-19   DI-FR: 10-13.45/14.45-19   SA: 10-13
AE-BA-DC-EC-MC-V
Fashion, Accessoires & Home Collection
Sie sparen: 30 bis 50 Prozent

Etro verkauft gleich neben dem Firmensitz in einem eigenen zweistöckigen Shop überschüssige und liegengebliebene Reststücke vergangener Kollektionen. Sie bekommen hier Kleidung für Damen und Herren, Schuhe, Taschen, Kleinigkeiten wie zum Beispiel Haarspangen und Krawatten, aber auch Bettwäsche und Reststoffe. Das Ladenambiente entspricht nicht dem eines regulären Etro-Shops, aber wen kümmert's: Luxusware bleibt eben Luxusware.

Vestimoda Stock

Via Mauro Macchi 28/Ecke Via Vitruvio
☎ 02 670714 86
Metro: M2, M3/Centrale
🕐 MO: 15.30-19   DI-FR: 10-14/15.30-19   SA: 10-13/15-19
AE-DC-V
Designerwear für sie und ihn
Sie sparen: bis zu 50 Prozent

Kein Geschäft, das Sie kennen müssen. Aber wenn Sie eines Tages zwei Stunden Zeit haben und zufälligerweise beim Hauptbahnhof stehen, dann können Sie bei Vestimoda Stock vorbeischauen. Der Laden bietet klassisch-elegante Designerwear für Damen und Herren, allerdings ist die Auswahl an Männermode grundsätzlich besser. Sie führen bekannte Designermarken, zum Beispiel **Armani, Byblos** und **Moschino.** Ich habe hier auch schon gekauft: ein schwarzes **Ferré-**Hemd für 90 000 Lire – das gute Stück war übrigens zwei Monate vorher noch im edlen Ferré-Shop zum dreifachen Preis zu bestaunen!

Vestistock 1

Viale Romagna 19 (im Hinterhof)
☎ 02 7490502
ab Piazza San Babila: ATM-Bus 61 (Haltestelle: Viale Romagna)
🕐 MO: 15.30-19.30   DI-FR: 10-13/15.30-19.30   SA: 10-19
AE-MC-V
Designerwear für sie und ihn
Sie sparen: 30 bis 50 Prozent

Der Outlet-Verkauf befindet sich im Souterrain eines Wohnblocks: Laufen Sie links vom Haupteingang die Autoeinfahrt hinunter. Zur rechten Hand stossen Sie auf eine unscheinbare Ladentür – bitte klingeln. Vestistock 1 verkauft Restbestände vieler Boutiquen. Die Auswahl ist gut sortiert und ziemlich gross. Sie finden viel Klassisch-Elegantes, beispielsweise von **Armani, Cerruti** und **Krizia,** und mit etwas Glück auch Trendiges von **Prada** und Co. Als ich das letzte Mal da war, habe ich eine enggeschnittene **Iceberg-**Bluse für 54 000 Lire und einen schlicht minimalistischen **Kenzo-**Blazer für 300 000 Lire gekauft. Ein guter Spardeal, aber kein Super-Schnäppchen! Und nun zur Herrenmode: Der Laden rühmt sich für seine Men's Wear, insbesondere, was die Auswahl an sportlichen und eleganten Sakkos betrifft. Recht hat er, allerdings werden Sie hier fast ausschliesslich mit klassischer Kleidung bedient. Sehr freundliches und hilfsbereites Personal.

Vestistock 2

Via Ramazzini 11
☎ 02 29514497
Metro: M1/Porta Venezia
🕐 MO: 15.30-19.30   DI-FR: 10-13/15.30-19.30   SA: 10-19
AE-MC-V
Designerwear für sie und ihn, Kidsfashion
Sie sparen: 30 bis 50 Prozent

Der Zweitladen von Vestistock ist wesentlich kleiner, aber vom Corso Buenos Aires her ziemlich bequem zu erreichen. Sie bekommen hier Männerkleidung, Schuhe, Kidsfashion und Women's Wear. Tatsächlich, meine Lieben, führt der Laden bekannte Designermarken wie **Fendi, Genny, Gucci, Les Copains** und **Missoni,** aber vom Sockel gehauen hat mich das Angebot bisher nicht: Sie sparen rund 30 Prozent, im Schlussverkauf auch mehr. Mein bester Schlussverkaufsdeal: ein schwarzes **Calvin Klein-**Kleid aus reiner Seide für 402 500 Lire (Vestistock-Normalpreis: 575 000 Lire, ursprünglicher Boutique-Preis: 1 150 000 Lire).

Secondhand

Die Secondhandläden von Mailand sind ein Kapitel für sich. Ehrlich gesagt, ich ziehe Outlet-Shoppen vor, und das mit gutem Grund: In Mailand gibt es keine dieser Edelbörsen für Gebrauchtes, wo Sie kaum getragene Designerwear zu günstigen Preisen bekommen. Das bleibt London und New York vorbehalten. Was Mailand zu bieten hat, sind im wesentlichen zwei Arten von Secondhandläden: Solche, die gut erhaltene Markenwear und vereinzelt auch Designersachen verkaufen, und andere, die sich auf die junge alternative Szene spezialisiert haben. Die besten Shops in Town:

Docks Dora Usato Rianimato

Corso Garibaldi 127
☎ 02 29010388
Metro: M2/Moscova
🕙 DI-SO: 11-20
BA-MC-V
Fashion für sie und ihn
•/••

Eine beliebte Adresse in der jungen Szene. Die beiden Shopbesitzer Vittorio Fabbrini und Fulvio Luparia sind zwei Globetrotter, die immer und überall auf der Suche nach Secondhandklamotten sind. Und deshalb, meine Lieben, ist das Angebot einfach umwerfend: Sie bekommen hier Ledermode, Pelze und Evergreens aus Kaschmir, Stricksachen aus aller Welt, klassische und flippige T-Shirts, Jacken, Mäntel und vieles mehr. Rund 6000 verschiedene Kleidungsstücke stehen zur Auswahl, natürlich gereinigt und einwandfrei.

Mercantino di Michela

• Corso Venezia 8
☎ 02 76003205
Metro: M1/San Babila
• Via della Spiga 33
☎ 02 799748
Metro: M3/Montenapoleone
• Viale Regina Giovanna 8
☎ 02 2046778
Metro: M1/Porta Venezia
• Via Quadronno 34
☎ 02 58314033
Metro: M3/Crocetta

AE-MC-V
Fashion für sie und ihn, auch Hochzeitskleider & Abendroben
••

Eine Mailänder Secondhand-Institution mit mehreren Filialen in Town. Nach meinem Dafürhalten bieten alle Shops ein analoges Sortiment: eine enorme Auswahl an Kleiderstilen, Farben und Grössen, hinzu kommen Handtaschen und nichtgetragene Designerschuhe. Sie finden auch einige grosse Designernamen, wie zum Beispiel Valentino und Missoni, allerdings haben qualitativ hochstehende No-Names die Oberhand. Wie in jedem Secondhandshop gilt auch bei Mercantino di Michela: Vorsicht ist nie fehl am Platz. Schauen Sie sich die Sachen genau an, bevor Sie sich zum Kauf entschliessen.

Napoleone

Via Arcimboldi 5
☎ 02 875223
Metro: M1, M3/Duomo
Nehmen keine Kreditkarten
Young Fashion für sie und ihn
•

Eine bekannte Secondhand-Adresse für Jacken, Sakkos, Blousons und alles andere zu absoluten Spottpreisen. Meistens voller Leute. Da der Shop bequemerweise in der Nähe des Doms liegt, können Sie ja mal vorbeischauen. Am besten, Sie nehmen die Via Torino, biegen dort in die zweite Seitenstrasse links ein (Via dell'Unione) und dann in die nächste Seitenstrasse rechts. Das ist die Via Arcimboldi.

Surplus

• Corso Garibaldi 7
☎ 02 72023422
Metro: M2/Lanza
• Corso Garibaldi 39
☎ 02 872551
Metro: M2/Lanza
• Corso di Porta Ticinese 103
☎ 02 89403916
ab Dom/Via Torino: Tram 3

AE-BA-DC-EC-MC-V
Young Fashion für sie und ihn
•

Die beste Adresse für junge Secondhandklamotten. Geradezu bombastisch ist die Auswahl an Levi's, auch hinsichtlich Farben. Führen zudem herrliche Lederjakken.

Warehouse

Via Giardino 3
☎ 02 8788322
Metro: M1, M3/Duomo
AE-MC-V
Fashion für sie
•/••

Warehouse hat sich auf Secondhand-Mode der 50er, 60er und 70er Jahre spezialisiert. Sie finden dort auch Ledersachen, billige Levi's und anderes Zeug. Der Laden ist allerdings nicht sehr gross. Wenn Sie vom Domplatz her kommen, laufen Sie die Via Mazzini hoch bis zur dritten Seitenstrasse links, und dort, in dieser kleinen Seitenstrasse, befindet sich der Warehouse-Shop.

LEDERWAREN & CO.

Pelze

«Pelzkauf ist Vertrauenssache», und dies um so mehr, je weniger Ahnung Sie von Pelzen haben. Glauben Sie mir, Mailand ist ein tolles Pflaster für Pelze. Aber die riesige Auswahl an Pelzgeschäften macht es äusserst schwierig, die wirklichen Topadressen zu finden. Deshalb beschränke ich mich auf fünf renommierte Geschäfte, die in ihren eigenen Pelzateliers nur Spitzenprodukte fertigen. Wer einen Billig-Pelz kaufen will, der liegt hier falsch. Einige Geschäfte setzen auch Kundenwünsche um und/oder fertigen nach Mass. Stellen Sie sich darauf ein, dass ein solches Stück mehr kostet als ein vorfabriziertes Modell.

Tips für den Pelzkauf

- Qualität sieht man! Hände weg von Sonderangeboten und billigen Pelzmänteln aus dem Orient. Man erkennt diese an den Kragen und den zu engen Ärmeleinsätzen. Billige Pelze sehen zwar gut aus, aber wenn man sie mit einem wirklich guten Stück vergleicht, sieht man den Unterschied. Falls Sie sich wirklich einen Pelz kaufen wollen, dann ein Qualitätsprodukt. Sie werden es bestimmt nicht bereuen.

- Wer einen Alltagspelz sucht, kauft am besten einen Nerz. Er ist leicht, passt sich jedem Stil an und hält ewig, im Minimum 10 bis 20 Jahre. Für hochwertige Qualität verwendet man den Pelz weiblicher Tiere. Er trägt sich besser und ist leichter. Die Palette reicht vom traditionellen Pelz (schwarz, braun) bis hin zum trendigen Farbstück. Langhaarpelze dagegen eignen sich weniger für den täglichen Gebrauch, sie sind auch schwerer.

- Sie wollen einen traditionellen Nerz kaufen: Prüfen Sie das Fell. Sind die Haare grob, lang oder stehen sie hoch, dann werden sie früher oder später ausfallen. Rollen Sie den Nerz zu einer Kugel, rollen Sie diese wieder auseinander, und schauen Sie, ob die

Haare wieder ihre ursprüngliche Form annehmen.
Falls nicht, Hände weg von diesem Kauf. Prüfen Sie
auch das Futter: Es muss dick und dicht sein.

Pay less: Tax-free für Personen, die ihren Wohnsitz in einem Nicht-EU-Land haben

Wer einen hochwertigen Pelzmantel kaufen will, der
muss tief in die Tasche greifen: Ein Nerzmantel kann
ohne weiteres 10 000 000 Lire kosten. Es lohnt sich
daher, die italienische Mehrwertsteuer zurückzufor-
dern. Im Falle des Nerzmantels sind das immerhin
mehr als 1 000 000 Lire, die man Ihnen rückvergütet
(📖 S. 41).

Carlo Tivioli

Via Santo Spirito 24
☎ 02 76001490
Metro: M3/Montenapoleone
AE-BA-V
Pelzdesign
••••

Einen Tivioli-Pelz zu tragen ist für viele Italienerinnen
das höchste aller Pelzgefühle. Und das mit gutem
Grund: Carlo Tivioli gehört zu den berühmtesten Pelz-
designern der Welt. Weltruhm erlangte er mit seinen
nonchalanten Pelzeinsätzen; beispielsweise kreierte er
Blusen mit abnehmbaren Nerzeinsätzen, sehr edel und
nicht ganz billig, aber dafür waschbar. In seinem Geschäft bekommen Sie elegante Nerzmäntel in Schwarz
oder Weiss, Pelze in seltenen Farben und ganz unterschiedlichen Schnitten. Zudem gibt es hier die exklusivsten Mäntel mit Nerzbesatz. Bei Carlo Tivioli können Sie ausschliesslich fertige Stücke kaufen, sie
werden aber Ihren Massen angepasst. Auch kleinere
Änderungen sind möglich. Wer sich aufs grosse Geschäft einlässt und einen kostbaren Tivioli-Pelz kauft,
zahlt ein kleines Vermögen. Des Meisters Meinung
dazu: «Einen Pelz von Tivioli kann sich nicht jeder leisten.» Wo er recht hat, da hat er recht. Im Januar werden jeweils einige Pelze zu reduzierten Preisen verkauft, sehr diskret natürlich.

Fendi

Via Sant'Andrea 16   📖 Designer-Special/S. 307   TAX FREE
☎ 02 76021617
Metro: M1/San Babila
AE-BA-DC-EC-MC-V
Pelz-Couture, Fashion & Accessoires
● ● ● ●

«Il numero uno del mondo». Einen Fendi-Nerz zu tragen gilt im Kreise der High-Society nach wie vor als Statussymbol. Berühmt geworden sind die fünf Fendi-Schwestern mit neuen Verarbeitungstechniken, die dem Pelz ein jugendlicheres Aussehen gaben: So haben sie Pelze gewebt, gestrickt, gefedert, galoniert, nappiert, geflochten gesmokt oder gebauscht. Heute verkauft das italienische Edelhaus drei verschiedene Pelzlinien: die Haute Fourrure für Massanfertigungen, eine limitierte Pelz-Konfektion und die jugendliche Linie Fendissime, die auf «erschwinglichere» Pelzkreationen setzt. Und jetzt zu den Preisen: Ein bodenlanger Kaschmirmantel mit Nerzbordüren kostet schon gegen 20 000 000 Lire. Jetzt können Sie sich ausrechnen, was ein Nerzmäntelchen wohl kosten mag. Im Januar gewährt man Ihnen auf einzelne Pelze einen Preisnachlass von 10 bis 15 Prozent.

Paolo Moretti

Passaggio Duomo 2 (im 2. Stock)
☎ 02 874940
Metro: M1, M3/Duomo
AE-DC-EC-MC-V
Pelze & Mäntel mit Pelzbordüren
● ●

Das Pelzgeschäft ist zentral gelegen, aber nicht leicht zu finden: Fahren Sie mit der Metro zum Dom, und nehmen Sie dort den Ausgang Via Orefici. Nach einigen Metern sehen Sie zur rechten Hand eine kleine Passage, die zum Domplatz führt. Dort biegen Sie ein. Gleich links, in der Nummer zwei, ist eine unscheinbare Tür mit der Aufschrift «Paolo Moretti». Gehen Sie hinein, und fahren Sie mit dem alten Holzlift in den zweiten Stock – et voilà.
Paolo Moretti verkauft qualitativ hochwertige Pelzwear zu ausserordentlich attraktiven Preisen, allerdings verzichtet er in seinem Laden auf eine pompöse Shopinszenierung. Spezialisiert hat sich Moretti auf

klassisch-elegante Pelze: Sie bekommen hier Zobelpelze, Nerzmäntel in unterschiedlichen Längen und Qualitäten, auch reversible Stücke und Regenmäntel mit Nerzkragen, aber nicht nur. Bei Paolo Moretti können Sie fertige Stücke kaufen oder sich einen Pelz machen lassen. Die Lieferzeit für einen Nerzmantel beträgt rund 10 bis 14 Tage. Touristen, die bei Paolo Moretti einen Pelz kaufen, erhalten einen Preisnachlass von 15 Prozent (gilt sonst nur bei Barzahlung). Wenn Sie Ihren Wohnsitz in einem Nicht-EU-Land haben, wird Ihnen zusätzlich noch direkt die Mehrwertsteuer von 20 Prozent abgezogen. Nicht schlecht, oder?

Simonetta Ravizza by Annabella

Via Montenapoleone 1   🖳 http://www.annabella.it
☎ 02 76012921
Metro: M1/San Babila
AE-BA-DC-EC-MC-V
Pelzdesign
●●●●

Eine hochkarätige Adresse für trendige Pelzkreationen. Zusammen mit der Designerin Simonetta Ravizza produziert das Pelzunternehmen Annabella eine Fourrure-Kollektion der Superlative: hochwertige Pelzmäntel aus Nerz, Zobel und Chinchilla, zudem feinste Kaschmirmäntel, -jacken, -plaids und -accessoires mit Pelzbesatz. Im Januar werden einzelne Stücke zu reduzierten Preisen verkauft. Unlängst betrat ich die Boutique im Schlussverkauf, obwohl ich grossen Respekt vor den dortigen Preisschildern habe. Für mein schwarzes Alberto-Biani-Kleid suchte ich ein «Drüber», «und das lasse ich mir auch etwas kosten», so dachte ich zumindest. Mit einer Papiertüte am Arm betrat ich den Laden, stand da und fand mit einem Blick das Passende. Eine Dame mit angenehmer Stimme brachte das federleichte Jäckchen und half mir hinein. Wir waren uns einig: Der weisse Chinchilla mit den schwarzen Tupfen sah umwerfend aus! Die Dame rechnete schnell und verkündete: «Sie haben Glück, jetzt im Schlussverkauf kostet er nur noch 31 000 000 Lire.» Noch Fragen? Natürlich habe ich ihn nicht gekauft.

Vito Nacci

Via Durini 9/11
☎ 02 76004001
Metro: M1/San Babila
AE-DC-MC-V
Pelzdesign
• • •

Vito Nacci geniesst einen ausgezeichneten internationalen Ruf. Mit seinen beiden Linien Prêt-à-porter (modische Kreationen) und Alta Moda (klassisch-elegante Pelzmäntel) ist er weit über die italienische Landesgrenze hinaus bekannt geworden. Bei Vito Nacci können Sie einen Pelz ab Stange kaufen oder Ihren eigenen Pelz entwerfen lassen. Wer ins Geschäft kommt, kann ohne weiteres über eine allfällige Preisermässigung verhandeln und zwar das ganze Jahr über. Im Januar und Februar finden Sie hier auch einige Stücke zu reduzierten Preisen.

Ledermode

Leder ist in Mailand ein grosses Thema. Weil das Preisniveau für Leder in Italien ganz allgemein tiefer liegt als in den meisten übrigen Ländern Europas, liste ich ein paar wenige Shops auf, die sich auf Ledermode spezialisiert haben. Allerdings verzichte ich dabei auf grosse Designernamen (**Gianni Versace, Trussardi** etc.), die extravagante Lederstückchen zu exorbitanten Preisen verkaufen.

☆ Cut

Corso di Porta Ticinese 58
☎ 02 8394135
ab Dom/Via Torino: Tram 3
AE-EC-MC-V
Trendige Lederklamotten für sie
• •

Ultimativ kleiner Szene-Laden mit wunderschönen, weichen Eigenkreationen in herrlichen Farben und trendigen Schnitten. Führen fast ausschliesslich Einzelstücke in kleinen Grössen. Die Preise sind sehr human.

La Bottega della Pelle

Via Albricci 2
☎ 02 86452599
Metro: M3/Missori
MC-V
Ledermode für sie und ihn
••/•••

Gutbürgerliches Geschäft für qualitativ gute Leder-fashion «à la mode». Führen die ganze Palette, vom langen Mantel bis zum Mini. Im Schlussverkauf zahlen Sie noch 50, 60 oder 70 Prozent des ursprünglichen Preises.

Ruffo

Via della Spiga 48
☎ 02 76015523
Metro: M3/Montenapoleone
AE-BA-DC-V
Ledermode & -accessoires für sie und ihn
•••/••••

TAX FREE

Ruffo ist Spezialist für edle Lederoutfits mit Klasse und Stil. Die Sachen sind von einfachem Schnitt, aber erst-klassig verarbeitet. Sie finden hier eine grossartige Auswahl an Jacken, Mänteln, Trenchcoats und Blou-sons in klassischen Farben. Sie bekommen aber auch Accessoires wie beispielsweise Handschuhe und Hüte, Handtaschen und Reiseartikel. Die Preise sind hoch.

Sem Vaccaro

Via Borgogna 1   🖳 http://www.semvaccaro.com
☎ 02 76013270
Metro: M1/San Babila
AE-BA-DC-EC-MC-V
Lederklamotten, Schuhe & Fashion für sie
••

Diese kleine Boutique verkauft Fashion, trendige Ledermode und hippes Schuhwerk für Szenegängerin-nen. Allerdings können sich hier nur sehr schlanke Frauen einkleiden. Im ersten Stock finden Sie zudem Secondhand-Lederjacken zu anständigen Preisen. Im Schlussverkauf eine lohnende Adresse.

Handtaschen,
Citybags & Reisegepäck

Mailand hat ein immenses Angebot an Handtaschen, auch was die Preise anbelangt. Im Goldenen Dreieck zahlen Sie für ein Modell mit berühmter Etikette ganz locker 1 000 000 Lire oder mehr. Es gibt aber auch viele Geschäfte, in denen Sie erschwingliche Stücke erstehen können. Wer sich allerdings eine qualitativ hochwertige Handtasche kaufen will, muss mit 300 000 bis 500 000 Lire rechnen.

Italienische Edelmarken & Designertaschen

Handtäschchen berühmter italienischer Namen kosten auch in Mailand viel Geld, sehr viel Geld. Aber sie sind für gewöhnlich etwas billiger als in London, New York oder Paris. Bezahlbar sind sie deshalb aber noch lange nicht. Ich jedenfalls schlage hier allerhöchstens im Schlussverkauf zu.

Bottega Veneta

Via della Spiga 5   🖳 http://www.bottegaveneta.com
☎ 02 784893
Metro: M1/San Babila
AE-BA-DC-EC-MC-V
Handtaschen & Accessoires
•••   TAX FREE

Bottega-Veneta-Handtaschen tragen gutbetuchte Ladies auf der ganzen Welt. Mittlerweile besitzt das Unternehmen 25 eigene Shops. Sie bekommen dort die ganze Palette, vom eleganten Lederunikat bis hin zum schlichten Trendstück aus Nylon und Seide.

Desmo

Via della Spiga 33   🖳 http://www.desmo.it
☎ 02 76000376
Metro: M3/Montenapoleone
AE-BA-DC-EC-MC-V
Handtaschen & Accessoires
•••   TAX FREE

Laut Desmo sind Saisontaschen «passato» und Ganzjahrestaschen aus strapazierfähigem Material und mit variabler Volumengestaltung «in». Willkommen in der Fangemeinde – vorausgesetzt, Sie glauben an praktisches Design und herrliche Farben.

Fendi

Via Sant'Andrea 16   📖 Designer-Special/S. 307
☎ 02 76021617
Metro: M1/San Babila
AE-BA-DC-EC-MC-V
Pelz-Couture, Fashion, Handtaschen & Accessoires
•••/••••

Auf der Suche nach dem legendären Fendi-Schick? Hier gibt es die Handtaschen mit den berühmten Fendi-FFs oder im traditionellen, schwarz-schlammbraunen Streifenlook.

Gherardini

Via della Spiga 8
☎ 02 76000171
Metro: M1/San Babila
AE-BA-DC-EC-MC-V
Handtaschen & Accessoires
••/•••

Das italienische Familienunternehmen produziert qualitativ hochwertige Handtaschen, verlangt aber dafür weit weniger als so manches andere Label. Die Taschen sind aus Leder oder Stoff, und wer will, kann mit einem plastifizierten Stück in aktueller Saisonfarbe auch sein Trendbewusstsein kundtun.

Giovanni Valentino

Via della Spiga 52
☎ 02 76028084
Metro: M3/Montenapoleone
AE-BA-DC-EC-MC-V
Handtaschen
•••

Giovanni Valentino hat einen berühmten Vater: den Lederguru Mario Valentino. Und das schlägt sich auf den Preis nieder. Schlichtes Handtaschendesign im «New Age Classic»-Look. Die Sachen sind gut verarbeitet und unglaublich formvollendet.

Gucci

Via Montenapoleone 5   💻 http://www.gucci.it
☎ 02 76013050   📖 Designer-Special/S. 315
Metro: M1/San Babila
AE-BA-DC-EC-MC-V
Lederwaren, Accessoires & Home Collection
••••

Gucci-Taschen sind die Rolls-Royce unter den Handtaschen: edel, zeitlos schön und unwahrscheinlich teuer. Mit der Mailänder Nobelmarke am Arm outen Sie sich unwiderruflich als Kennerin von feinen Nuancen. Kein Protz, aber Luxus pur eben. Falls Sie aus finanziellen Gründen einen Fiat Panda fahren, empfehle ich Ihnen Window-Shopping ... oder: Sie versuchen Ihr Glück im **Outlet-Shop Emporio Isola** (📖 S. 141). Im Schlussverkauf bekommen Sie dort eine Gucci-Handtasche für weit unter 500 000 Lire. Beinahe geschenkt, wenn Sie bedenken, dass Sie im Gucci-Shop ein Vielfaches davon hinblättern müssten. Stimmt, Sie sind dann stolze Besitzerin eines Vorjahresmodells, aber wen kümmert's: Gucci ist eben zeitlos! Ich mach' das immer so.

Piero Guidi

Via Sant'Andrea 17
☎ 02 76021302
Metro: M1/San Babila
AE-BA-DC-EC-MC-V
Handtaschen, Reisegepäck & Accessoires
● ● ●

💻 http://www.pieroguidi.it
📖 PGH srl/S. 288

Ein beliebtes italienisches Label, das mit seinen barock-verspielten Kreationen berühmt wurde. Verspielt ist übrigens auch das Firmenemblem: zwei amouröse Engel. Inzwischen gibt sich Piero Guidi dezenter. Für seine junge Kundschaft hat er beispielsweise die *«LineaBold»* entworfen: schnörkellose Handtaschen und Rucksäcke mit eingravierter Adresse.

Prada

● Via della Spiga 1
☎ 02 76002019
Metro: M1/San Babila
AE-BA-DC-EC-MC-V
Shoes & Bags
● ● ●/● ● ● ●

💻 http://www.prada.it
📖 Designer-Special/S. 330

● Galleria Vittorio Emanuele 63/65
☎ 02 876979
Metro: M1, M3/Duomo
AE-BA-DC-EC-MC-V
Handtaschen & Bags, einige Shoes und etwas Fashion
● ● ●/● ● ● ●

Die Japaner pilgern im wahrsten Sinne des Wortes in die Accessoire-Shops von Miuccia Prada. Der Inbegriff des Prada-Kults: superleichte und wasserfeste Nylonhandtaschen in den klassischen Farben schwarz, blau, kastanienbraun und orangengelb. Falls Sie ernsthaft an einer Prada-Handtasche interessiert sind, dürfte der Shop in der Galleria Vittorio Emanuele eine lohnende Anlaufstelle sein: Das Angebot umfasst neben den hochwertigen Lederhandtaschen und der preiswerteren Kollektion aus Nylon auch kleine Accessoires und eine Schuhecke. Sogar etwas Fashion finden Sie hier.

Prima Classe Alviero Martini

Via Montenapoleone 26   🖳 http://www.alvieromartini.it
☎ 02 76008002
Metro: M3/Montenapoleone
AE-DC-EC-MC-V
Handtaschen, Schuhe, Reisegepäck & Fashion für Kosmopoliten
• • •

Berühmt geworden ist die italienische Edelmarke mit ihrer *Geo Collection*. Diese Reisekollektion lässt auf Taschen, Koffern und Co. den Charme von alten Pergamentweltkarten aufblühen. Mein Shopping-Tip für Globetrotter.

Trussardi

Via Sant'Andrea 5   🖳 http://www.trussardi.it   TAX FREE
☎ 02 76020380   📖 Designer-Special/S. 337
Metro: M1/San Babila
AE-BA-DC-EC-MC-V
Ledermode, Fashion, Handtaschen & Accessoires
• • •/• • • •

Der Name Trussardi steht für innovative Farben und reduziertes Design. Ich mag diese Handtaschen, weil sie so schlicht sind und doch, oder gerade deshalb, so unwahrscheinlich wirken.

... und andere europäische Nobelmarken

Hermès

Via Sant'Andrea 21   📖 Designer-Special/S. 317   TAX FREE
☎ 02 76003495
Metro: M1/San Babila
AE-BA-DC-EC-MC-V
Fashion, Handtaschen, Schuhe & Accessoires
• • • •

Hermès ist der Gucci von Paris, aber eben mit französischem Touch. Wenn Sie traditionelle Handwerkskunst mit Luxus mögen und über den nötigen finanziellen Background verfügen, dann spricht nichts gegen einen solchen Noblesse-oblige-Klassiker aus Frankreich. Absolute Kultobjekte sind die «Kelly-Bags»: ab 5 000 000 Lire sind Sie dabei, für die Krokovariante müssen Sie allerdings noch tiefer in die Tasche greifen.

Louis Vuitton

Via Montenapoleone 14 ☏ 02 76000496
🖳 http://www.vuitton.com
📖 Designer-Special/S. 324

Metro: M1/San Babila
AE-BA-DC-EC-MC-V
Handtaschen, Reisegepäck, Shoes & Fashion
● ● ● ●

Die Vuittons müssen eine Reiseseele gehabt haben. Ihr Reisegepäck ist unwahrscheinlich praktisch und eigentlich viel zu schön für diesen Zweck. Natürlich haben Louis-Vuitton-Taschen ihren Preis. Aber mit etwas Sorgfalt und Pflege werden diese Luxusobjekte Sie ein halbes Jahrhundert durch die Welt begleiten.

Designertaschen zum Spartarif

Wenn's denn unbedingt ein Designer-Handtäschchen sein muss, dann wenigstens eines, das man sich auch mit gutem Gewissen leisten kann. Meine Schnäppchenadresse:

☆ Factory Outlet

Via Riva di Trento 5
☏ 02 574551

Metro: M3/Brenta
🕐 MO-FR: 13-19   SA: 10-19
AE-BA-DC-EC-MC-V
Handtaschen, Citybags & Accessoires, neuerdings auch Fashion
Sie sparen: 40 bis 50 Prozent, teilweise auch mehr

Ich liebe diesen Shop! Factory Outlet verkauft Reststücke von **Valentino, Oliver by Valentino, Laura Biagiotti** und **Gian Marco Venturi** mit einem Preisnachlass von 40 bis 50 Prozent. Auf hohen Archivgestellen sind alle Modelle fein säuberlich aufgereiht. Insbesondere die Auswahl an Valentino-Handtaschen ist überwältigend, vom klassischen Lederstück bis hin zum trendigen Eyecatcher. Hochwertige Valentino-Handtaschen werden beim Kauf sogar in die Originalschachtel verpackt. Der eigentliche Höhepunkt erwartet Sie im Schlussverkauf im Januar und Juli: Dann nämlich gibt's bei Factory Outlet viele Special Offers. Ich habe hier kürzlich wieder einmal zugeschlagen – eine Valentino-Handtasche im Trend-Look für sage und schreibe 45 000 Lire, geschätzter Originalpreis: rund 300 000 Lire. Das nenn' ich ein Schnäppchen!

Handtaschen im Designerlook

Haben Sie auch schon verzweifelt nach einer vorzeigbaren Handtasche gesucht und waren schockiert, dass ein solches Edelmodell nicht unter 500 000 Lire zu haben ist? Meine Lieben, versuchen Sie's bei **Oreste Franzi.** Dieser Laden verkauft neben seiner Eigenkollektion auch qualitativ gute **Handtaschen im Gucci-bzw. Hermès-Stil,** allerdings zahlen Sie hier nur einen Bruchteil dessen, was Sie für ein Originalstück hinblättern müssten. Die Qualität ist natürlich nicht dieselbe, letztendlich aber gut genug.

Oreste Franzi

Via Palermo 5
☎ 02 801436
Metro: M2/Moscova
BA-EC-MC-V
Handtaschen & Accessoires
••/•••

Sie bekommen hier Handtaschen in allen möglichen Stilrichtungen: schlichte Varianten, trendige Stoffstücke und Edel-Klassiker. Alle Modelle haben wunderschöne Farben und sind durchweg aus bestem Leder. Darüber hinaus ist das Preis-Leistungs-Verhältnis ausgezeichnet. Für eine Kelly-Imitation zahlen Sie rund 530 000 Lire – ein gutes Geschäft.

Mailands Klassiker

Mailand besitzt einige renommierte Geschäfte für klassisch-elegante Handtaschen. Sie verkaufen hochwertige Qualität, und die Preise sind nicht gerade tief, aber angemessen.

Pellux

Via Ragazzi del' 99/   🖳 http://www.pellux.it
Ecke Via Agnello
☎ 02 864104
Metro: M1, M3/Duomo
AE-BA-DC-EC-MC-V
Handtaschen, Reisegepäck & Schuhe
● ● ●

Seit mehr als 50 Jahren im Geschäft. Bei Pellux kauft die traditionsbewusste Oberschicht edle Lederkoffer und Reisetaschen. Führen auch eine grosszügige Auswahl an exklusiven Handtaschen in klassischen Farben. Und Schuhe.

Redwall

Corso Matteotti 7   🖳 http://www.redwall.it
☎ 02 780076
Metro: M1/San Babila
AE-BA-DC-EC-MC-V
Handtaschen & Reisegepäck
● ● ●

Redwall ist kein Fantasiename. Rot sind nicht nur die Mauern der alten Palazzi im historischen Zentrum von Bologna, «Rot» bzw. Rossi ist auch der Familienname der Unternehmensgründer, natürlich mit Sitz in Bologna. Redwall stellt Spitzenprodukte aus Leder her. Und deshalb, meine Lieben, lassen Armani und Moschino ihre Lederwaren auch hier produzieren. In der eleganten Boutique bekommen Sie ebendiese Designermodelle, ausserdem die preiswerteren Hauskollektionen *Borbonese*, *Redwall* und *Happy Family*.

Valextra

Piazza San Babila 1
☎ 02 76002989
Metro: M1/San Babila
AE-BA-DC-EC-MC-V
Handtaschen & Co.
● ● ●

Ein alteingesessenes Geschäft, das seit 1937 exklusive Ledersachen produziert. Valextra hat sich einem klassisch-eleganten Look mit höchsten Qualitätsansprüchen verschrieben. Verarbeitet werden die unterschiedlichsten Lederarten, vom Rindleder bis zur Elefantenhaut. Legendär ist die Linie *Zero*, eine klassische Handtaschen-Kollektion für höchste Ansprüche.

Italienische Ketten

Es gibt zwei bekannte italienische Handtaschenketten. **Mandarina Duck** und **Furla**. Beide besitzen mehrere Filialen in Town und verkaufen gute Qualität zu angemessenen Preisen.

☆ Furla

- Corso Vittorio Emanuele
☎ 02 796943
Metro: M1, M3/Duomo
- Via Orefici 5
☎ 02 8053944
Metro: M1, M3/Duomo
- Corso Buenos Aires 18
☎ 02 2043319
Metro: M1/Lima
- Corso Vercelli 11
☎ 02 48014189
Metro: M1/Pagano

🖥 http://www.furla.it

AE-BA-DC-EC-MC-V
Handtaschen & Accessoires
••/•••

Ein Name, den Sie sich unbedingt merken müssen. Furla-Handtaschen gelten als äusserst schick. Für mich sind sie die perfekten Accessoires für einen modernen Lifestyle-Look – schlicht, trendy und ganz wichtig: bezahlbar. Ich mag auch die Sonnenbrillen und alles andere, was hier angeboten wird.

Mandarina Duck

- Corso Europa/
Ecke Galleria San Carlo
☎ 02 782210
Metro: M1/San Babila
- Via Orefici 10
☎ 02 86462198
Metro: M1/Cordusio
- Corso Buenos Aires 3/C
☎ 02 29510960
Metro: M1/Porta Venezia
- Corso Genova 12
☎ 02 89403504
ab Dom/Via Torino: Tram 2, 14
- Corso Vercelli 27
☎ 02 48007264
Metro: M1/Pagano

🖥 http://www.mandarinaduck.com

AE-BA-DC-EC-MC-V
Handtaschen, Rucksäcke & Reisegepäck
••/•••

Auf der Suche nach einer neuen Handtasche? Bei Mandarina Duck bekommen Sie Handtaschen in den unterschiedlichsten Designs, Farben und Materialien. Allerdings sind die Preise etwa dieselben wie bei uns. Für das Modell «Hera», den schlichten Klassiker unter den Handtaschen, zahlen Sie zwischen 340 000 und 465 000 Lire.

Mailands Exoten

Wenn Sie's lieber ein bisschen individuell und alternativ mögen, dann dürften diese Shops für Sie in Frage kommen:

Il Bisonte

Via Madonnina 10
☎ 02 86460145
Metro: M2/Lanza
AE-BA-DC-EC-MC-V
Taschen, Reisegepäck & Accessoires
● ● ●

Qualitativ hochstehende Lederwaren in Schwarz und Naturfarbe. Für Leute, die auf authentische Natur pur stehen. Nicht billig!

Lazzari

Corso di Porta Ticinese 70
☎ 02 8375163
ab Dom/Via Torino: Tram 3
V
Rucksäcke, Taschen & Accessoires für Individualisten
● / ● ●

Der Laden ist in der jungen, intellektuell-alternativen Szene sehr beliebt. Maurizio Lazzari arbeitet mit Stoff, ist bewusst nichttrendy und setzt auf Natürlichkeit. Für einen mittelgrossen Stoffrucksack zahlen Sie um die 150 000 Lire.

Preiswerte Taschen

Annalisa Pizze Borse

Via C. Correnti 17
☎ 02 89400234
ab Dom/Via Torino: Tram 3
AE-BA-DC-EC-MC-V
Billig-Handtaschen im Trend-Look
●

Bei Annalisa Pizze stossen Sie auf günstige Handtaschen aus Stoff & Co. Die guten Stücke sehen mitunter teurer aus, als sie in Wirklichkeit sind, für Langzeit-User oder Qualitätsbewusste allerdings die falsche Anlaufstelle. Gegen Ende der Schlussverkaufszeit zahlen Sie für jedes Stück noch 25 000 Lire. Ultimativ!

Bric's Store

Via Dogana 1
☎ 02 86461010
Metro: M1, M3/Duomo
AE-EC-MC-V
Taschen, Rucksäcke & Reisegepäck aus speziellen Kunstfasern
••

Ich habe lange geglaubt, dass Bric's eine US-Marke ist, mittlerweile habe ich mich aber eines Besseren belehren lassen: Bric's ist ein italienisches Label, das praktische und strapazierfähige Taschen für sportliche Casual-Typen fabriziert. Es gibt sie in unterschiedlichen Farben, und die Preise sind fair.

☆ Coccinelle

• Via Statuto 11   🖥 http://www.coccinelle.it
☎ 02 6552851
Metro: M2/Moscova
• Corso Genova 6
☎ 02 89421347
Metro: M2/Porta Genova

AE-BA-DC-EC-MC-V
Handtaschen & Accessoires aus Leder oder Lederimitat
••

Das Hauptgeschäft liegt schräg gegenüber vom Szene-Laden **La Vetrina di Beryl** (🕮 S. 88). Eine der geheimen Quellen für schlichte Handtaschen, «all very cool and sophisticated». Ein Muss, wenn Sie mich fragen.

Esibiusi

Via Mercato 6
☎ 02 86463828
Metro: M2/Lanza
AE-DC-EC-MC-V
Handtaschen, Schuhe & Ledermode
•••

Eine kleine Boutique, die stilvolle Qualitätsware zu sehr vernünftigen Preisen verkauft: Lederhandtaschen ab 200 000 Lire.

La Rinascente

Piazza del Duomo 27
☎ 02 88521
Metro: M1, M3/Duomo
AE-BA-DC-EC-MC-V
u.a. auch Handtaschen
••

🖥 http://www.rinascente.cc

Mailands Edelkaufhaus führt im Erdgeschoss eine gute
Auswahl an Handtaschen, Lederwaren und Accessoires. Wenn Sie dort die Hausmarke kaufen, zahlen Sie
kein Vermögen für eine Handtasche im aktuellen Look.
Täglich bis 21 Uhr geöffnet.

☆ MH-Way

• Via Durini 2 und 5
☎ 02 76021787
Metro: M1/San Babila
• Corso Magenta 5
☎ 02 876328
Metro: M1, M2/Cadorna

AE-BA-DC-EC-MC-V
Freizeittaschen, Rucksäcke, Zeichenmappen, Planhüllen & Accessoires
••

MH-Way-Accessoires sind schlicht dynamischer Mini-
malismus: wesentlich und reduziert und gerade deshalb so unwahrscheinlich formvollendet. Dahinter
steckt der japanische Designer Makio Hasuike – ein
Mann, der sich ausschliesslich innovativen Materialien (Plastik und Kunststoffe) verschrieben hat. Sehr
beliebt bei Architekten und Designern. Ein wahrer Verkaufsknüller ist das steife Rucksackmodell «Impronta».

The Shoe must go on

«Fare una bella figura» ist das oberste Gebot der City, und das fängt ganz unten bei den Schuhen an. Mit der richtigen Handtasche am Arm und dem passenden Schuhlook outen Sie sich unwiderruflich als Kennerin des feinen Geschmacks. Und Geschmack ist nicht unbedingt eine Frage des Geldes. In Mailand können Sie viel Geld für ein Paar Schuhe ausgeben (in London, New York oder Paris würden Sie allerdings noch mehr dafür bezahlen), aber es gibt auch viele Anlaufstellen, wo Sie herrliche Schuhe zu angemessenen Preisen bekommen.

Designerschuhe

Designerschuhe gibt es in Mailand da, wo die Society-Ladies und Stars ihre Einkäufe tätigen: im Goldenen Dreieck. Neben den Fashiondesignern (📖 S. 60), die in ihren Lifestyle-Tempeln für teures Geld Schuhe unter ihrem Namen verkaufen, residieren dort auch berühmte **Schuhdesigner** und viele Edelmarken-Hersteller. Sicherlich, Sie zahlen hier stolze Preise, regulär zumindest. Im Schlussverkauf bekommen Sie solches Luxusschuhwerk hingegen mit einem Preisnachlass von 30 bis 50 Prozent. Allerdings: Je angesagter und prestigeträchtiger ein Label ist, desto diskreter ist in der Regel auch der Schlussverkauf. Noch besser: Was in den Edelshops hängenbleibt, wandert in die **Outlet-Shops.** Und dort kaufen Sie es dann zum halben Preis oder noch billiger. Habe ich Ihnen schon von meinen «Dolce & Gabbana»-Stiefeletten erzählt, die ich bei **Il Salvagente** für 180 000 Lire gekauft habe? Ein sagenhaft guter Deal. Die wichtigsten Schuhdesigner:

Andrea Pfister

Via Montenapoleone 25   📖 Designer-Special/S. 294   [TAX FREE]
☎ 02 76002036
Metro: M3/Montenapoleone
AE-BA-DC-EC-MC-V
Schuhdesign für sie
•••/••••

Falls Sie sich für den Cinderella-Look begeistern können oder einfach romantische, zarte Luxusschühchen mit einem Touch Sex-Appeal lieben, dann sind Sie bei

Andrea Pfister richtig. Zu den meisten Schuhmodellen gibt's übrigens auch das passende Handtäschchen. Andrea Pfister sagt selbst: «Wer meine Schuhe trägt, muss einfach lächeln.» Probieren Sie's aus, aber denken Sie daran, das Lächeln kann Sie ohne weiteres 500 000 Lire kosten.

Mario Valentino

Via Montenapoleone 10   🖥 http://www.mariovalentino.it
☎ 02 798113   📖 Designer-Special/S. 326
AE-BA-EC-EC-MC-V

Schuhdesign, Accessoires & Ledermode für sie
●●●/●●●●

Furore machte Mario Valentino in den 50er Jahren mit einem Pumps, der mit seinem zehn Zentimeter langen Bleistiftabsatz viele Damenherzen auf der ganzen Welt eroberte. Und das ist heute noch so. Insider wissen um die Magie seiner eleganten Kreationen: Sie schmeicheln dem Bein. Ich mag auch seine Lederfashion.

Salvatore Ferragamo

●   Via Montenapoleone 3   🖥 http://www.salvatoreferragamo.it
☎ 02 76000054   📖 Designer-Special/S. 333
Metro: M1/San Babila
AE-BA-DC-EC-MC-V

Schuhdesign, Accessoires & Fashion für sie
●●●/●●●●

●   Via Montenapoleone 20
☎ 02 76006660
Metro: M3/Montenapoleone
AE-BA-DC-EC-MC-V

Schuhdesign, Accessoires & Fashion für ihn
●●●/●●●●

Salvatore Ferragamo war ein Meister des Experiments. Er machte Schuhe aus Kolibrifedern und Baumrinde, aus Stroh und Korken, aus Holz, Cellophan, Stahl und Plastik. So originell und extravagant seine Kreationen auch waren, Bequemlichkeit war bei Ferragamo immer ein absolutes Muss. Und das ist auch der Grund dafür, dass seine Schuhe bis heute in sieben Weiten angeboten werden. Ferragamos berühmteste Erfindung war 1935 der Keilabsatz. Ein Welthit, der zehn Jahre lang als Inbegriff der trendigen Schuhmode galt. Mittlerweile gibt es bei Ferragamo die gesamte modische Palette von Kopf bis Fuss und zwar in dem typisch italienischen Understatement-Stil. Auch am Flughafen Malpensa erhältlich.

Sergio Rossi

- Via della Spiga 15
- ☎ 02 76002663
- Metro: M1/San Babila
- Via Montenapoleone 6/A
- ☎ 02 76006140
- Metro: M1/San Babila

🖳 http://www.sergiorossi.it
📖 Designer-Special/S. 334
📖 Diffusione Sergio Rossi/S. 289

AE-BA-DC-EC-MC-V
Schuhdesign für sie und ihn
●●●/●●●●

Sergio Rossi – der Gianni Versace unter den Schuhdesignern – hatte seinen weltweiten Durchbruch Anfang der 70er Jahre. Heute produziert das Unternehmen auch die Schuhlinien von Versace und Dolce & Gabbana.

Walter Steiger

Via Gesù 1
☎ 02 76002069
Metro: M1/San Babila
AE-DC-EC-MC-V
Schuhdesign für sie und ihn
●●●/●●●●

📖 Designer-Special/S. 339

1962 kreierte Walter Steiger extravagante Plastik- und Papierschuhe. «A new shoe architect is born», schrieb damals die internationale Modepresse. Und recht hatte sie. Bei Walter Steiger sind trendiges Design und höchster Tragkomfort nicht «zwei Paar Stiefel». Ihre Füsse werden's Ihnen danken!

Edelmarken

Kein Land der Welt besitzt so viele berühmte Schuhmarken wie Italien. Und nirgends können Sie diese Luxustreter billiger einkaufen als hier im Ursprungsland. Zugegeben, Edelschuhe sind teuer, aber nicht so hochpreisig wie Designerschuhe. Was allerdings die meisten Leute nicht wissen: Fast alle Firmen haben einen Fabrikverkauf irgendwo in Norditalien (📖 S. 271), wo Sie diese hochwertigen Schuhe bis zu 50 Prozent unter dem sonst üblichen Ladenpreis einkaufen können. Und das lohnt sich, glauben Sie mir!

☆ Baldinini

Via Montenapoleone 15   📖 Baldinini S.R.L./S. 275
☎ 02 76022002
Metro: M3/Montenapoleone
AE-BA-DC-EC-MC-V
Schuhe für sie und ihn
•••

Gimmi Baldinini hat in jungen Jahren das geschafft, wovon viele Designer träumen: Seine Schuhkreationen wurden in kürzester Zeit zum Kultobjekt französischer Fashion Shows. Inzwischen gibt es weltweit 35 Baldinini-Boutiquen. Und die Schuhe? Nach wie vor eine Klasse für sich. Ich habe mich auch der Baldinini-Anhängerschaft angeschlossen.

Beltrami

Via Montenapoleone 10   📖 Beltrami Shop/S. 276
☎ 02 76002975
Metro: M1/San Babila
AE-BA-DC-EC-MC-V
Schuhe für sie und ihn, Handtaschen & Ledermode
•••

Das Geschäft des Florentiner Nobelhauses liegt etwas versteckt in einer kleinen Seitenpassage der legendären Via Montenapoleone. Das meiste, was Sie hier bekommen, ist schick, ladylike und nicht gerade günstig. Die Herren müssen mit dem klassisch-eleganten Look Vorlieb nehmen.

Bruno Magli

• Corso Vittorio Emanuele/   🖥 http://www.brunomagli.it
Ecke Via San Paolo   📖 Calzaturificio Magli S.P.A./S. 276
☎ 02 865695
Metro: M1, M3/Duomo
• Via Cantù 1/Ecke Via Orefici
☎ 02 8053719
Metro: M1, M3/Duomo
• Via Manzoni 14
☎ 02 781264
Metro: M3/Montenapoleone

AE-BA-DC-EC-MC-V
Schuhe für sie und ihn, Handtaschen & Ledermode
•••

Ein Made-in-Italy-Markenprodukt mit internationalem Renommee. Die fantasievollsten Schuhkreationen von Bruno Magli lassen sich heute im Museum of Modern Art in New York bewundern. Magli-Anhänger dürften im edlen Luxustempel am Dom voll und ganz auf ihre Kosten kommen. Das Geschäft ist nicht zu übersehen. Special Offers und Restpaare finden Sie im Laden an der Via Manzoni.

Church's

Via Madonnina 10
☎ 02 72003475
Metro: M2/Lanza
AE-BA-DC-EC-MC-V
Englische Nobelschuhe für ihn, vereinzelt auch Damenschuhe
●●●●

Ein englisches Label, na und? Church's-Schuhe bestechen durch zeitlose Klassik und ausserordentliche Qualität. Gegründet wurde die Luxusmarke von drei gleichnamigen Brüdern aus Northampton. Heute werden Church's-Schuhe weltweit in rund 200 eigenen Boutiquen verkauft. Eine davon liegt im Künstlerviertel Brera. Sie bekommen dort klassische Luxustreter ab 500 000 Lire.

Diego Della Valle

Via della Spiga 22
☎ 02 76002423
Metro: M3/Montenapoleone
AE-BA-DC-EC-MC-V
Schuhe für sie und ihn
●●●

📖 Designer-Special/S. 301
📖 Della Valle/S. 280

Weltbekannt ist der bequeme Freizeitschuh «J.P. Tod's». Die Inspiration dazu holte sich Della Valle von den rutschsicheren Schuhmodellen europäischer Sportwagenfahrer. Diese Damen- und Herrenmokassins mit den berühmten 133 Noppen werden heute in über hundert Farben produziert. Tod's-Schuhe sind zwar sportliche Freizeitschuhe, mit dem richtigen Modell aber kann man sich auch Abends sehen lassen: Wunderbar sind die Tod's aus schwarzem Lackleder, natürlich rutschfest. Das jüngste Kind des italienischen Schuhdesigners heisst «Hogan», stammt aus der Familie der Schnürschuhe und hat den amerikanischen Cricketschuh aus den 30er Jahren als Patenonkel. Della-Valle-Schuhe sind hochpreisig, dafür trägt man sie zusammen mit Hollywood-Stars. Neuster Sortimentszugang: Handtaschen, und die haben bereits Kultstatus.

Fratelli Rossetti

Via Montenapoleone 1   📖 Rossetti-Fabrikverkauf/S. 283
☎ 02 76021650
Metro: M1/San Babila
AE-BA-DC-EC-MC-V
Herrenschuhe, vereinzelt auch Damenschuhe & Ledermode
••/•••

Die Gebrüder Rossetti sind Mailands Meister, wenn es um «bezahlbare», qualitativ hochwertige Herrenschuhe geht. Hier bekommen Sie weiche Mokassins und Schnürschuhe in klassischen Farben und Formen. Bestseller des Hauses ist die weiche *Flexa*-Linie. Wenn Sie mich fragen, ein Muss für verwöhnte Herrenfüsse!

Lario 1898

Via Montenapoleone 21   🖥 http://www.lario1898.it
☎ 02 76002641   📖 Emporio Lario/S. 285
Metro: M3/Montenapoleone
AE-BA-DC-EC-MC-V
Schuhe & Accessoires für sie und ihn
•••

Eine ausgezeichnete Anlaufstelle für hochwertige Edelschuhe der eleganten Art. Caroline von Monaco, Tina Turner und Sharon Stone sind Lario-Kundinnen. Das Unternehmen produziert auch für Jil Sander und Etro.

Lorenzo Banfi

• Via della Spiga 42   ☎ 02 76014011
Metro: M3/Montenapoleone
• Via Sant'Andrea 1 (in der Seitenpassage)
☎ 02 76001529
Metro: M1/San Babila

AE-DC-MC-V
Schuhe & Accessoires für sie und ihn
•••/••••

Banfi-Schuhe sind Luxusschuhwerk für gehobene Ansprüche. Sie werden in limitierter Zahl produziert und sind deswegen ziemlich teuer. Promis und Society-Ladies schwören auf die exklusiven Materialien wie wurzelgegerbtes Leder und Co. Führen auch hochpreisige Kaschmirpullover und Lederjacken.

Pollini

- Piazza del Duomo 31   📖 Armando Pollini/S. 289
- ☎ 02 875187
Metro: M1, M3/Duomo
- Corso Vittorio Emanuele 30
- ☎ 02 794912
Metro: M1, M3/Duomo
- Corso Buenos Aires 10
- ☎ 02 29405959
Metro: M1/Porta Venezia

AE-BA-DC-EC-MC-V
Schuhe für sie und ihn, Handtaschen
• • •

Die Familie Pollini hat in nicht einmal fünfzig Jahren ihre Schuhe zu dem gemacht, was sie heute sind: ein weltbekanntes italienisches Markenprodukt, das nach Nordamerika, Japan und Europa exportiert wird. Klasse Klassiker! Sie bekommen hier allerdings auch trendige Sachen.

Tanino Crisci

Via Montenapoleone 3   💻 http://www.taninocrisci.it
☎ 02 76021264
Metro: M1/San Babila
AE-DC-MC-V
Schuhe, Handtaschen & Accessoires für sie und ihn
• • •/• • • •

Tanino-Crisci-Produkte stehen für italienischen Luxus pur: klassisch und zeitlos, exklusiv und hochpreisig. Für einen Damenschuh zahlen Sie um die 400 000 Lire, Herrenschuhe sind noch teurer, und für eine Handtasche können Sie bis zu 3 000 000 Lire ausgeben. Was die Exklusivität noch unterstützt: Crisci-Produkte bekommt man weltweit nur in sieben Städten, in Mailand, Rom, Florenz, Paris, New York, Hongkong und Tokio.

Szene-Läden für Schuhfetischisten

Cesare Paciotti

Via Sant'Andrea 8
☎ 02 76001164
Metro: M1/San Babila
AE-BA-DC-EC-MC-V
Damenschuhe, kleine Auswahl auch an Männerschuhen
• • •

Ein Mini-Laden für Anspruchsvolle. Bei Cesare Paciotti zahlen Sie für einen schwarzen Edel-Pumps ohne weiteres 400 000 Lire. Aber dafür werden Ihre Beine ins richtige Licht gerückt, das muss Sie doch beflügeln, oder?

☆ La Vetrina di Beryl

Via Statuto 4
☎ 02 654278
Metro: M2/Moscova
AE
Designerschuhe & Fashion für sie
●●●/●●●●

Barbara Beryls Laden ist Mailands Kultadresse für bekennende Fashion Victims. Vorne gibt es extravagantes Schuhwerk von Free Lance, Michel Perry, Todd Oldman, Patrick Cox, Miu Miu und, und, und. Am besten, Sie schlagen im Schlussverkauf zu: Sämtliche Modelle sind dann 30 bis 50 Prozent billiger. Im hinteren Teil der Boutique finden Sie zudem Trendwear, u.a. auch von Dries van Noten, Ann Demeulemeester, Helmut Lang, Miu Miu, Missoni und Costume National.

Le Solferine

Via Solferino 2
☎ 02 6555352
Metro: M2/Lanza
AE-BA-DC-EC-MC-V
Designerschuhe für sie und ihn
●●●

Kleiner Laden mit absolut trendiger Footwear von Katharine Hamnett, Michel Perry und Todd Oldman. Führen auch Schuhe vom englischen Newcomer Patrick Cox. Popstars haben ihm den Spitznamen «Ferragamo vom MTV» eingebracht und das mit gutem Grund: Seine Kreationen sind bequem und absolut bühnentauglich. Noch Fragen?

Vierre

- Via Montenapoleone 29
- ☎ 02 76001731
Metro: M3/Montenapoleone
- Corso Vittorio Emanuele 7
- ☎ 02 781804
Metro: M1, M3/Duomo

AE-BA-DC-EC-MC-V
Designerschuhe für sie und ihn
•••/••••

Haben (fast) alles: vom Kult-Mokassin «Tod's» bis zur extravaganten Sandale vom französischen Schuhdesigner Stephane Kélian. Die beiden kleinen Boutiquen im Goldenen Dreieck sind gefüllt mit Traumschuhen von Miu Miu, Karl Lagerferld, Dolce & Gabbana, D&G und Costume National.

Trendige Footwear für alle

In Mailand gibt es viele Trendboutiquen, die bekannte Marken und qualitativ gute No-Names führen, von denen wir hierzulande nur träumen können. Die Preise bewegen sich am oberen Ende der mittleren Preisskala. Im Schlussverkauf allerdings sind Preisreduktionen von 50 Prozent keine Seltenheit, und dann heisst es zuschlagen!

Aldo Bruè

Corso Matteotti 5   🖳 http://www.aldobruè.it
☎ 02 76002673
Metro: M1/San Babila
AE-BA-DC-EC-MC-V
Schuhe für sie und ihn
••/•••

Dieser Mini-Laden führt italienischen Schick par excellence. Weil der Name noch relativ unbekannt ist, sind die Preise (noch) human. Modebewusste Herren dürften hier ebenfalls auf ihre Rechnung kommen!

Alfonso Garlando

Via Madonnina 2
☎ 02 874665
Metro: M2/Lanza
AE-BA-DC-EC-MC-V
Schuhe für sie
••/•••

Alfonso Garlando hat zwei Geschäfte an der Via Madonnina: einen preiswerten Schuhladen auf der rechten und eine Boutique mit teureren Modellen auf der linken Strassenseite. In der Boutique bekommen Sie trendiges Schuhwerk zu vernünftigen Preisen. Wer zwei linke Füsse hat oder auf Extravagantes steht, kann sich auch Schuhe nach Mass anfertigen lassen. Und die kosten nicht wesentlich mehr als Schuhe «von der Stange».

Clone

Corso Venezia 6
☎ 02 76001136
Metro: M1/San Babila
AE-BA-DC-EC-MC-V
Schuhe für sie und ihn
••

Mit Clone-Schuhen verhält es sich wie mit der Oper: Entweder man fühlt sich zu ihnen hingezogen, oder sie lassen einen für immer kalt. Die meisten Schuhe tragen unverkennbar die Handschrift von Clone-Designer Bruno Bordese: runde Schuhspitzen – deshalb garantiert «blasenresistent».

Granello

Via Sant'Andrea 11
☎ 02 783468
Metro: M1/San Babila
AE-BA-DC-EC-MC-V
Schuhe für sie und ihn
•••

Falls Sie sich für avantgardistisches schwarzes Schuhdesign mit kleinen Extravaganzen begeistern können, ist das Ihr Laden. Absolut en vogue bei den Dreissigjährigen.

H3O

Via Torino/Ecke Via Speronari
☎ 02 863652
Metro: M1, M3/Duomo
AE-BA-DC-EC-MC-V
Schuhe für sie und ihn
••

Die römischen Jungdesigner Romeo Piperno und Massimiliano Nardiello fertigen junge Szene-Treter der cleanen Art. Die Auswahl an Modellen ist klein, dafür gibt es sie in unterschiedlichen Farbnuancen. H3O-Schuhe bekommt man zu erschwinglichen Preisen.

☆ Luciano Padovan

Corso Venezia 21
☎ 02 76003908
Metro: M1/San Babila
AE-BA-DC-EC-MC-V
Schuhe für sie
••/•••

Ein neuer Name, ein neuer Shop. Ich mag diesen Laden als Quelle für hochhackige Schuhe: schlichte Edeltreter mit speziellen Absatzformen, vom eleganten Pumps bis zur knöchelhohen Stiefelette.

Mancinelli

Via Ponte Vetero 1
☎ 02 8056385
Metro: M1/Cairoli
AE-BA-DC-EC-MC-V
Schuhe für sie
••

Ich schätze diesen kleinen Laden, weil man hier trendige No-Names bekommt, die kein riesiges Loch ins Portemonnaie reissen. Eine geeignete Anlaufstelle für Szenegängerinnen.

Vic Matiè

Via San Pietro all'Orto 11
☎ 02 799556
Metro: M1/San Babila
AE-BA-DC-EC-MC-V
Schuhe für sie und ihn
••/•••

Bei Vic Matiè finden Sie kreatives, neuartiges Made-in-Italy-Design. Ich muss allerdings gestehen, dass ich die Schuhformen mitunter sehr speziell finde.

Klassische Footwear für alle

Vergelio

• Corso Vittorio Emanuele 10
☎ 02 76004816
Metro: M1, M3/Duomo
• Via dell'Unione 2
☎ 02 860901
Metro: M1, M3/Duomo
• Corso Buenos Aires 9
☎ 02 29406272
Metro: M1/Porta Venezia

LEDERWAREN & CO.

- Corso Vercelli 2
☎ 02 4986608
Metro: M1/Conciliazione
- Via Vitruvio 3
☎ 02 29531208
Metro: M1/Lima

AE-BA-DC-EC-MC-V
Schuhe für sie und ihn
••/•••

Hier treffen sich die konservativen, traditionellen Mailänder zum Schuhkauf. Bei Vergelio bekommen Sie Markenschuhe von Tod's, Saxone, Sebago, Church's, Clark's, Allen Edmond's und Cole Haan. Vergelio führt zudem eine eigene klassische Schuhlinie, die preiswerter ist als ihr Markensortiment.

Sportliche Footwear

Superga Store
- Via San Pietro all'Orto 11   ▣ http://www.superga.it   TAX FREE
☎ 02 794448
Metro: M1/San Babila
AE-BA-DC-EC-MC-V
Schuhe für sie und ihn
••

- Corso Vercelli 8
☎ 02 48196180
Metro: M1/Conciliazione
AE-BA-DC-EC-MC-V
Trendwear & Schuhe für sie und ihn
••

Superga-Schuhe sind die italienischen Kulttreter schlechthin: Diese Zwittermodelle haben die Form eines Tennisschuhs und den Look eines trendigen Freizeit-Loafers. Supergas gibt es in allen Farben, aus Stoff, Leder, Lack und Pelz, sie sind herrlich bequem und bezahlbar. Die passende Trendwear bekommen Sie im Shop am Corso Vercelli.

Timberland Store
- Corso Venezia 9   ▣ http://www.timberland.com   TAX FREE
☎ 02 782455
Metro: M1/San Babila
- Corso Buenos Aires 9
☎ 02 29406272
Metro: M1/Porta Venezia

AE-BA-DC-EC-MC-V
Strapazierfähige Outdoorfashion & Schuhe
••/•••

Anfang der 70er Jahre stellten die Brüder Herman und Sydney Swartz fest, dass die besten Kunden vom Schuhgeschäft ihres Vaters Studenten waren. Daraufhin entschlossen sie sich, für diese ein geeignetes Modell zu entwickeln: einen Campusschuh aus robustem Leder und hundertprozentig wasserfest. Das war die Geburtsstunde des amerikanischen Mythos Timberland ...

Günstige Schuhgeschäfte

Sie finden in Mailand viele kleine Billigshops für Schuhe. Meistens halten die gute Stücke aber nicht, was sie versprechen, oder sind derart unbequem und hart, dass man schon nach kurzer Zeit Blasen bekommt. Deshalb mein Tip: Hände weg, selbst wenn der Preis lockt. Es gibt aber auch günstige Schuhgeschäfte, bei denen das Preis-Leistungs-Verhältnis stimmt. Einige Adressen:

Alfonso Garlando

Via Madonnina 1
☎ 02 874679
Metro: M2/Lanza
AE-BA-DC-EC-MC-V
Damenschuhe, vereinzelt auch Männerschuhe
••

Der preiswerte Laden von Alfonso Garlando liegt zur rechten Hand, vorausgesetzt, Sie kommen von der Via Ponte Vetero her. Sie finden dort Schuhe in allen erdenklichen Farben und Formen, vom klassischen Ballerina bis hin zum hochhackigen Pumps mit Bleistiftabsatz. Rechnen Sie mit 80 000 bis 150 000 Lire pro Paar. Im hinteren Teil des Ladens verkauft Alfonso Garlando zudem Schuhe zweiter Wahl und Restpaare mit einem Preisnachlass von bis zu 40 Prozent. Allerdings, meine Lieben, sollten Sie hier keine fachkundige Bedienung erwarten.

Cock's

Via Dante 6
☎ 02 86461838
Metro: M1/Cairoli
AE-BA-DC-EC-MC-V
Schuhe für sie und ihn
••

Das ist Ihr Laden, falls Sie gerne klassische Schuhe im Clark's-Stil tragen. Für Anglophile mit Qualitätsbewusstsein.

Di Mauro

Corso Buenos Aires 30
☎ 02 29514723
Metro: M1/Lima
AE-BC-V
Schuhe für sie und ihn
••

Günstige Schuhe für Büro und Freizeit. Klassisch, geschmackvoll und dennoch schick.

Marilena

• Corso Vittorio Emanuele 15
☎ 02 76000665
Metro: M1, M3/Duomo
• Via Torino 13
☎ 02 86460732
Metro: M1, M3/Duomo
• Corso Buenos Aires 25
☎ 02 201251
Metro: M1/Lima

AE-BA-DC-EC-MC-V
Schuhe für sie und ihn
••

Marilena ist den Mailändern ein Begriff. Hier bekommen Sie modische, tragbare Schuhe relativ preiswert. Führen auch einige trendige Exemplare.

Bezahlbares, hippes Schuhwerk für Teenies und Early-Twenties

Camper

Via Torino 15   🖳 http://www.camper.es
☎ 02 8057185
Metro: M1, M3/Duomo
AE-BA-DC-EC-MC-V
Teenieschuhe
••

Die spanische Marke produziert bequeme City-Shoes in trendigen Farben und witzigen Formen. Bekannt geworden ist das Label mit seinem «Combine-Set», einem Set aus drei einzelnen Schuhen in verschiedenen Farben, quasi ohne Fussform, so dass jeder Schuh links oder rechts getragen werden kann. Alles klar?

Claire

Via Torino 50
☎ 02 86452549
ab Dom/Via Torino: Tram 3
Nehmen keine Kreditkarten
Extravagante Plateauschuhe und -stiefel
••

Wenn Sie auf Eyecatcher stehen, schwindelfrei sind und ein Faible für extreme Farben haben, dann müssen Sie ein Claire-Modell kaufen. Ab 150 000 Lire. Obligatorisch für Nachtvögel, Kubisten und Leute, die nach der Devise leben: «Auffallen um jeden Preis.»

☆ Teras

• Galleria San Carlo 6   TAX FREE
☎ 02 76025800
Metro: M1/San Babila
• Via Torino/Ecke Via Lupetta
☎ 02 874712
Metro: M1, M3/Duomo
• Corso Buenos Aires 45
☎ 02 2046759
Metro: M1/Lima

AE-BA-DC-EC-MC-V
Trendige Teenieschuhe in allen Farben
•/••

Streetshoes in saisonalen Farben: breit, klobig, bequem oder hypertrendy und sexy – das ist der Schuhmix, der hier geboten wird. Bei den italienischen Teenies sehr beliebt.

Discountshops

Mailands Schuhdiscounter sind etwas für Abenteuerlustige und abgehärtete Schnäppchenjäger. Sie bekommen dort Restposten, Ladenhüter vergangener Saisons und Vorführmodelle zu reduzierten Preisen. Die Discounter behaupten zwar, erstklassige Namen (Designerschuhe & Edelmarken) zu führen, tatsächlich, meine Lieben, bin ich hier aber fast ausschliesslich auf italienische No-Names gestossen. Darüber hinaus ist die Verkaufspräsentation in der Regel eine mittlere Katastrophe, vorausgesetzt, man findet den Shop überhaupt. Für mich hat die Sache trotzdem ihren Reiz: Mit dem richtigen Blick und etwas Glück kann eine solche Shoppingtour wahre Highlights hervorbringen.

Calzatura Fabiano

Piazza Fidia 3
☎ 02 6887418
ab Dom/Via Broletto: Tram 4 (Haltestelle: Via U. Bassi)
🕐 MO: 15-19.30 DI-SA: 9-12.30/15-19.30 FR durchgehend geöffnet
MC-V
Schuhe für sie und ihn
Sie sparen: bis zu 50 Prozent, teilweise auch mehr

Bei Fabiano stapeln sich die Schuhe nach Grössen sortiert. Die Auswahl ist gut, insbesondere für Damen, die «auf kleinem Fuss» leben. Führen vorwiegend italienische No-Names, ich habe allerdings auch schon Sergio-Rossi-Schuhe gesichtet. Angemessene Qualität, und der Stil liegt irgendwo zwischen klassisch-elegant und «à la mode».

Gill Stock Center

Viale Papiniano 47
☎ 02 8393488
Metro: M2/Sant'Agostino
🕐 MO-SA: 16-19.30
V
Damenschuhe, kleine Auswahl auch an Männerschuhen
Sie sparen: bis zu 50 Prozent, teilweise auch mehr

Ein Mini-Laden mit einem ziemlich guten Angebot an trendigen No-Names. Und der Clou: Im Schlussverkauf zahlen Sie für jedes Paar noch 19 000 Lire. Haben Sie vielleicht schon irgendwo Original-Timberlands für 19 000 Lire gekauft? Ich schon.

Rufus Calzature

• Via Vitruvio 35
☎ 02 2049648
Metro: M2, M3/Centrale
• Corso di Porta Ticinese 62
☎ 02 89406692
ab Dom/Via Torino: Tram 3 (Haltestelle: Ticinese Vetere)
🕐 MO: 15-19.30 DI-SA: 10-12.30/15-19.30
Nehmen keine Kreditkarten, nur Cash – auch ausländische Währungen
Schuhe für sie und ihn, vereinzelt auch Kinderschuhe
Sie sparen: bis zu 50 Prozent, teilweise auch mehr

Rufus ist eine Fundgrube für superbillige Schuhe. Hier landet, was in den grossen Schuhgeschäften nicht verkauft wurde, mitunter auch viele Extremmodelle und unmögliche Grössen. Ein Besuch kann sich durchaus lohnen ... und zwar immer wieder donnerstags, wenn neue Reststücke zum Verkauf bereitstehen. Der Shop an der Via Vitruvio passt mit seiner Wühltischatmosphäre hervorragend in diese Discount- und Billigshop-Strasse. Verwöhnte Shopper lassen besser die Finger davon. In der Rufus-Dependance am Corso di Porta Ticinese ist es kundenfreundlicher: Passend zur Einkaufsgegend, gibt es hier vor allem junges und hippes Schuhwerk für kaufwütige Teens und Twens.

LIFESTYLE-ITEMS & SCHÖNHEITSPFLEGE

Friseure

Aldo Coppola
- Corso Garibaldi 110
- ☎ 02 6552144/6572685

Metro: M2/Moscova
- Corso Vittorio Emanuele 37
- ☎ 02 76004074

Metro: M1, M3/Duomo
- Via Manzoni 25
- ☎ 02 861737/86462163

Metro: M3/Montenapoleone

Eine berühmte Adresse für ultimativ trendige Haarschnitte der individuellen Art. Haben Sie einfach Vertrauen, und alles wird gut. Hier verkehren Models und Szene-People männlichen wie weiblichen Geschlechts. Satte Preise.

Jeans Louis David
- Via Sant'Andrea 2/Ecke Via Bagutta
- ☎ 02 783245

Metro: M1/San Babila
- Piazza Oberdan 10
- ☎ 02 29523045

Metro: M1/Porta Venezia
- Via Fiori Chiari 7
- ☎ 02 86460397

Metro: M2/Lanza

⊘ DI-SA: 9.30-18.30
Im August geöffnet

Eine internationale Kette mit mehreren Filialen in Town. Ich habe lediglich diejenigen aufgeführt, die zentral gelegen sind. Jean Louis David ist eine Art Starcoiffeur in der Fashion-Szene. Mit seinem Knowhow hat der Franzose eine gigantische Kette aufgezogen, die auch in Paris und New York Dependancen unterhält. Sie können sich hier für relativ wenig Geld und ohne Voranmeldung die Haare schneiden lassen. Für Fönen und Schneiden zahlen Sie um die 60 000

Lire, Männer kommen noch billiger weg. Ausserdem werden treue Kunden und Studenten zusätzlich mit Rabatten belohnt.

Orea Malià

- Via P. Castaldi 43
☎ 02 20465884
Metro: M1/Porta Venezia
- Via Marghera 18 (im Hinterhof)
☎ 02 4694976
Metro: M1/De Angeli

Ich habe mir hier noch nie einen neuen Haarschnitt verpassen lassen, aber dieser Laden soll wegen seiner trendigen Schnitte in der jungen Szene sehr beliebt sein.

Rolando

- Via Manzoni 31
☎ 02 6551527
Metro: M3/Montenapoleone
- c/o La Rinascente (im 7. Stock)
Piazza del Duomo 27
☎ 02 877228/877298
Metro: M1, M3/Duomo
- Corso Vercelli 38
☎ 02 4690114
Metro: M1/Conciliazione

Rolando Elisei ist eine renommierte Adresse für perfekt sitzende Frisuren. Entsprechende Preise.

☆ Toni & Guy

Via Vincenzo Monti 27
☎ 02 48027137
ab Dom/Via Mazzini: Tram 27

Ein Ableger des berühmten Londoner Szene-Friseurladens. Falls Sie Ihrem Umfeld mit einem neuen Haarschnitt Ihr Trendbewusstsein kundtun wollen, dann dürften Sie hier richtig sein. Markenzeichen des Salons: individuelle, vielseitige und feminine Haarschnitte. Bei Toni & Guy herrscht eine kosmopolitische Atmosphäre: Übersetzen Sie «kosmopolitisch» mit «speak english». Und nicht vergessen: Lächeln gehört hier zur Nächstenliebe.

Ursula Kraus

Via Borgogna 7
☎ 02 76024672
Metro: M1/San Babila

Der zweite «In»-Salon der Stadt. Ursula Kraus setzt auf persönliche Beratung und verwendet ausschliesslich natürliche Aveda-Produkte. Deshalb steht der Laden mittlerweile für die natürlichsten Farben und Strähnen von ganz Mailand. Ausserdem verlässt bei Ursula Kraus niemand den Salon zu gestylt.

Kosmetik & Parfüms

In Mailand bekommen Sie alle internationalen Kosmetikmarken und Parfümdüfte. Ich habe mich deshalb auf einige Kultlabels und Specials beschränkt.

Acqua di Parma

Via Gesù 3   🖳 http://www.acquadiparma.it   TAX FREE
☎ 02 76023307
Metro: M3/Montenapoleone
AE-DC-MC-V
Eaux de Cologne, Duftessenzen, Badesalze & -öle

Diese Marke ist exklusiv. Wahrzeichen des Hauses ist das gelbe Eau de Cologne «Acqua di Parma». Ein klassisches Unisex-Wässerchen, das einst von grossen Hollywood-Stars wie Cary Grant, Ava Gardner oder Audrey Hepburn hinters Ohr geträufelt wurde. Produziert wird das feine Wässerchen immer noch aus denselben natürlichen Essenzen wie vor achtzig Jahren: etwas Lavendel, Rosmarin, Eisenkraut, sizilianische Zitrusessenzen ... und ein bisschen vom seltenen Duft der Bulgarischen Rose. Verkauft wird es auch heute noch in den schlichten, handgemachten Glasfläschchen wie anno dazumal. Wer es nicht in die weltweit (noch) einzige Acqua-di-Parma-Boutique nach Mailand schafft, kann sich auch in exklusiven Parfümerien und Modeboutiquen mit dem italienischen Kultwässerchen eindecken. Unter http://www.acquadiparma.it finden Sie eine umfassende Shopliste.

Aveda

Via Santo Spirito 7 ⌨ http://www.aveda.com
☎ 02 76025698 ⌨ http://www.aveda.it
Metro: M3/Montenapoleone
Montags geschlossen
AE-BA-DC-EC-MC-V
Kosmetik, Haar- & Körperpflegeprodukte, Duftkerzen

Es begann alles 1978 in einer Küche in Minneapolis, wo Horst Rechelbacher sein erstes Shampoo aus reinen Pflanzenessenzen zusammenbraute. Der Rest ist Geschichte. Avedas Erfolg basiert auf dem Grundprinzip der hinduistischen Heilslehre Ayurveda, wonach ausschliesslich destillierte Pflanzen- und Blumenessenzen für die Schönheitspflege verwendet werden. Mittlerweile bekommen Sie bei Aveda eine umfassende Pflegelinie für Haut und Haar, auch Kosmetik zum Selbermischen. Ausserdem können Sie sich verwöhnen lassen. Interesse? Bei Tee, Räucherstäbchen und New-Age-Musik klärt man Sie gerne über die verschiedenen Behandlungsmethoden (Gesichtsmasken, Rückenmassagen, Hydro-Body-Polish, Ganzkörper-Kräuterpackungen etc.) auf. In Mailand ist Aveda-Kosmetik auch in den Kaufhäusern **La Rinascente** (📖 S. 212) und **Coin**/Piazza 5 Giornate (📖 S. 213) erhältlich.

Caswell-Massey

Via Pietro Verri 1
☎ 02 76002494
Metro: M1/San Babila
AE-BA-DC-EC-MC-V
Eaux de Cologne & Körperpflegeprodukte

Ein Ableger der berühmten alten amerikanischen Drogerie, die sich mit ihren Duftwässerchen, Lotionen und Cremen einen Namen gemacht hat. Das hauseigene Rasierwasser «Number Six» soll sogar von George Washington benutzt worden sein. Das Geschäft sieht aus wie eine altmodische britische Drogerie und verkauft seine Produkte in derselben Verpackung wie anno dazumal.

Diego della Palma

Via Madonnina 13
☎ 02 876818
Metro: M2/Lanza
AE-BA-DC-EC-MC-V
Make-up-Studio mit eigener Kosmetikserie

Diego della Palma ist Italiens Starvisagist. Im Herzen des Künstlerviertels Brera hat er eine kleine Beauty-Oase geschaffen, wo Sie sich schminken lassen können oder lernen, es selbst zu tun – nur nach Voranmeldung! Sie bekommen dort auch die hauseigene Make-up-Serie. Diego-della-Palma-Kosmetika sind zudem im Edelkaufhaus **La Rinascente** (📖 S. 212) erhältlich.

✫ Etro Essenze e Profumi

Via Pietro Verri 📖 Designer-Special/S. 306
☎ 02 76005450
Metro: M1/San Babila
AE-BA-DC-EC-MC-V
Parfüms, Duftessenzen & Accessoires

Die Parfümboutique des italienischen Modedesigners Gimmo Etro ist eine Welt für sich: eingerichtet wie anno 1850 und vollgestopft mit romantischen Parfümflakons und Haaraccessoires. Der Laden verkauft orientalische Duftwässerchen und Blumendüfte aus Sandelholz, Bernstein, Lavendel und Co. Mein Lieblingsduft heisst «Heliotrope» – ein leichtes, klares Eau de Cologne aus Mandarinen- und Vanilleessenzen. Es soll sogar Leute geben, die sich täglich vor dem Aufstehen diese Edeltropfen hinters Ohr sprühen ...

Lush

Via Fiori Chiari 6 🖥 http://www.lush.it
☎ 02 72099022
Metro: M2/Lanza
🕐 MO: 16-23 DI-SA: 11-23
AE-BA-DC-EC-MC-V
Natur-Kosmetika

Ein Ableger der famosen Übersee-Firma, die Seifen, Badezusätze und Masken kiloweise verkauft. Seifen beispielsweise werden in gewünschter Grösse von einem Block abgeschnitten, gewogen und – wie ein Stück Käse – in ein Papier gewickelt.

☆ M.A.C.

Via della Spiga 30
☎ 02 76001671
Metro: M1/San Babila
AE-BA-DC-EC-MC-V
Kult-Kosmetika

Endlich ist sie auch in Mailand: die hippste Make-up-Linie der ganzen Welt – kurz: M.A.C. Das New Yorker Szene-Produkt (obwohl eigentlich kanadischer Herkunft) präsentiert sich in einem superschlichten Design, ist aber in seiner äusseren Wirkung äusserst effektvoll und haltbar. Die Lippenstifte sind absolut genial, und die Auswahl an matten Farben lässt sich kaum mehr überbieten. Models und Schauspielerinnen gehören zu den Kundinnen. Auch im Edelkaufhaus **La Rinascente** (📖 S. 212) erhältlich.

Madina

- Corso Venezia 23
☎ 02 76011692
Metro: M1/San Babila
- Via Tivoli 8
☎ 02 860746
Metro: M2/Lanza
- Via Meravigli 17/Ecke Corso Magenta
☎ 02 86915438
Metro: M1/Cordusio

AE-BA-DC-EC-MC-V
Make-up für Farbenfrohe

Eine relativ preiswerte Anlaufstelle für Schminkfreudige. Die junge italienische Kosmetikmarke bietet eine unglaubliche Auswahl an Schminksachen: Lippenstifte beispielsweise gibt es 400 verschiedene, und bei den Nagellacken können Sie aus 100 Farbnuancen wählen. Sie können sich hier auch schminken lassen.

Mazzolari

Corso Monforte 2
☎ 02 7620998
Metro: M1/San Babila
AE-BA-DC-EC-MC-V
Kosmetikdiscounter

Eine riesige Parfümerie, vollgepackt mit allem, was uns schöner macht: Parfüms, Körperpflegeprodukte, Make-up-Serien etc. Führen mehr als 70 internationale Marken. An der Kasse bekommen Sie 20 Prozent Rabatt.

Profumo

Via Brera 6
☎ 02 72023334
Metro: M3/Montenapoleone
AE-BA-DC-EC-MC-V
Kosmetik, Parfüms, Duftessenzen, Badesalze & Co.

Profumo ist ein kleines Wunderland für Wellness-Fans. Sie finden dort exklusive Pflegeprodukte auf natürlicher Basis, darunter auch einige einzigartige Sachen. Ausserdem mag ich die Auswahl an Duftessenzen, die hier geboten wird.

Rancé & C.

Corso Magenta 15/A
☎ 02 72022290
Metro: M1, M2/Cadorna
AE-BA-DC-EC-MC-V
Parfüms

Eine Parfümlegende. Die hauseigenen Parfüms werden seit mehr als 200 Jahren verkauft und heute noch nach den französischen Originalrezepturen aus dem 18. Jahrhundert hergestellt. Bei Rancé & C. soll auch Napoleon Bonaparte sein Lieblingswässerchen bezogen haben. Die Stärke des Parfüms wird noch heute den persönlichen Wünschen des Kunden angepasst.

Shu Uemura

Via Brera 2 🖳 http://www.shuuemura.com
☎ 02 875371
Metro: M3/Montenapoleone
AE-BA-DC-EC-MC-V
Kult-Kosmetika

Shu Uemura ist der japanische Kosmetik-Guru schlechthin. Inzwischen gibt es seine Produkte in allen Metropolen der Welt, mittlerweile auch in einem eigenen Shop im Brera-Viertel von Mailand. Diese «cleane» Make-up-Serie hat in bestimmten Kreisen schon Kultstatus.

Modeschmuck

Agatha

Corso Genova 2
☎ 02 89404048
ab Dom/Via Torino: Tram 2, 14
BA-EC-MC-V
Modeschmuck
••

Ein Ableger der bekannten Pariser Modeschmuckkette. Sie bekommen dort eine herrliche Auswahl an modischen Schmuckaccessoires, insbesondere Halsketten, Armbänder, Ringe, Ohrringe und Anhänger. Erschwingliche Preise, deshalb in jungen Kreisen sehr beliebt.

Demalde' Elvio

Via Ponte Vetero 22
☎ 02 86460428
Metro: M2/Lanza
AE-BA-DC-EC-MC-V
Originale & Reproduktionen aus den glorreichen 20ern, 30ern und 50ern
••/•••

Demalde' Elvio ist Spezialist für ausgefallene Einzelstücke aus alten Zeiten. Die Palette reicht von extrem bis kitschig, und Sie finden dort Modeschmuck aus den unterschiedlichsten Materialien. Eine wahre Fundgrube für Egozentriker.

Marangoni

Viale Papiniano 38
☎ 02 4812275
Metro: M2/Sant'Agostino
Nehmen keine Kreditkarten
Auffällige und glamouröse Modeschmuckkreationen
••/•••

Marangoni wandert auf dem schmalen Grat zwischen Modeschmuckproduzent und Modeschmuckdesigner. Die Kunsthandwerkstatt fertigt extravagante Schmuckkreationen fürs Theater und die Filmbranche. Und natürlich auch für Leute, für die das Leben eine Bühne ist. Ganz nach dem Motto: «Nichts ist zuviel.»

☆ Pellini

• Via Santa Maria alla Porta 13
☎ 02 72010569
Metro: M1/Cordusio

- Via Morigi 9
☎ 02 72010213
ab Dom/Via Torino: Tram 3
- Via Manzoni 20
☎ 02 76008044
Metro: M3/Montenapoleone

AE-BA-DC-EC-MC-V
Trendige Modeschmuckkreationen & Accessoires
••/•••

Donatella Pellini fertigt den passenden Modeschmuck zu den aktuellen Trends in der Prêt-à-porter-Fashion. Im Hauptgeschäft an der Via Santa Maria alla Porta finden Sie zudem Stücke von bekannten Modedesignern, coole Plastikkreationen und Reproduktionen aus den Vierzigern und Fünfzigern, aber nicht nur. Ein Muss, wenn Sie mich fragen.

Plexilandia

Via P. Castaldi 42
☎ 02 29524666
Metro: M1/Porta Venezia
AE-MC-V
Moderner Modeschmuck aus Plexiglas
••

Eine kleine Oase für Plexiglasfans. Die Kreationen sind herrlich, der Stil schlicht, ausserdem sind die Preise reell. Für Armreife zahlen Sie zwischen 40 000 und 70 000 Lire.

Sharra Pagano

Via della Spiga 7   🖳 http://www.sharrapagano.it
☎ 02 76002578
Metro: M1/San Babila
AE-BA-DC-EC-MC-V
Eleganter Modeschmuck, auch Silber- & Kristallsachen
••/•••/••••

Der grosse Klassiker der Stadt. Bei Sharra Pagano kauft die traditionelle Mailänderin ein. Sie finden dort alles mögliche, das meiste allerdings ist von zeitlos elegantem Design. Wer im Revival des viktorianischen Stils schwelgen möchte, dürfte hier ebenfalls fündig werden. Manches kostet relativ wenig, anderes ist ziemlich teuer.

Ultima Edizione

Corso Venezia 8   🖳 http://www.ultimaedizione.it   TAX FREE
☎ 02 76028086
Metro: M1/San Babila
AE-BA-DC-EC-MC-V
Modeschmuck aus Metall & Silber
••/•••

Ein bekannter italienischer Modeschmuckproduzent,
der seine Produkte mittlerweile auf der halben Welt
verkauft. Falls Sie sich für viel Glanz und Glimmer
begeistern können, dann sind Sie hier goldrichtig.
Alles, was Sie bei Ultima Edizione bekommen, ist übrigens anti-allergisch behandelt.

Schmuck & Edeluhren

Schmuckkauf ist Einstellungssache. Es gibt Leute, die
kaufen, was ihnen gefällt. Ich gehöre auch dazu. Mir
ist es ziemlich egal, ob ein Schmuckstück eine gute
Investition ist oder nicht, und ehrlich gesagt, das Wert-
steigerungspotential von Pretiosen interessiert mich
noch viel weniger. Und trotzdem verstehe ich Menschen, die auf Nummer Sicher gehen wollen. Denn die
Schmuck- und Juwelenpreise sind wenig transparent,
und da kann ein vertrauenswürdiger Name Gold wert
sein. Natürlich geben Sie dort mehr aus als anderswo,
aber Sie können dafür auch sicher sein, dass man Sie
nicht über den Tisch zieht. Darüber hinaus ist der Service in diesen Läden ausgezeichnet. Wer bei **Bulgari,
Cartier und Co.** einkauft, der kann seine Schmuckstücke auch jederzeit wieder verkaufen, egal, wie alt
sie sind. Einzelne Stücke gewinnen im Lauf der Zeit
sogar an Wert.

Alle Juweliergeschäfte, die sich im Goldenen Dreieck
niedergelassen haben, sind absolut integer – das können Sie mir ruhig glauben. Und es sind nicht wenige:
Weit mehr als dreissig Juweliere werben in den beiden Luxusstrassen Via Montenapoleone und Via della
Spiga um die Gunst kaufkräftiger Kunden. Sie finden
dort alles Mögliche, in allen Stilrichtungen und Preis-
kategorien. Ich habe mich deshalb auf die grossen
Klassiker beschränkt.

Bulgari

Via della Spiga 6 🖳 http://www.bulgari.it TAX FREE
☎ 02 76005406
Metro: M1/San Babila
AE-BA-DC-EC-MC-V
Schmuck, Uhren, Silber- & Lederwaren
••/•••/••••

Bulgari ist das grösste Juwelierhaus Italiens: Was sich aus dem unbedeutenden Silberwarengeschäft des griechischen Emigranten Sotirio Bulgari entwickelt hat, ist heute das drittgrösste Schmuckunternehmen mit mehr als 50 Dependancen weltweit. Es produziert auch hochkarätige Edeluhren: Das 1977 auf den Markt gebrachte Modell «Bulgari-Bulgari» ist übrigens noch heute der Uhren-Bestseller des Hauses. Weil man im Nobelhaus Bulgari künftig stärker mit der wohlhabenden Mittelschicht ins Geschäft kommen will, hat man das Sortiment um eine eigene Modeschmucklinie und eine exklusive Lederwarenkollektion erweitert. Das sollten Sie sich nicht entgehen lassen.

Cartier

• Via Montenapoleone 16   TAX FREE
☎ 02 76001610
Metro: M1/San Babila
• Via Omboni 1/Ecke Corso Buenos Aires
☎ 02 2049984
Metro: M1/Porta Venezia
• Corso Vercelli 2
☎ 02 48009686
Metro: M1/Conciliazione

AE-BA-DC-EC-MC-V
Schmuck, Uhren, Lederwaren & exklusive Geschenkideen
•••/••••

Die Pariser Schmuckdynastie ist mit mehr als 120 Boutiquen «il numero uno del mondo». Der Name Cartier steht weltweit für hochkarätige Pretiosen und Schmuckuhren. Weltbekannt ist zum Beispiel das Uhrenmodell «Santos»: Entwickelt wurde es 1904 für den Flieger Alberto Santos-Dumont, und kaufen können Sie dieses famose Modell heute noch. Ich selbst trage eine Santos, und das seit zehn Jahren, Tag und Nacht. Meine Uhr sieht heute noch wie neu aus, und ich hatte noch nie eine Reparatur. Bezahlt habe ich damals 2400 Franken, heute kostet dasselbe Modell 3800 Franken. Eine gute Investition. Wer im Hauptgeschäft an der Via Montenapoleone einen Blick ins Schaufenster wirft, der kann dort die kostbarsten Diamantenkreationen des Hauses bewundern: mehrreihige Diamantencolliers, Diamantenringe, Schmuckuhren etc. Wenn ich mich im Goldenen Dreieck aufhalte, dann gehört bei mir Window-Shopping bei Cartier zum ultimativen Pflichtprogramm. Die beiden anderen Shops in Town sind kleiner und weniger prestigeträchtig.

Faraone Tiffany & Co.

Via Montenapoleone 7/A   🖳 http://www.tiffany.com
☎ 02 76013656
Metro: M1/San Babila
AE-DC-V
Schmuck, Uhren, Silberwaren & exklusive Geschenkideen
••/•••/••••

Angefangen hat alles 1837 mit 1000 Dollar Startkapital. Charles Lewis Tiffany und sein Freund John P. Young eröffneten damals in New York ein Geschäft mit Papeteriewaren und Fantasieobjekten. Später ergänzten sie ihr Sortiment durch Uhren, Silberwaren und Bronzegegenstände. 1848 kam auch das spätere Hauptgeschäft von Tiffany hinzu: Schmuck- und Diamantenkollektionen. Was daraus geworden ist, wissen wir alle: das amerikanische Juwelierhaus schlechthin. Bei Tiffany & Co. müssen Sie nicht unbedingt 10 000 000 Lire ausgeben, wenn Sie etwas kaufen wollen. Es gibt auch Kleinigkeiten für 200 000 Lire und vieles für 500 000 bis 1 000 000 Lire. Wunderbar sind zum Beispiel die Sterlingsilber-Schmuckkreationen. Die Mailänder Dependance präsentiert sich im üblichen konservativen Tiffany-Stil mit viel Holz. Im Untergeschoss werden englische Sammlerstücke verkauft, im Parterre die exklusiven Faraone-Kollektionen und im ersten Stock Silberschmuck, Accessoires und Geschenkartikel.

Milleperle

Via Montenapoleone 12 (im 1. Stock)
☎ 02 794408
Metro: M1/San Babila
Montags geschlossen
AE-EC-MC-V
Perlen, vereinzelt auch Gold- und Diamantenschmuck
••/•••/••••

Wir alle wissen, Zuchtperlen gibt es in den unterschiedlichsten Qualitäten. Wer sich nicht auskennt, hat kaum eine Chance, den wirklichen Wert einer Perle richtig einzuschätzen. Wenn Sie eine qualitativ hochwertige Perlenkette kaufen wollen, dann sollten Sie das in einem renommierten Geschäft tun. Milleperle ist so ein Geschäft. Als einziger exklusiver Perlenladen in ganz Mailand führt er eine unglaubliche Auswahl an Perlen in den unterschiedlichsten Grössen und Farben: weiss, cremefarben, rosa, silbern, golden und schwarz. Sämtliche Zuchtperlen sind mit einem Qualitätszertifikat versehen; sie stammen aus Australien, Indonesien, Japan oder Tahiti. Fertigt auch nach Kundenwünschen.

Pisa

- Via Pietro Verri 9
☎ 02 762081
Metro: M1/San Babila
- Via Pietro Verri 10
☎ 02 76208316
Metro: M1/San Babila
- Via Montenapoleone 4
☎ 02 76208318
Metro: M1/San Babila

AE-BA-DC-EC-MC-V
Uhren
•••/••••

Mailands Edelboutique für prestigeträchtige Uhrenmarken: von Blancpain über Ebel bis zu Piaget. Pisa ist auch der offizielle Vertreter von Rolex, Patek Philippe und A. Lange & Söhne in Mailand. Die Preise sind hoch, aber dafür hat das Geschäft einen tadellosen Ruf. Die Boutique an der Via Montenapoleone richtet sich an zahlungskräftige Yuppies.

Einige **ausgefallene Schmuckadressen:**

Anaconda

Via Bergamini 7
☎ 02 58303668
ab Dom/Via Mazzini: Tram 12, 20 oder 27
AE-BA-MC-V
Innovatives Schmuckdesign
••/•••/••••

Bekannt geworden ist die Schmuckdesignerin Monica Rossi mit ihren unkonventionellen Kreationen aus einfachen Materialien, insbesondere aus Metall, Porzellan und Glas. Mittlerweile bekommen Sie hier auch Schmuckstücke aus Edelmetallen und Perlen, sie sind allerdings nach wie vor von klarem, schlichtem Design.

Joaquin Berao

Via Durini 5   🖳 http://www.joaquinberao.com
☎ 02 76003993
Metro: M1/San Babila
AE-BA-DC-EC-MC-V
Handgefertigtes Schmuckdesign aus Bronze, Gold & Silber
••/•••/••••

Der gebürtige Madrider ist in der Mailänder Schmuckszene bekannt für seinen Bronzeschmuck. Joaquin Berao vergoldet Bronze, mattiert oder patiniert sie, und bei der Formgebung lässt er sich am liebsten von der Natur inspirieren. Sie finden hier auch aussergewöhnliche Gold- und Silberkreationen. Weitere Filialen sind in Madrid, Barcelona, Valencia und Tokio.

Pomellato

Via San Pietro all'Orto 17   🖳 http://www.pomellato.it   TAX FREE
☎ 02 76006086
Metro: M1/San Babila
AE-BA-DC-MC-V
Schmuck, Uhren, Silberwaren & exklusive Geschenkideen
••/•••/••••

Ein bekannter Juwelier, der sich mit extravaganten Kreationen einen Namen geschaffen hat: von riesigen Ohrringen im Ethno-Stil bis zu Goldringen mit bunten Edelsteinen. Alle Stücke sind aus hochwertigen Materialien gefertigt und wirken einzigartig. Unter Insidern haben Pomellato-Pretiosen mittlerweile einen Erkennungswert von hundert Prozent. Sehr beliebt bei internationalen Trendsettern.

San Lorenzo

Via L.A. Melegari 4
☎ 02 796438
Metro: M1/Palestro
Nehmen keine Kreditkarten
Silberdesign
••/•••

Ohne Voranmeldung geht bei San Lorenzo gar nichts. Und trotzdem gibt es gute Gründe, den Ausstellungsloft zu besuchen: Mit rund 300 Designer-Schmuck-stücken führt San Lorenzo das grösste Sortiment an zeitgemässem Silberdesign in ganz Mailand. Zu be-wundern sind u.a. Kreationen der beiden famosen ita-lienischen Designer-Ehepaare Afra & Tobia Scarpa und Lella & Massimo Vignelli. Führen auch Silberkollektio-nen von weniger bekannten Designern: u.a. von Anto-nio Piva, Luigi Veronesi und Maria Luisa Belgiojoso. Einkaufen können Sie hier nur auf Bestellung.

Sonnenbrillen

Eine Sonnenbrille zu tragen gehört in Mailand zum per-fekten Lifestyle-Look. Ich habe mich mittlerweile nicht nur daran gewöhnt, sondern bin sogar selbst zur Sonnenbrillen-Fetischistin mutiert. Meine Lieblings-adresse:

☆ Tuttosole

Via Fiori Chiari 24
☎ 02 86451666
Metro: M2/Lanza
AE-BA-DC-EC-MC-V
Sonnenbrillen in allen Preislagen

Sie suchen eine Sonnenbrille? Dann bitte mir nach zu Tuttosole: Der Laden führt eine atemberaubende Aus-wahl an Sonnenbrillen jeglicher Art, von coolen No-Names bis hin zu Designerstücken. Falls Sie sich in der Nähe des Doms aufhalten, dürfte auch der Lifestyle-Laden von Fiorucci eine lohnende Adresse für Sie sein: Im zweiten Stock vom **Fiorucci Dept. Store** (📖 S. 126) finden Sie ebenfalls eine angemessene Auswahl an Sonnenbrillen.

Apropos Brillen: Ich kenne Leute, die alle zwei bis drei Jahre mit ihrem Brillenrezept nach Bangkok reisen und sich dort preiswert mit qualitativ guten No-Name-Brillen eindecken. Sollten Sie auch dazugehören, dann gebe ich Ihnen jetzt einen guten Rat: Sparen Sie sich künftig das Flugticket nach Bangkok, und fahren Sie mit dem Auto nach Italien, genau genommen nach Schio/Venetien. Dort gibt es einen **Fabrikverkauf,** besser gesagt: einen Insiderladen namens **Super-ottica.** Er führt eine grandiose Auswahl an Brillengestellen von bekannten Designern und Marken, die nur einen Bruchteil dessen kosten, was Sie hierzulande in einem renommierten Geschäft dafür ausgeben müssten. Ein paar Beispiele: **Ralph Lauren-**Gestelle kosten 130 000 Lire, die Gucci-Variante 135 000 Lire, und für Marken wie **Police, Brooks Brothers** oder **Burberry** zahlen Sie um die 145 000 Lire. Die meisten Modelle sind übrigens aus Metall. Ausserdem können Sie bei Superottica kostenlos einen Sehtest machen lassen und auch gleich das passende Brillenglas aussuchen: Kratzfeste Antireflexgläser kosten 190 000 Lire, Kunststoffgläser dagegen nur 59 000 Lire. Die fixfertige Brille wird Ihnen später zugesandt. Und dann, meine Lieben, sind Sie im Besitz einer Designerbrille, die rund 300 DM gekostet hat – das nenn' ich ein Schnäppchen! Die Adresse:

Superottica

Via S.S. Trinità 94   🖳 http://www.superottica.it
36015 Schio/VI
☎ 0445 520511
🕓 MO: 15-19   DI-SA: 9-12/15-19
Nehmen alle gängigen Kreditkarten
Hochwertige Brillen & Sonnenbrillen
Sie sparen: 50 Prozent, teilweise auch mehr

Wegbeschreibung: Autobahn A31 Vicenza–Piovene Rocchette, Ausfahrt Thiene. Fahren Sie nach Schio. In Schio folgen Sie den Wegweisern nach Asiago. Unmittelbar nach der weissen Kirche San Trinità befindet sich zur rechten Hand der Fabrikverkauf von Superottica.

Hutmacher

Atelier Lorenzo Borghi

Via dei Piatti 5
☎ 02 874705
Metro: M1, M3/Duomo
Nehmen keine Kreditkarten
Klassisch-elegante Hutkreationen
•••/••••

Lorenzo Borghi, ein renommierter Hutmacher in Mailand, hat sein Atelier in einer schmalen Seitengasse der gutbürgerlichen Einkaufsstrasse Via Torino. Sie bekommen dort elegante Damenhüte aus seiner Kollektion, können aber auch persönliche Eigenkreationen anfertigen lassen – allerdings keine dieser extravaganten Eyecatcher-Hütchen «à la Philip Treacy».

Borsalino

- Via della Spiga 14 🖳 http://www.borsalino.it [TAX FREE]
☎ 02 76022724
Metro: M1/San Babila
- Corso Vittorio Emanuele 5
☎ 02 8690805
Metro: M1, M3/Duomo
- Galleria Vittorio Emanuele 92
☎ 02 874244
Metro: M1, M3/Duomo

AE-BC-DC-EC-M-V
Elegante Kopfbedeckungen für sie und ihn
•••

Bei Borsalino kauft die italienische Kundschaft, die etwas auf sich hält: und zwar von der Melone für den Herrn bis zur eleganten Pillbox für die Dame. Wussten Sie, dass diese italienischen Klassiker noch heute so fabriziert werden wie vor hundert Jahren? Also, meine lieben Hutfetischisten, wenn Sie noch keines dieser Edelstücke besitzen, dann wird es Zeit, dass Sie Ihre Sammlung auf Vordermann bringen. Denn «wer Hut sagt, meint Borsalino». Zumindest die Italiener sehen das so.

Mutinelli

Corso Buenos Aires 5
☎ 02 29523594
Metro: M1/Porta Venezia
AE-BC-DC-EC-M-V
Klassische Hüte für sie und ihn
••/•••

Ein alteingesessenes Mailänder Hutgeschäft, das schon Hüte verkauft hat, als Hütetragen noch als schick galt. Der Laden führt die ganze Bandbreite an klassischen Modellen, von der preiswerten Eigenlinie bis zum teureren Borsalino-Hut.

SHOPPING-KLASSIKER & MÄRKTE

Bücher

L'Archivolto

Via Marsala 3
☎ 02 6590842
Metro: M2/Moscova
AE-DC-V

L'Archivolto ist eine Fachbuchhandlung für Architekten und Designfreaks. Hier gibt es Hunderte von Titeln rund ums Design, italienische Bücher und internationale Publikationen. Ausserdem führt der Laden einen umfangreichen und stets aktuellen Katalog über Periodika und Sonderhefte zu einzelnen Teilgebieten. Ich mag dieses Geschäft auch wegen seiner kompetenten Beratung.

La Borsa del Fumetto

Via Lecco 16
☎ 02 29513883
Metro: M1/Porta Venezia
Nehmen keine Kreditkarten

Ein ganzer Laden voller Comics, von Disney bis Manara. Sie finden dort auch Raritäten, Sammlerstücke und Tausende von alten Ausgaben. Stets voller Leute, insbesondere an Samstagen.

☆ Libreria Internazionale Hoepli

Via Hoepli 5
☎ 02 864871
Metro: M1, M3/Duomo
AE-BA-DC-EC-MC-V

Das grösste und nach meinem Dafürhalten auch das beste Buchimperium der Stadt. Die Auswahl ist riesig und übersichtlich sortiert: Auf fünf Stockwerken finden Sie alles mögliche, insbesondere literarische Titel, Sachbücher und aktuelle Publikationen. Ich habe hier schon einen wunderschönen französischen Mode-

Dictionnaire des 20. Jahrhunderts gekauft, ein Nach-
schlagewerk übrigens, das ich sehr häufig zur Hand
nehme. Die Design-Abteilung ist auch sehr gut. Was
ich allerdings überhaupt nicht schätze, ist die Tatsache, dass es bei Hoepli überhaupt keine Sitzecken
zum Schmökern gibt.

Libreria Milanese

Via Meravigli 18
☎ 02 86453154
Metro: M1/Cordusio
Nehmen keine Kreditkarten

Ein Muss für Mailand-Fans. Diese kleine Buchhandlung verkauft sämtliche Publikationen über Mailand.
Ich schaue hier regelmässig vorbei.

Librerie Feltrinelli

• Via Manzoni 12   🖳 http://www.feltrinelli.it
☎ 02 76000386
Metro: M3/Montenapoleone
• Via Santa Tecla 5
☎ 02 86463120
Metro: M1, M3/Duomo
• Corso Buenos Aires 20
☎ 02 29531790
Metro: M1/Lima

AE-BA-DC-EC-MC-V

Eine gigantische Kette mit zig Filialen in Italien. Zugegeben, es gibt bessere Buchhandlungen in Mailand,
aber ich schätze Feltrinelli wegen seines breiten Sorti-
ments: Sie bekommen hier Kinderbücher, Hobby-
bücher, Reiseführer, Romane, Sachbücher, ja sogar
Sonderhefte und Zeitschriften. Führen auch englische
und deutsche Titel. Alle drei Geschäfte sind auch sonntags von 10 bis 13 und von 15.30 bis 19.30 Uhr geöffnet.

Rizzoli

Galleria Vittorio Emanuele 79
☎ 02 86461071
Metro: M1, M3/Duomo
AE-BA-EC-MC-V

Rizzoli gehört zu den beliebtesten und renommierte-
sten Buchhandlungen der Stadt. Das Geschäft bietet
auf drei Etagen eine umfassende Auswahl an Büchern

jeglicher Art. Für grosse Klassiker und Reiseführer die beste Anlaufstelle in Town. Führen zudem Bücher in anderen Sprachen. Rizzoli hat auch sonntags geöffnet, von 10 bis 13.30 und von 15 bis 19.30 Uhr.

CDs

Buscemi Dischi

Corso Magenta 31
☎ 02 86455265
Metro: M1/Cordusio
Nehmen keine Kreditkarten

Eine geeignete Quelle für Musikfans jeglicher Stilrichtung: von Jazz über Pop und Rock bis zu Klassik. Ausserdem gehört Buscemi Dischi zu den raren CD-Allroundern, bei denen selbst den Jazz- und Klassikliebhabern die Augen übergehen, weil es hier neben den üblichen Standard-CDs auch Raritäten gibt. Beispielsweise bekommen Sie hier Miles Davis' Song «A Kind of Blue» in allen existierenden Versionen. Buscemi Dischi hat zudem immer zahlreiche Special Offers, was auch der Grund dafür ist, dass es hier meistens von Leuten nur so wimmelt, insbesondere an Samstagen.

Ricordi Media Store

- Galleria Vittorio Emanuele
☎ 02 86460272
Metro: M1, M3/Duomo
- Corso Buenos Aires 33
☎ 02 29526244
Metro: M1/Lima

AE-BA-DC-EC-MC-V

Ein gigantischer Multimedia-Shop, wo Sie eine immense Auswahl an CDs, Kassetten, Videos, Büchern und Computersoftware vorfinden, die definitiv jeden Geschmack befriedigt. Selbst Musikinstrumente sind im Angebot. Die Preise entsprechen denen eines Megastores, und einmal im Monat werden einen ganzen Tag lang sämtliche CDs und Videos mit einem Preisnachlass von 20 Prozent verkauft. Nicht schlecht, oder? Das grössere Hauptgeschäft am Dom leistet sich zudem individuelle Öffnungszeiten: Wochentags ist der Media Store bis 23.30 geöffnet, sonntags jeweils bis 20 Uhr.

Virgin Megastore

Piazza del Duomo 8
☎ 02 72003354
Metro: M1, M3/Duomo
AE-BA-DC-EC-MC-V

Ein Ableger des grossen, internationalen Musikimperiums, das mittlerweile in vielen Grossstädten der Welt die Musik-Verkaufszene stark mitprägt. Dieser Musiktempel führt ein unglaubliches, fast schon grenzenloses Angebot an CDs; Sie finden dort aber auch Bücher, Videos, Zeitschriften und kleine Geschenkideen. Virgin Megastore bietet zudem auch immer Special Offers an, ansonsten aber sind die Preise nicht tiefer als anderswo. Täglich bis 24 Uhr geöffnet.

Secondhand-Platten

Falls Sie lieber in einem Laden für gebrauchte Platten herumstöbern, sollten Sie einen Abstecher ins nostalgische Navigli-Viertel machen, wo Sie an schönen Tagen ausserdem ein malerisches Mailand mit seinen alten Wasserkanälen entdecken können.

Il Discomane

Alzaia Naviglio Grande 38
☎ 02 89406291
Metro: M2/Porta Genova
AE-MC-V

Mailands Mekka der Secondhand-Platten: Hier treffen sich die passionierten Plattensammler auf der Suche nach Trouvaillen. Grundsätzlich finden Sie hier alles mögliche in allen Stilrichtungen, vor allem aber Rock, Jazz und Klassik, auch Raritäten. Mittlerweile verkauft das Geschäft auch gebrauchte CDs. Il Discomane ist zudem jeden letzten Sonntag des Monats bis 19 Uhr geöffnet. Montags geschlossen.

Delikatessen

Falls Sie sich für die italienische Küche interessieren, dürften Sie Ihren Mailand-Trip ohne Besuch eines Feinschmecker-Tempels als unvollständig empfinden. Zumal die Mailänder Delikatessen-Geschäfte so einige Köstlichkeiten und Spezialitäten auf Lager haben. Wer nur einen kurzen Abstecher in die Gourmet-Szene machen will, soll zum Dom fahren und von dort aus die kleinen Seitenstrassen **Via Spadari, Via Victor Hugo** und **Via Cantù** aufsuchen. Hier liegt auch Mailands Gourmet-Tempel **Peck,** ein Muss, wenn Sie mich fragen. Auch interessant: **Garbagnati** (Via V. Hugo 3), die **Pasticceria Galli** (Via V. Hugo 21) und die **Rotisserie von Peck** (Via Cantù 3).

Enoteca Cotti

Via Solferino 42
☎ 02 29001096
Metro: M2/Moscova
MC-V
Weine & Spirituosen

Ein Mailänder Klassiker. Seit 1920 steht Cotti im Dienste des roten Edeltrunkes. Rund 1300 verschiedene Etiketten stehen zur Auswahl: Die Palette reicht von jungen Weinen über ältere Jahrgänge bis hin zu erlesenen Raritäten. Nur beste Qualität. Sie bekommen hier auch Champagner, Spirituosen (u.a. zig Grappa-Sorten) und ausgewählte Gourmet-Spezialitäten, beispielsweise gewürzte Olivenöle.

Garbagnati

Via V. Hugo 3
☎ 02 860905
Metro: M1, M3/Duomo
AE-BA-DC-EC-MC-V
Brot & andere Backwaren

Der Ruf dieses Bäckers ist legendär. Garbagnati führt Brot und Gebäck jeglicher Art, auf Bestellung auch ungesäuertes oder koscheres. Vor Weihnachten bekommen Sie hier den berühmten «Garbagnati-Panettone», der zu den besten der Stadt gehört.

Gourmet House Tea Time

Via Ponte Vetero 6
☎ 02 72023131
Metro: M2/Lanza
AE-V
Spezielle Teesorten, auch: Honig, Marmelade, Pralinen & Gewürze

Tea Time ist eine kleine Augenweide und für den Gaumen ein Schlaraffenland. Wenn für Sie Teetrinken Kultstatus hat, dann müssen Sie in diese Oase eintauchen. Hier bekommen Sie alles mögliche, was der passionierte Teetrinker so braucht: Teekannen, Teegeschirr, auch Teesiebchen und rund 120 verschiedene Teesorten. Wussten Sie eigentlich, dass man bis zu 110 000 Lire für 100 Gramm Tee ausgeben kann? Diese Auserlesenheit nennt sich «Yin Zhen» und gehört zu den weissen chinesischen Teesorten. Gourmet House Tea Time gilt ausserdem als ganz heisser Insider-Tip für Pralinenfans: Der Codename heisst «Valrhona» – eine unbeschreibliche Verführung, seit es Schokolade gibt.

Il Salumaio

Via Montenapoleone 12 (im Hinterhof)
☎ 02 76001123
Metro: M3/Montenapoleone
AE-BA-DC-EC-MC-V
Delikatessen

Inmitten des hochkarätigen Modeviertels liegt der Mailänder Gourmet-Klassiker etwas versteckt in einem lauschigen Innenhof. Ravioli, gefüllte Teigtaschen; Käse-, Wurst- und Trüffelspezialitäten; eingelegte Auberginen, Tomaten, Artischocken und Pilze ... feine Desserts ... erlesene Weine – was will der Mensch noch mehr? Essen können Sie bei Il Salumaio übrigens auch. Die Mode-Schickeria trifft sich hier regelmässig zum leichten Mittagsmahl. Die Preise sind fair, und «gesehen werden» gehört hier zum guten Ton.

L'Antica Arte del Dolce

Via Anfossi 10
☎ 02 55194448
ab Dom/Via Mazzini: Tram 12, 27
AE-BA-DC-EC-MC-V
Konditorei

Ein verheissungsvoller Name: Im Reich von Ernst Knam, dem Ex-Chefpatissier von Gualtiero Marchese, bekommen Sie die besten süssen Versuchungen der City. Berühmt ist der Laden für seine Schokoladentorten, absolute Kalorienbomben, aber sie sind die Sünde wert!

Nuova Casa del Fungo e del Tartufo

Via Anfossi 13
☎ 02 5466801
ab Dom/Via Mazzini: Tram 12, 27
AE-BA-DC-EC-MC-V
Pilze & Trüffel

Das kleine, feine Pilzgeschäft liegt schräg gegenüber von **L'Antica Arte del Dolce,** es ist Mailands Insider-Tip für Pilzfans, die keine Unkosten scheuen. Hier finden Sie die aromatischsten Trüffel der ganzen Stadt, die besten Steinpilze und andere Pilzdelikatessen. Ich kaufe hier am liebsten eingemachte oder getrocknete Pilze, und die schenke ich dann meinen Freunden zu Hause. Um die Weihnachtszeit sind diese wunderschön verpackten Gourmet-Häppchen übrigens eine heissbegehrte Ware.

Pasticceria Galli

Via V. Hugo 21
☎ 02 86464833
Metro: M1, M3/Duomo
AE-BA-DC-EC-MC-V
Konditorei

Die «marrons glacés» von Giovanni Galli sind in ganz Mailand ein Begriff. Wenn es Ihnen was bedeutet, sich als Kenner der Mailänder Gourmet-Szene zu outen, dann heisst Ihre Bestellung: Kastanien im Zuckerguss – «e basta». Verkaufen auch feinste Pralinen, süsses Mandelgebäck und nicht unbedingt zahnfreundliche Bonbons.

☆ Peck

Via Spadari 9   ⌨ http://www.peck.it
☎ 02 86460104
Metro: M1, M3/Duomo
AE-BA-DC-EC-MC-V
Delikatessen

Peck ist die kulinarische Hochburg von Mailand. Hier gibt es alles, was das Gourmetherz höher schlagen lässt: den besten Kaviar, die feinsten Pasteten und das zarteste Krebsfleisch. Fast nicht mehr zu überbieten ist die Käseabteilung mit ihrer riesigen Auswahl; darunter finden Sie auch echte Raritäten, wie beispielsweise den «Bitto Valtellinese» oder den «Langres». Auch ladenarchitektonisch gesehen, hat Peck einiges zu bieten. Ein grosser, runder Glaslift führt Sie in die unteren Gefilde zur Wein- und Spirituosenabteilung oder nach oben zu Kaffee (21 verschiedene Mischungen), Tee (120 verschiedene Sorten) und Feingebäck. Wenn Sie, wie ich, Kaffeeliebhaber sind, dann tun Sie sich etwas Gutes, und leisten Sie sich eine dieser köstlichen Kaffeemischungen. Im ersten Stock gibt es zudem ein Café, wo Sie etwas trinken und eines dieser herrlichen Gebäckstückchen kosten können. Die Qualität rechtfertigt die Preise.

Ganz in der Nähe vom Hauptgeschäft befindet sich auch der Schnellimbiss von Peck, die **Rosticceria Peck.** Sie bekommen dort die beste Schnellverpflegung der ganzen Stadt: Werktags essen dort die Angestellten der umliegenden Firmen Risotto oder Lasagne, und sonntags holen sich die Mailänder hier ihr geliebtes Hähnchen vom Spiess.

Rosticceria Peck

Via Cantù 3
☎ 02 8693017
Metro: M1, M3/Duomo
AE-BA-DC-EC-MC-V

Geschenke

Ercolessi

- Corso Vittorio Emanuele 15
☎ 02 76000607
Metro: M1, M3/Duomo
- Corso Magenta 25
☎ 02 86452444
Metro: M1/Cordusio

AE-BA-DC-EC-MC-V
Schreibwaren & Füller
••/•••/••••

Alle, die auf Füllfederhalter stehen, dürften hier ausflippen. Ercolessi verkauft seit 1921 Füller und Schreibwaren (fast) aller bekannten Marken, auch limitierte Editionen und Sammlerstücke. Der neuere Laden am Corso Magenta ist grösser und moderner als das alte Hauptgeschäft am Dom und bietet zudem auch eine beachtliche Auswahl an Schreibutensilien.

G. Lorenzi

Via Montenapoleone 9
☎ 02 76022848
Metro: M1/San Babila
AE-BA-DC-EC-MC-V
Messer, Pfeifen, Accessoires für Raucher, Toiletten- & Reiseartikel
●●●/●●●●

G. Lorenzi gehört zu den berühmten Namen in Mailand. Diese Sammelsurium-Boutique erinnert mehr an ein Museum als an einen Laden. Das Geschäft verkauft der Oberschicht exklusive Gebrauchsutensilien jeglicher Art, spezialisiert hat es sich allerdings auf hochwertige Messer: vom edlen Küchenmesser bis hin zum Rasiermesser mit Hornbesatz. Manche Stücke sind so speziell und erlesen, dass sie fast schon als Kunstwerke durchgehen könnten. Entsprechende Preislage. Wer vergoldete Kaviarlöffel oder etwas in der Art sucht, dürfte hier richtig sein.

Pineider

Corso Europa 13   🖥 http://www.pineider.it
☎ 02 76022353
Metro: M1/San Babila
AE-BA-DC-EC-MC-V
Schreibwaren & Geschenkideen
●●/●●●/●●●●

Pineider ist ein elegantes, ehrwürdiges Geschäft mit gehobenem Preisniveau. Sie bekommen dort die schönsten ledergebundenen Schreibaccessoires (Adressbücher, Terminkalender etc.) der ganzen Stadt. Daneben führt der Laden auch Briefpapier, stilvolle Glückwunschkarten und eine kleine, aber exquisite Auswahl an antiken Füllfederhaltern.

Savinelli

Via Orefici 2   🖥 http://www.savinelli.it
☎ 02 876660
Metro: M1, M3/Duomo
AE-BA-DC-EC-MC-V
Pfeifen, Accessoires für Raucher & Tabak
●●/●●●/●●●●

Das alteingesessene Geschäft ist ein kleines König-reich für Pfeifenraucher. Selbst der alte Staatschef Sandro Pertini ging regelmässig zu Savinelli, wenn er in Mailand zu tun hatte. Die Auswahl an erstklassigen Pfeifen ist umwerfend, vom Miniaturstückchen bis hin zur übergrossen Kürbisvariante. Führen auch ein brei-tes Sortiment an Tabaksorten, besondere Feuerzeuge und andere nützliche Dinge fürs Rauchen.

Wenn Sie auf Geschäftsreise sind und nur wenig Zeit haben, aber Ihrer Partnerin dennoch ein italienisches Fashion-Accessoire mitbringen wollen, dann dürften Sie auf die Schnelle bei **Nimius** fündig werden.

Nimius

Via Durini 23
☎ 02 76023687
Metro: M1/San Babila
AE-BA-DC-EC-MC-V
Fashion & Lifestyle-Items
●●/●●●/●●●●

Unter normalen Umständen würde ich Sie nicht zu Nimius schicken. Diese perfekt inszenierte Shopping-Oase ähnelt einem Museum und zielt primär auf die kaufwütige japanische Klientel ab. Ich habe so etwas noch nie erlebt, selbst der Ladenprospekt ist in japani-scher Sprache abgefasst. Die gute Nachricht: Auf zwei Etagen finden Sie viele Accessoires von bekannten ita-lienischen Marken und grossen Designern, aber auch etwas Fashion, Schmuck und vor allem herrliche Wohnaccessoires (Vasen aus Murano-Glas, Küchen-utensilien von Alessi etc.). Im Souterrain befindet sich ausserdem eines der besten japanischen Restaurants in Town, mit Sushi-Bar.

Kaufhäuser

La Rinascente

Piazza del Duomo 27   🖳 http://www.rinascente.cc   TAX FREE
☎ 02 88521
Metro: M1, M3/Duomo
🕐 MO: 14-21   DI-SA: 9.30-21
AE-BA-DC-EC-MC-V

Ein Muss. Das älteste, schönste und grösste Kaufhaus der City liegt direkt neben dem Dom und wurde in den 20er Jahren erbaut. Für die Italiener ist es das «Harrods alla milanese». Ich bin da geteilter Meinung: Ebenso wie Harrods lebt auch Mailands Edelkaufhaus vom Ruhm vergangener Tage; es ist aber weniger aufwendig dekoriert, und das Ambiente ist bei weitem nicht so prestigeträchtig wie bei Harrods. Aber dafür hat La Rinascente auch keine Kleidungsvorschriften wie Harrods. Das Warenangebot ist immens und erstreckt sich über acht Etagen: Allein der Fashion sind vier Etagen gewidmet. Für meinen Geschmack sind die Klamotten aber einen Tick zu klassisch, und mit den Preisen habe ich auch so meine Mühe. Ich sehe einfach nicht ein, wieso ich für einen ganz gewöhnlichen Damenpullover einer mir nicht bekannten Marke 400 000 Lire ausgeben soll. Und trotzdem gibt es einige Highlights, die Sie sich nicht entgehen lassen sollten: La Rinascente verkauft zuweilen wunderschöne Home Items und Tischdekorationen, und die Accessoire-Abteilung (Lederwaren, Strümpfe & Haarspangen) ist ganz allgemein sehr gut. Ich habe mich hier in schwarze Lederhandschuhe mit Pelzbordüren verliebt. Wer sich für dekorative Küchenutensilien von Alessi und Co. interessiert, der dürfte im Untergeschoss voll auf seine Kosten kommen. Sie stossen dort auch auf gute Geschenkideen. Nach dem Einkauf können Sie im obersten Stockwerk etwas essen oder trinken und die einzigartige Aussicht auf den Dom geniessen. Und das kann ich Ihnen wärmstens empfehlen: Die Preise sind human und das Essen vorzüglich.

Am besten, Sie kommen zu Schlussverkaufszeiten nach Mailand und schlagen dann bei La Rinascente zu. Besorgen Sie sich vorher die **Treuekarte** (an der Kasse erhältlich). Die wichtigsten **Vorteile** in Kürze: In der ersten Woche des Schlussverkaufes bekommen Sie damit zusätzlich einen Rabatt von 10 Prozent. Ausserdem können Sie das ganze Jahr über Ihre Einkäufe gratis nach Hause (Mailand und Umgebung) oder ins Hotel liefern lassen. Zusätzlich profitieren Sie von Einführungs- und Sonderangeboten.

- Untergeschoss: Geschirr, Glas & Porzellan
- Erdgeschoss: Kosmetik, Accessoires & Schmuck
- Zwischengeschoss: Dessous & Underwear
- Erste Etage: Men's Wear
- Zweite Etage: Men's Wear & Sportbekleidung
- Dritte Etage: Damenmode
- Vierte Etage: Damenmode
- Fünfte Etage: Spielwaren & Kidsfashion
- Sechste Etage: Hometextilien & Wohnaccessoires
- Siebte Etage: Restaurant, Beauty-Salon & Friseur

Coin

- Piazza 5 Giornate 1/A   ☐ http://www.coin.it   TAX FREE
☎ 02 55192083
ab Dom/Via Mazzini: Tram 12
- Piazzale Loreto 15
☎ 02 26124760
Metro: M1, M2/Loreto
- Piazzale Cantore 12
☎ 02 58104385
Metro: M2/Porta Genova
- Corso Vercelli 30/32
☎ 02 43990001
Metro: M1/Conciliazione

🕐 MO: 14-19.30   DI-SA: 9.30-19.30
AE-BA-DC-EC-MC-V

Diese italienische Kaufhauskette hat sich auf Fashion und Hometextilien spezialisiert. Coin verkauft gute Qualität zu angemessenen Preisen, und Sie bekommen dort Trendfashion und heisse Designerkopien. Deshalb, meine Lieben, sind die Coin-Filialen in Italien auch so beliebt. Das Sortiment liegt irgendwo zwischen dem des Edelkaufhauses La Rinascente und den preiswerten Kaufhausfilialen von Upim. Wenn ich auf der Suche nach Dessous bin, dann steht Coin bei mir ganz oben auf der Liste.

Upim

- Piazza San Babila 5
- ☎ 02 76002990

Metro: M1/San Babila
- Via Torino 2
- ☎ 02 86460945

Metro: M1, M3/Duomo
- Piazzale Loreto 5
- ☎ 02 26143389

Metro: M1, M2/Loreto

🕓 MO: 14-19.30   DI-SA: 9.30-19.30
AE-BA-DC-EC-MC-V

Das Hauptgeschäft liegt ganz in der Nähe des Doms. Daneben unterhält Upim noch mehr als zehn weitere Filialen in Mailand und zig Kaufhäuser in ganz Italien. Das Sortiment umfasst eigene Kleiderlinien, Accessoires, Kosmetik, Hometextilien, Geschirr etc. Die meisten Dependancen besitzen auch eine Kinderabteilung. Im Winter bekommen Sie hier preiswerte Pullover und Cardigans: etwa Angora-Cardigans mit Seidenbeimischung für 95 000 Lire.

La Standa

- Via Torino/   🖵 http://www.standa.it
Ecke Via della Palla
- ☎ 02 866706

ab Dom/Via Torino: Tram 3
- Corso Buenos Aires 37
- ☎ 02 2049297

Metro: M1/Lima
- Corso Vercelli 8
- ☎ 02 48004595

Metro: M1/Conciliazione

🕓 MO: 14-19.30   DI-SA: 9.30-19.30
AE-BA-DC-EC-MC-V

Angefangen hat alles am 21. September 1931 an der gutbürgerlichen Mailänder Einkaufsstrasse Via Torino. Dort öffnete an diesem Tag das erste «La Standa»-Billigwarenhaus – damals noch unter dem Namen «Standard» – seine Pforten. Inzwischen versorgt La Standa mit Filialen in den wichtigsten 140 Städten Italiens die halbe Nation mit Billigklamotten, günstigen Accessoires, Körperpflegeprodukten und Haushaltswaren. Einige Geschäfte führen auch eine Lebensmittelabteilung. Seit Mitte der 90er Jahre arbeitet La Standa an seinem Image: Viele Kaufhäuser wurden umgebaut, und die Sortimentspolitik hat man neu überdacht. Einige Kaufhäuser sind inzwischen auch mit Vobis-Cornern ausstaffiert. Ehrlich gesagt, ich gehe dennoch nicht zu La Standa, um einzukaufen. Aber als günstige Quelle für Haaraccessoires und Strumpfhosen haben diese Warenhäuser durchaus ihren Reiz.

Spielzeug

Grande Emporio Cagnoni

Corso Vercelli 38
☎ 02 48005875
Metro: M1/Pagano
AE-BA-DC-EC-MC-V
Spielzeug-Center
●●/●●●/●●●●

Ein unterhaltsamer und bunter Shop, der auf zwei Etagen Spielzeug für jeden Geschmack und jeden Geldbeutel verkauft. Grosszügige Abteilung mit Technikspielereien. Führen auch viele kleine Ablenkungen für lange Zugfahrten und Flüge.

☆ La Città del Sole

● Via Dante 13
☎ 02 86461683
Metro: M1/Cordusio
● Via Melzo 36
☎ 02 29514375
Metro: M1/Porta Venezia

AE-V
Spielwaren
●●●

Bei La Città del Sole bekommen Sie wunderschöne Holzspielwaren und pädagogisch wertvolle Spielsachen, auch Spiele. Führen kaum Elektronik. Im Sommer finden Ihre Kinder hier so ziemlich alles, was Badeferien am Meer noch reizvoller macht: lustige Schwimmringe, Luftmatratzen, Strandspiele und Sandspielzeug.

Mercedes-Benz Spot

Via S. Pellico 6 (Galleria Vittorio Emanuele)
☎ 02 89011647
Metro: M1, M3/Duomo
AE-BA-DC-EC-MC-V
Artikel mit Mercedes-Benz-Logo
●●/●●●

Alle, die auf Mercedes stehen, dürften hier voll und ganz auf ihre Rechnung kommen: Rucksäcke, sportliche Jacken, kleine Sammler-Autos und vieles mehr. Sie wundern sich, wieso ich dieses Geschäft unter «Spielzeug» aufliste? Ganz einfach: Wenn ich einen kleinen Jungen zu Hause hätte, der auf Autos steht, dann würde ich eines dieser niedlichen Mercedes-Tret- oder Elektroautos kaufen. Die manuelle Variante kostet um die 250 000 Lire, für die elektrische zahlen Sie etwas mehr – rund 450 000 Lire.

Natura e...

Corso Garibaldi 73
☎ 02 86465050
Metro: M2/Moscova
AE-BA-DC-EC-MC-V
Geschenkideen & Spielereien zum Thema Natur
•/••/•••/••••

Natura e... ist kein Spielwarengeschäft. Aber, wenn Sie Kids zu Hause haben, die die Natur und ihre Phänomene entdecken wollen, dann dürfte dieser Laden für Sie eine lohnende Adresse sein. Sie bekommen dort beispielsweise kleine Metrostationen und Home-Planetarien, aber auch Birdwatchers und Sternengucker. Zu folgenden Themenbereichen finden Sie Sachen: Himmel, Meer, Erde, Zeit, Licht, Tiere und Pflanzen. Auch für Erwachsene eine faszinierende Welt. Und ehrlich gesagt, ich bin ziemlich erstaunt, wie billig manches hier zu haben ist.

Sport

Drei **Allrounder-Geschäfte,** die ganz zentral gelegen sind:

Brigatti

Corso Venezia 15   ▭ http://www.brigatti.com
☎ 02 76000273
Metro: M1/San Babila
AE-DC-V
Sportswear & Ausrüstung, Casuals & Schuhe für Anglophile
••/•••/••••

Brigatti ist seit 1884 im Geschäft und mittlerweile eine Art Institution in Sachen Sport. Der Laden sieht übrigens noch genauso aus wie anno dazumal; allein schon deshalb lohnt sich der Besuch. Bei Brigatti bekommen Sie auf mehreren Etagen für nahezu jede Sportart (auch Polo!) das passende Markenoutfit und die entsprechende Ausrüstung. Spezialisiert hat sich das Geschäft auf den Wander- und Golfsport: Führen ausschliesslich englische und amerikanische Golfmarken, darunter findet sich auch so manches exklusive Stückchen, wie beispielsweise braune Golfsäcke aus Leder. Auch die Reitsportabteilung ist nicht ohne, wenn Sie mich fragen. Zudem finden Sie eine grosse Auswahl an überaus klassischer Casualwear fürs Wochenende auf dem Land, inklusive Picknickkorb – die Engländer lassen grüssen! Unter http://www.brigatti. com können Sie einzelne Artikel anschauen und direkt bestellen.

Germani Sport

- Via Beccaria 2
☎ 02 8051454
Metro: M1, M3/Duomo
- Corso Vercelli 3
☎ 02 460663
Metro: M1/Conciliazione

AE-BA-DC-EC-MC-V
Sportswear & Ausrüstung für alle
••/•••

Eine renommierte Adresse für modische Sportsachen der gängigen Art: für den Wassersport, für die Leichtathletik, fürs tägliche Workout, fürs Fussballspielen und, und, und.

Tutto per lo Sport 2

Via Torino 51
☎ 02 86453034
ab Dom/Via Torino: Tram 3
V
Sportswear & Ausrüstung für Trendsportler
••

Wenn Sie auch zu denen gehören, die jeden neuen Trend mitmachen müssen, dann liegen Sie hier richtig: Inline-Skates, Rollerblades, Snowboards etc. Das Geschäft führt ausserdem auch alles, was Fussballer und Squasher so brauchen. Gutes Preis-Leistungs-Verhältnis.

Einige **Spezialisten** in Town:

Compagnia Coloniale

Via Torino 68
☎ 02 8052746
ab Dom/Via Torino: Tram 3
AE-BA-DC-EC-MC-V
Adventurewear, sportliche Casuals, Schuhe & Ausrüstung
••/•••

Falls Sie einen Safari-Trip planen und Ihnen die nötige Grundausstattung noch fehlt, dann bitte mir nach zu Compagnia Coloniale. Hier gibt's Klamotten, Accessoires und Schuhe im Clark's-Stil, Markenwear von Timberland, Helly Hansen, Dockers ... und viele andere Dinge, die in der freien Natur ganz nützlich sein können. Auch lange Hosen mit Seitentaschen, die sich im Nu zu Bermudas verkürzen lassen.

Golf House

Via Gallarate 228   🖵 http://www.golfhouse.com
☎ 02 380991
Metro: M1/Lampugnano
AE-BA-DC-EC-MC-V
Golfwear, Schuhe & Ausrüstung
••/•••/••••

Ein Paradies für Golffans: Auf 1000 Quadratmetern finden Sie alles, was man fürs Golfen braucht: manuelle und elektrische Caddies, Bags, Schläger, Bälle und natürlich passendes Markenoutfit von Kopf bis Fuss. Das Geschäft führt alle wichtigen Marken, von Callaway bis Yonex. Im übrigen hat Golf House auch immer interessante Okkasionen von Golfschlägern und ganz allgemein Special Offers. Sie können zudem ab Katalog ordern. Samstags schliesst der Laden bereits um 17 Uhr.

La Bottega del Tennis

Via Quaranta 3
☎ 02 5693937
ab Dom/Via Mazzini: Tram 24
AE-BA-DC-EC-MC-V
Tenniswear, Schuhe & Ausrüstung
••/•••/••••

Ein Tennis-Spezialist mit einem unglaublichen Angebot an Rackets – rund 120 verschiedene Modelle stehen zur Auswahl. Sie können hier auch Ihren Tennisschläger neu bespannen lassen. Führen zudem eine gute Auswahl an Tenniskleidung und -schuhen.

Mart Sub

Corso Buenos Aires 8
☎ 02 29405295
Metro: M1/Porta Venezia
AE-BA-DC-EC-MC-V
Spezialgeschäft für den Tauchsport
••/•••/••••

Mart Sub hat alles für Taucher, von der kompletten Ausrüstung bis zu speziellen Accessoires, wie beispielsweise Unterwasserfoto- und Videokameras. Ausgezeichnetes Preis-Leistungs-Verhältnis, kompetente Beratung.

Polos

Corso Monforte 16
☎ 02 76022411
Metro: M1/San Babila
AE-BA-DC-EC-MC-V
Golfwear, Schuhe & Ausrüstung
••/•••/••••

Der traditionelle Golfer, der etwas auf sich hält, kauft bei Polos ein. Führen ausschliesslich renommierte Marken. Falls Sie für einen lieben Golffreund ein passendes Präsent suchen, dann werden Sie hier ebenfalls fündig.

Und jetzt noch ein paar Anlaufstellen für **Sportbekleidung und -schuhe:**

Cisalfa Sport

Corso Vittorio Emanuele 1   🖥 http://www.cisalfasport.it
☎ 02 86915575
Metro: M1, M3/Duomo
AE-BA-DC-EC-MC-V
Sportliche Casuals, Sportswear & Ausrüstung
••/•••/••••

Fast schon ein Kaufhaus: Auf drei Etagen finden Sie trendige Casualwear und Sportsachen von bekannten Marken, auch von Versace, Belfe & Belfe und Swish Jeans. Günstig ist hier gar nichts, aber die Preise sind angemessen.

Dimensione Danza

- Galleria Cristoforo
☎ 02 76014874
Metro: M1, M3/Duomo
- Corso Europa 2
☎ 02 76004020
Metro: M1/San Babila
- Corso Vercelli 31
☎ 02 48022215
Metro: M1/Pagano

AE-EC-MC-V
Dance- & Fitnesswear
•••

Eine gute Adresse für Tänzerinnen und Fitness-Junkies auf der Suche nach passenden Trend-Outfits fürs tägliche Workout. Die Beratung in diesen Shops ist äusserst fachkundig, und das kommt nicht von ungefähr: Dimensione Danza besitzt auch eine eigene Tanzschule.

Fila Sport

Corso Vercelli 18   🖳 http://www.filasport.it
☎ 02 468354   📖 Fila Shop/S. 282
Metro: M1/Conciliazione
AE-DC-MC-V
Sports- & Leisurewear, Schuhe
••/•••

In jungen Kreisen ein Trendlabel. Die italienische Sportmarke produziert qualitativ hochwertige Sportswear und Leisureklamotten jeglicher Art. Sie bekommen beispielsweise ultratrendige Skimode und Jogginganzüge, aber auch Tennis- und Beachwear, mit der Sie garantiert eine gute Figur machen. Führen auch eine umfassende Sportschuh-Kollektion.

Foot Locker

- Corso Vittorio Emanuele 34   🖳 http://www.footlocker.com
☎ 02 76000294   🖳 http://www.footlocker.it
Metro: M1, M3/Duomo
- Via dell'Unione 2/Ecke Via Torino
☎ 02 8052656
Metro: M1, M3/Duomo
- Via F. Casati 2/Ecke Corso Buenos Aires
☎ 02 29403036
Metro: M1/Porta Venezia

V
Turnschuhe & Sportswear
••

TAX
FREE

Wenn Sie nicht wissen, was Foot Locker ist, dann sind Sie wahrscheinlich schon etwas älter. Aber ich helfe Ihnen gerne auf die Sprünge: Foot Locker ist eine gigantische amerikanische Kette mit mehr als 2000 Filialen auf der ganzen Welt. Mittlerweile versorgt sie die halbe Teenie-Generation mit Trainingsanzügen, Baseballcaps und sportlichem Fusswerk von Nike, Adidas, Reebok und Co. Falls Sie genügend Zeit haben und ein echtes Schnäppchen machen wollen, dann sollten Sie einen Abstecher zum **Foot Locker Discount Outlet** (Adresse siehe unten) in Erwägung ziehen: Sie bekommen dort Reststücke (Turnschuhe & Sportswear) mit einem Preisnachlass von 50 Prozent. Die Auswahl ist überwältigend, und das teuerste Modell, das ich hier je gesichtet habe, war ein Nike-Air-Basketballschuh für 129 000 Lire. Beratung gibt es allerdings keine, aber wer hier einkaufen will, der kommt wegen der Preise.

Foot Locker Discount Outlet

Viale Fulvio Testi 172
20092 Cinisello Balsamo/MI
☎ 02 22471896
Metro: M1/Sesto F.S.
🕐 DI-FR: 9.30-12.15/15.30-19.15   SA: 9.30-12.45/15-19.15
Nehmen keine Kreditkarten

Napapijri

Via Palermo 5   💻 http://www.napapijri.it
☎ 02 654793
Metro: M2/Moscova
AE-BA-DC-EC-MC-V
Sportliche Outdoorfashion & Wandermode
••/•••

«Napapijri» – so heisst ein norwegisches Dorf, und so heisst auch ein italienisches Label, das sich auf strapazierfähige Wanderkleidung und Outdoorfashion spezialisiert hat. Wandervögel finden hier robuste Jacken aus speziellen Materialien, Hosen, Wanderschuhe und alles andere, was es für den perfekten Look in den Bergen so braucht.

Sergio Tacchini

Corso Buenos Aires 5
☎ 02 29529816
Metro: M1/Porta Venezia
AE-DC-MC-V
Sportswear & Turnschuhe
••/•••

🖳 http://www.sergiotacchini.com
📖 Tacchini/S. 290

1966 begann der Ex-Tennisspieler Sergio Tacchini mit seiner eigenen Fashion-Produktion. Furore machte er mit seinen Tennisklamotten, die ganz im Gegensatz zu dem damals üblichen Weiss farbig daherkamen. Mittlerweile produziert das Unternehmen eine umfassende Sportswear-Kollektion: von Tennis- über Ski- und Golfmode bis hin zur Beachwear. Vieles ist ziemlich klassisch gehalten. Erhältlich sind Tacchini-Klamotten auch im Edelkaufhaus **La Rinascente** und am **Flughafen Malpensa.**

Strassen- und Flohmärkte

Märkte haben in Mailand eine lange Tradition, und sie spielen eine wichtige soziale Rolle. Jedes Quartier hat seinen eigenen kleinen Wochenmarkt, wo sich die Quartierbewohner mit frischen Lebensmitteln eindekken. Daneben finden Sie in Mailand auch grosse Märkte, die neben Nahrungsmitteln auch Fashion und Lederwaren verkaufen, und kleinere, die sich auf bestimmte Dinge spezialisiert haben.

Die grossen Märkte

Wenn Sie auf Super-Schnäppchen scharf sind, dann sollten Sie sich die Zeit nehmen und ein solches Happening besuchen. Denn was im Schlussverkauf nicht abgesetzt wird, landet für gewöhnlich auf dem Wühltisch dieser Märkte und wird dort zu absoluten Spottpreisen an die Frau bzw. an den Mann gebracht. Damit wir uns richtig verstehen: Ich spreche hier von Reststücken und Auslaufmodellen grosser Designernamen und bekannter Marken. Mit etwas Glück stossen Sie beispielsweise auf Seiden-Dessous von Valentino oder feine Kaschmirpullöverchen, die nur noch einen Bruchteil dessen kosten, was man Ihnen einst in einem der Edel-Shops abgenommen hätte. Meine Lieben, wenn

Sie hier wirklich den Deal Ihres Lebens machen wollen, dann müssen Sie allerdings schon am frühen Morgen einlaufen, um sich noch vor den andern die guten Stücke zu schnappen.

Falls Sie sich über das aktuelle Angebot auf den Mailänder Märkten informieren wollen, kaufen Sie am besten die Mittwochsausgabe der Mailänder Tageszeitung *Corriere della Sera*. Im beigelegten Wochenmagazin **ViviMilano** finden Sie unter der Rubrik *Mercati/Bancarelle da non perdere* die Highlights der kommenden Woche.

Il Mercato di Piazzale Martini

Piazzale Martini
ab Largo Augusto: ATM-Bus 37
Marktzeiten: mittwochs von 8.30 bis 13 Uhr
Lebensmittel, Fashion, Lederwaren, Wohnobjekte & Haushaltswaren

Jeweils mittwochs findet auf der Piazzale Martini der grösste Markt von ganz Mailand statt. Entsprechend gigantisch ist das Angebot: Die Händler verkaufen alles mögliche, auch Restposten von Designersachen. Es herrscht für gewöhnlich ein immenser Trubel.

☆ Il Mercato di Viale Papiniano

Viale Papiniano
Metro: M2/Sant'Agostino
Marktzeiten: dienstags von 8.30 bis 13, samstags von 8.30 bis 17 Uhr
Lebensmittel, Fashion & Schuhe

Der berühmteste Markt der City. Auf der Piazza Sant' Agostino verkaufen die Händler Nahrungsmittel, vor allem aber Gemüse und Früchte. Wenn Sie weitergehen, kommen Sie in die Viale Papiniano, und dort drängt sich ein Fashion-Stand an den nächsten. Und hier, meine Lieben, können passionierte Schnäppchenjäger die besten Deals der Stadt machen. Ich habe hier schon einen herrlichen Kaschmirpullover für lächerliche 30 000 Lire gekauft. Am besten, Sie kommen an einem Samstag, Schlag 8.30 Uhr.

Specials und Antiquitätenmärkte

Il Mercato dei Fiori

Domplatz, vor der Piazzetta Reale
Metro: M1, M3/Duomo
Marktzeiten: sonntags von 8.30 bis 13 Uhr (März-Juni, Sept.-Nov.)
Blumen, Pflanzen & Vögel

Ein kleiner Platz, wo vor allem Blumen und Pflanzen zu relativ günstigen Preisen verkauft werden. Sehr schön, aber kein Ort, den Sie gesehen haben müssen.

Il Mercato dell'Antiquariato di Brera

Via Brera/Via Fiori Chiari
Metro: M2/Lanza
Marktzeiten: jeden dritten Samstag im Monat (ausser im August)
Antiquitäten

Jeden dritten Samstag im Monat wird im Künstlerviertel Brera ein Antiquitätenmarkt abgehalten. Rund 70 Händler verkaufen dort Möbel, Stühle, Spiegel, Glas, Lampen, ja sogar alte Puppen. Faszinierend.

Il Mercatone del Naviglio Grande

Alzaia Naviglio Grande/Ripa di Porta Ticinese
Metro: M2/Porta Genova
Marktzeiten: jeden letzten Sonntag im Monat (ausser im August)
Antiquitäten, Möbel & Sammlerstücke

Einmal im Monat reisen weit mehr als 200 Händler extra an, um hier emsig Geschäfte zu machen. Eine Fundgrube für Sammler und Liebhaber von Antiquitäten und seltenen Stücken. Die Preise sind angemessen.

La Fiera di Senigallia

Viale G. D'Annunzio
ab Dom/Via Torino: Tram 2, 14
Marktzeiten: samstags von 8.30 bis 17 Uhr
Secondhandklamotten, Möbel, Trödel & Krimskrams

Ein typischer Flohmarkt, wo ambitionierte Trödler alles mögliche finden: alte Platten, Ethnosachen, Kleider, orientalische Parfüms, Lederjacken und, und, und. In der jungen, alternativen Szene sehr beliebt.

DESIGN & DEKORATIVES

Mailand besitzt unzählige Läden, die sich auf Möbel und Wohndekor spezialisiert haben. Manche sind exorbitant teuer und andere wiederum erstaunlich günstig. Dieses Kapitel behandelt berühmte Namen, einige Szene-Shops und natürlich meine persönlichen Favoriten.

Designermöbel & Wohnobjekte

Stolze Preise hin oder her, italienisches Design ist heissbegehrt, und es wird gekauft. Mailand hat die grösste und mit Sicherheit die renommierteste Design-Szene der Welt. Hier arbeiten die ganz grossen Stars der Branche: **Achille Castiglioni, Vico Magistretti, Alessandro Mendini, Vittorio Gregotti, Enzo Mari, Gae Aulenti, Mario Bellini** und der grosse Altmeister **Ettore Sottsass.** Deshalb gibt es in Mailand einige erstklassige Einrichtungsgeschäfte, die ausschliesslich italienisches Design verkaufen. Das kostet Geld, sicherlich. Aber wenn Sie – wie ich – auf italienisches Design abfahren, sollten Sie ihre Zeit nutzen und in Mailand einkaufen: Mailänder Preise für italienisches Design liegen unter deutschem Niveau. Ausserdem können Personen, die ihren Wohnsitz in einem Nicht-EU-Land haben, zusätzlich die italienische Mehrwertsteuer zurückfordern. Meiner Erfahrung nach gewähren Ihnen die meisten Möbelgeschäfte allerdings lieber einen direkten Preisnachlass in der Grössenordnung der Tax-free-Prozente, als dass Sie sich auf das mühselige Tax-free-Prozedere einlassen. Auch gut.

Cappellini

- Via San Cecilia 4
- ☎ 02 76003889
- Metro: M1/San Babila
- Via Statuto 12
- ☎ 02 29013353
- Metro: M2/Moscova

🖳 http://www.cappellini.it

AE-BA-DC-EC-MC-V
Designermöbel & Wohnobjekte

Unter Insidern gilt Cappellini als Trendsetter für avantgardistisches Möbeldesign, und viele der Kollektionsstücke sind bereits heute Klassiker. Die beiden Showrooms mit Loft-Atmosphäre bieten schlichte Designermöbel, Leuchten, Vasen, ja sogar exklusive Tisch- und Bettwäsche. Alles Sachen, die meist nur in diesen Hochglanz-Wohnzeitschriften zu bewundern sind. Todschick. Was viele nicht wissen: Zweimal im Jahr veranstaltet Cappellini in der Nähe von Como für jeweils zwei Wochen einen **Special-Verkauf** (Adresse siehe unten): Sie bekommen dort Ausstellungsstücke der Cappellini-Kollektion mit einem Preisnachlass von 20 bis 40 Prozent. Die genauen Verkaufsdaten erfahren Sie unter ☎ 031 761318.

Cappellini Intern. Interiors

Via Cavour 7
22060 Carougo/CO
☎ 031 761318
Öffnungszeiten während des Verkaufs: 9-12/14-18
Nehmen keine Kreditkarten

Wegbeschreibung: Autobahn A9 Como–Milano, Ausfahrt Lomazzo. Fahren Sie auf der SS 35 nach Meda, und folgen Sie dann den Wegweisern nach Carougo.

Cassina

Via Durini 18   💻 http://www.cassina.it   TAX FREE
☎ 02 76020745
Metro: M1/San Babila
AE-BA-DC-EC-MC-V
Designermöbel, v.a. Polster- & Holzmöbel

Cassina gehört zu den führenden Produzenten von teuren, innovativen Designermöbeln. Spezialisiert hat sich die italienische Firma auf avantgardistische Entwürfe zeitgenössischer Designer. Sie bekommen hier Möbeldesign von berühmten Namen, wie etwa Vico Magistretti, Mario Bellini, Afra & Tobia Scarpa und Achille Castiglioni, von jungen aufstrebenden Newcomern, und ganz wichtig: die famose *«I Maestri»*-Kollektion mit Reeditionen von grossen Möbelklassikern. Muss ich dazu mehr sagen? Vielleicht noch: Le-Corbusier-Liege «LC 4», Mackintosh-Hochlehnstuhl «Hill House 1», Wright-Kirschbaumsofa «Robie 3». Falls Sie keine Ahnung haben, was ich damit meine,

sollten Sie vielleicht die nächsten paar Seiten über-
schlagen und unter «Wohnaccessoires & Einrichtungsdesign für alle» weiterlesen.

Corso Europa Emporio Casa

Corso Europa 2
☎ 02 76020334
Metro: M1/San Babila
DC-EC-MC-V
Designermöbel & Dekoratives

Auf 600 Quadratmetern lockt renommiertes Möbeldesign zum Kauf, u.a. von Molteni, B&B, Flou, Rapsel,
Alias, Ycami, Zanotta und Interflex. Und nicht nur das:
auch Lampen, Geschirr, federleichte Stoffe und Bettwäsche bekommen Sie hier. Nicht gerade billig, aber
(noch) bezahlbar.

☆ Cyrus Company

Via Borgospesso 8
☎ 02 76024611
Metro: M3/Montenapoleone
AE-BA-DC-EC-MC-V
Designermöbel & Wohnobjekte

Dieses Geschäft mit Ateliercharme gehört zu meinen
Favoriten, obwohl – oder vielleicht gerade weil – es
keinen berühmten Namen trägt. Cyrus Company, ein
italienisches Label mit 25jähriger Tradition, setzt auf
sophistisches Design, natürliche Farben und spezielle
Materialien. Ich schaue hier regelmässig vorbei, auch
wenn ich bislang noch keine dieser edlen Einrich-
tungsobjekte gekauft habe. Das bleibt gutbetuchten
Designfreaks vorbehalten.

Da Driade

Via Manzoni 30
☎ 02 76023136
Metro: M3/Montenapoleone
AE-BA-DC-EC-MC-V
Designermöbel, Leuchten & Wohnaccessoires

`TAX FREE`

Da Driade ist das Möbelheiligtum der City. Hinter diesem Namen steckt Antonia Astori, die ihren Erfolg vor
allem ihrem feinen Gespür für Trends zu verdanken hat.
Das Ergebnis ist umwerfend. Neben avantgardisti-
schem Möbeldesign von Driade, Chef, Aleph und At-
lantide bekommen Sie hier exquisite Lampen von Flos

und Ingo Maurer (stellen Sie sich Lampen mit Vogel-
beinen und Engelsflügeln vor) und herrliches Objekt-
design, u.a. von Danese, Follies, Zani & Zani, D. House
und Alessi. Falls Sie Ihrer Wohnung einen beiläufigen
Trend-Look mit Designanspruch verpassen wollen,
eine lohnende Adresse. Ich persönlich habe ein Faible
für diese dekorativen Glassachen und Küchenutensilien. Am besten, Sie machen sich selbst ein Bild.

De Padova

Corso Venezia 14   🖳 http://www.depadova.it
☎ 02 76008413
Metro: M1/San Babila
AE-V
Designermöbel, Leuchten & Wohnaccessoires

Dieses italienische Möbelhaus versorgt seine Anhängerschaft mit einem klassisch-zeitlosen Wohnstil. Auf
1500 Quadratmetern finden Sie beispielsweise wunderschöne Holztische, raffinierte Rattanmöbel, Shaker-
Reeditionen und Lampen aus Reispapier und Bambus.
Was Sie möglicherweise nicht wissen: De Padova
arbeitet mit namhaften kreativen Köpfen zusammen,
etwa mit Achille Castiglioni, Vico Magistretti, Dieter
Rams und Marco Zanuso. In Mailand sehr beliebt.

Dilmos

Piazza San Marco 1 (Eingang: Via Solferino)
☎ 02 76008413
Metro: M2/Moscova
AE-V
Designermöbel & Wohnobjekte

Sehen und staunen: Dilmos verkauft Avantgarde-De-
sign, u.a. von Andrea Branzi, Paolo Deganello, Ettore
Sottsass, Maurizio Cattelan und Ron Arad. Vieles trägt
die Handschrift künstlerischer Extravaganzen, und die
meisten Sachen, die hier verkauft werden, sind sig-
nierte Einzelstücke. Sicherlich, die Preise liegen jen-
seits von Gut und Böse, aber die originelle Präsentation ist einen Besuch wert. Auch die Ausstellungen im
Palazzo Rosso sind weit über die Stadt hinaus bekannt.

Eclectica

Corso Garibaldi 3
☎ 02 876194
Metro: M2/Lanza
AE-BA-DC-EC-MC-V
Wohndesign-Galerie mit speziellen Einzelstücken

Teresa Ginori Conti gehört seit langem zu Mailands Insider-Adressen für ausgesuchte Einzelstücke und solide Handwerkskunst, teils sogar aus exotischen Edelhölzern. Sie bekommen dort beispielsweise farbige Kunstharz-Gläser und -Vasen, Objektkerzen, ausgesuchte Bilderrahmen und robuste Sofas, die Sie bestimmt noch nirgends gesichtet haben. Im hinteren Teil der Galerie stossen Sie ausserdem auf Women's Wear, die so extravagant ist, wie Teresa Ginori Contis Möbel. Äusserst speziell, aber sehenswert.

Elam

Corso Matteotti 5   💻 http://www.elam.it
☎ 02 794330
Metro: M1/San Babila
AE-BA-DC-EC-MC-V
Designermöbel, v.a. Polstermöbel & Küchenprogramm

Der Möbelhersteller aus Meda gilt als Erfinder des modernen italienischen Küchendesigns: 1965 produzierte Elam das erste Küchenprogramm ohne Griffe – damals ein Welthit und heute ein Klassiker. Kreativer Vater dieses Entwurfs war der Mailänder Marco Zanuso. Falls es Ihnen noch an einer funktionalen, massgefertigten Küche mangelt, eine sensationelle Adresse. Sie bekommen aber auch formschöne Polstermöbel, Stühle, Tische, Regale und Einbauschranksysteme; die Entwürfe dazu liefern u.a. Max Longhi, Michele de Lucchi und Alessandro Mendini. Schlicht und stilvoll. Das Beste: Jedes Möbelstück hat fünf Jahre Garantie.

Kartell

Via C. Porta 1   💻 http://www.kartell.it
☎ 02 6597916
Metro: M1/Turati
AE-BA-DC-EC-MC-V
Kunststoffmöbel & Wohnobjekte

Dieser italienischen Designfirma haben wir den Plastikmöbel-Boom der 60er Jahre zu verdanken. Sie erinnern sich bestimmt noch an diese Vollplastik-Stuhl- und Hockerserie von Anna Castelli-Ferrieri, die für diesen Beitrag zur modernen Zivilisation den italienischen Designpreis «Compasso d'Oro» erhielt. Sicherlich, die Hochblüte des Plastiks ist mittlerweile vorbei, aber die Firma ist in all den Jahren der Herstellung von hochwertigen Plastikmöbeln treu geblieben. Und das mit grossem Erfolg. Kartell-Möbel sind heute noch einfach, sehr gut gemacht, äusserst praktisch und wie gewohnt farbenfroh. Falls Sie auch ein Faible für Kartell-Design hegen, sollten Sie unbedingt dem **Fabrikverkauf** in der Nähe von Mailand einen Besuch abstatten (Adresse siehe unten). Sie bekommen dort Ausstellungsstücke und Restbestände bis zu 50 Prozent verbilligt. Ich habe hier schon Stühle für 80 000 Lire erstanden. Und einen Bistrotisch für 200 000 Lire. Ausserdem können Sie auch sämtliche Modelle aus dem aktuellen Katalog bestellen – ein lohnendes Geschäft: Die Sachen sind etwas billiger als in Mailand, ganz zu schweigen von deutschen Einzelhandelspreisen! Klären Sie aber vorher telefonisch ab, ob der Verkauf auch tatsächlich geöffnet ist.

Kartell-Fabrikverkauf

Via delle Industrie 1
20082 Binasco/MI
☎ 02 900121
🕐 DI-SA: 9-12.30/13.30-17.30
V

Wegbeschreibung: Autobahn A7 Milano–Genova, Ausfahrt Binasco. Sie sehen das Fabrikgebäude von der Autobahnausfahrt aus: Fahren Sie Richtung Rosate, und biegen Sie direkt nach der Brücke rechts in das Industriegebiet ab und dann wieder rechts in die Via delle Industrie. Am Ende der Strasse liegt das Kartell-Gebäude, im Nebengebäude Nummer 3 findet der Fabrikverkauf statt.

Matteograssi

Via degli Omenoni 2   🖵 http://www.matteograssi.it
☎ 02 72023974
Metro: M1/San Babila
AE-BA-DC-EC-MC-V
Möbeldesign aus Leder

Matteograssi gehört zu den bekannten Ledermöbelspezialisten Italiens und ist seit mehr als 100 Jahren im Geschäft. Sie bekommen dort formvollendete Möbelobjekte, die Details mit viel Wirkung zeigen. Auch wunderschöne Büromöbel aus Leder.

MDF Italia

Via della Chiusa/
Ecke Via Crocefisso
☎ 02 58317168
ab Dom/Via Torino: Tram 3
Nehmen keine Kreditkarten
Designermöbel

🖳 http://www.mdfitalia.it

Haben Sie eine Vorliebe für zeitlose, ästhetisch-schlichte Formen und helle Farben? Dann sind Sie möglicherweise schon Kunde von MDF Italia. Diese Mailänder Designergruppe produziert unter Leitung von Bruno Fattorini ausdrucksstarke Möbelkollektionen, die den perfekten Reduced-to-the-Max-Lifestyle verkörpern. Sofas, Sessel, Tische, Stühle, Regale und Betten, auch aus hellem Holz und Aluminium. Die MDF-Kollektion gehört zu den beliebtesten und interessantesten auf dem Markt, nicht zuletzt wegen des ausgezeichneten Preis-Leistungs-Verhältnisses. Auch hierzulande. Und mit etwas Glück können Sie hier gegen Ende der Saison sogar Ausstellungsstücke zu reduzierten Preisen ergattern.

On Futon

Via Crema 14
☎ 02 58319894
Metro: M3/Porta Romana
AE-BA-DC-EC-MC-V
Möbeldesign

🖳 http://www.onfuton.com

Ein Einrichtungshaus, das sich auf schlichte, ökologische Möbel und Wohnaccessoires mit asiatischem Einschlag spezialisiert hat. Passt prima zu einem reduzierten Wohnstil. Vieles ist aus Holz und das meiste, nehmen Sie mich beim Wort, sehr bodenbezogen. Die Palette reicht vom Holzbett über Sofas bis zu Lampen. Ich finde vor allem die Bodenkissen genial. On Futon liegt weitab vom Schuss, Sie müssen deshalb schon gute Gründe haben, um sich hierher zu verirren.

Spazio Zeus

Corso San Gottardo 21
☎ 02 89401198
ab Dom/Via Torino: Tram 3
Designermöbel, Wohnobjekte & Lifestyle-Items

🖳 http://www.zeusnoto.com

Eine gefragte Mailänder Designergruppe, die ihren Showroom im Hinterhof einer ehemaligen Autogarage betreibt. Ich schicke Sie allerdings nur mit Vorbehalt hierher: Ausländische Designfreaks können bei Zeus nichts kaufen, weil man sich das Geschäft mit ausländischen Anbietern nicht verderben will. Ein Besuch lohnt sich deshalb nur für Insider. Zeus produziert alles mögliche, auch Wohnaccessoires, Lampen und natürlich Stühle. Gearbeitet wird fast ausschliesslich mit Gummi und Stahl. Mitarbeitende Designer: u.a. Maurizio Peregalli, Claudio Nardi und Ron Arad.

☆ Zoltan

Via Alessandria 5   🖳 http://www.zoltan.it
☎ 02 58102330
Metro: M2/Porta Genova
AE-BA-DC-EC-MC-V
Designermöbel & Eigenkollektionen

In einem herrlichen Loft mit Rundbögen zeigt Zoltan innovative Möbelstücke von internationalen Designern und Eigenkollektionen des Hauses. Zoltan-Produkte sind stylish und hochwertig, kosten aber weniger als bekanntere Namen. Ausserdem können Sie über den Preis verhandeln: 10 bis 20 Prozent Preisnachlass liegen meistens drin, teilweise auch mehr. Ich bin hier schon auf einen wunderschönen quadratischen Glastisch namens «Eiffel» gestossen, den ich für 590 000 Lire (anstelle von 800 000 Lire) hätte kaufen können. Ich habe ihn schliesslich nicht gekauft. Aber ehrlich gesagt, ich leide heute noch darunter. Die Tischbeine waren übrigens eine Anlehnung an den Eiffelturm, deshalb dieser Name. Noch besser: Jeweils Ende September veranstaltet Zoltan eine Promotion-Action. Dann gehen viele Möbelstücke mit 50 Prozent Preisnachlass über den Ladentisch. Der Grund? Das Lager muss geräumt werden. Unter ☎ 02 58102330 erfahren Sie die genauen Verkaufsdaten.

Wohnaccessoires
& Einrichtungsdesign für alle

Habitat

- Piazza Diaz 2
- ☎ 02 862745

TAX FREE

Metro: M1, M3/Duomo
- Corso Buenos Aires 56
- ☎ 02 29514141

Metro: M1, M2/Loreto

AE-MC-V
Wohnaccessoires, Home Collection & Möbel

Diese englische Möbelhauskette wird von den Mailändern heiss geliebt. Gegründet wurde das Unternehmen 1964 vom englischen Wohnguru Sir Terence Conran, der nicht nur zahlreiche Bücher über Wohnkultur geschrieben hat, sondern später für seine Verdienste auch zum Ritter geschlagen wurde. Obwohl Habitat mittlerweile nicht mehr im Besitz von Sir Conran ist, ist das Unternehmen nach wie vor eine höchst begehrte Anlaufstelle für aktuelles Design zu reellen Preisen. Sie bekommen hier eine komplette Lifestyle-Palette mit wunderschönen Möbeln, Wohnaccessoires und Geschenkideen. Und das Beste: Im Sommer während des Schlussverkaufs sind alle Sachen 20 bis 40 Prozent verbilligt.

☆ High-Tech

Piazza XXV Aprile 12 (im Hinterhof)
☎ 02 6241101

TAX FREE

Metro: M2/Garibaldi
AE-BA-DC-EC-MC-V
Wohnaccessoires, Home Collection & Möbel

Lassen Sie sich von dem Namen nicht irritieren: High-Tech ist Mailands Kultshop für trendige Wohnaccessoires und Küchenutensilien aus aller Herren Länder. Das alte Fabrikgebäude ist riesengross und randvoll gefüllt mit trendigen Lifestyle-Items, Geschirr, Gläsern, Töpfen, Pfannen, elektrischen Haushaltsgeräten, Kleinmöbeln und, und, und. Ausserdem finden Sie hier sämtliche Neuheiten und viele Geschenkideen, darüber hinaus sind die Preise höchst angenehm. Meine lieben Einrichtungsfetischisten, wenn Sie hier nichts finden, dann kann ich Ihnen auch nicht mehr helfen.

High-Tech ist auch sonntags von 10.30 bis 19.30 Uhr geöffnet, montags bleibt der Shop allerdings den ganzen Tag über geschlossen.

Moroni Gomma

Corso Matteotti 14
☎ 02 76006821
Metro: M1/San Babila
AE-BA-DC-EC-MC-V
Wohnaccessoires & Küchenutensilien, aber nicht nur

Moroni Gomma ist eine Mailänder Institution. Das Geschäft führt auf zwei Etagen alles Mögliche und Unmögliche aus Plastik und Gummi: ultratrendige Küchenutensilien, Blumen, aufblasbare Plastiksessel, ja sogar Schwimmflossen, Gummistiefel und Luftmatratzen. Vieles ist ziemlich abgefahren und extravagant.

☆ TAD

Via Croce Rossa 1
☎ 02 8690110
Metro: M3/Montenapoleone
AE-BA-DC-EC-MC-V
Wohnaccessoires, Home Collection & Kleinmöbel

Auf zwei mittelgrossen Etagen bietet das römische Label TAD (Tendenze e Antiche Debolezze) herrliche Wohnideen, insbesondere: verführerische Tischwäsche und Seidenstoffe, spezielle Wohnaccessoires und ausgesuchte Kleinmöbel, aber auch Tische und Sofas. Ich finde vor allem die seidig schimmernden Deckensegel und die transparent wirkenden Houssen genial. Eine unglaubliche Inspirationsquelle mit viel Flair und einem ganz eigenen Stil. Moderate Preislage.

Vivere

Via U. Foscolo 4
☎ 02 89011414
Metro: M1, M3/Duomo
AE-BA-DC-EC-MC-V
Möbel, Wohnaccessoires & Home Collection

Vivere hat alles, womit es sich zu Hause stilvoll leben lässt. Auf drei Stockwerken finden Sie schlichte, aber formvollendete Sofas, Sessel, Tische, Stühle und Betten. Auch geschmackvolle Wohnaccessoires und Heimtextilien. Die Sachen sind von hervorragender

DESIGN & DEKORATIVES

Qualität, und die Preise lassen sich mit denen der Konkurrenz vergleichen. Donnerstags bis 21 Uhr geöffnet.

Designerleuchten & -lampen

Italienisches Lampendesign ist berühmt und teuer. Das soll aber nicht heissen, dass Sie in Mailand keine italienische Designerlampe kaufen sollen. Ganz im Gegenteil: Das italienische Preisniveau für Lampen liegt ganz allgemein tiefer als bei uns, und deshalb lohnt sich deren Kauf. Hier die besten Adressen für Ihre «Erleuchtung»:

Arteluce

Via Borgogna 5
☎ 02 781660
Metro: M1/San Babila
AE-V
Designerleuchten

💻 http://www.flos.it

Schon allein wegen der originellen Präsentation der Lampen empfehle ich Ihnen den Besuch von Arteluce. Diese italienische Leuchtenfirma gehört heute der Flos-Gruppe an und produziert u.a. nach Entwürfen von Gino Sarfatti, Perry King & Santiago Miranda, Bruno Gecchelin, Ezio Mirone, Gianluigi Arnaldi und Paolo Rizatto. Ein visueller Lichtblick sondergleichen!

Artemide

Corso Monforte 19
☎ 02 76006930
Metro: M1/San Babila
AE-V
Wohn- & Büroleuchten

💻 http://www.artemide.it

Mailands Lichtpalast: Die weltweit führende italienische Leuchtenfirma arbeitet schon seit über 30 Jahren mit den besten Designern zusammen. Kein Wunder also, dass es hier Erstklassiges von Mario Bellini, Michele de Lucchi, Enzo Mari, Ettore Sottsass und Co. zu bewundern gibt. Bestseller des Hauses ist noch heute die Niedervolt-Halogen-Tischleuchte «Tizio», eine 70er-Jahre-Kreation vom deutschen Designguru Richard Sapper. Ein Muss, wenn Sie mich fragen.
Artemides Version eines **Special-Verkaufs:** Einmal im Jahr – meistens im Juni – verkauft Artemide etwas

ausserhalb von Mailand Ausstellungs- und Reststücke
zu reduzierten Preisen (Adresse siehe unten). Im Angebot sind auch Stühle und Tische. Die genauen Verkaufsdaten und Öffnungszeiten erfahren Sie unter
☎ 02 935181.

Artemide-Special-Verkauf

Via Bergamo 18
20010 Pregnana Milanese/MI
☎ 02 935181
Nehmen keine Kreditkarten

Wegbeschreibung: Autobahn A4 Milano–Torino,
Ausfahrt Rho.

Black Out

Via dell'Orso 7
☎ 02 8056031
Metro: M3/Montenapoleone
AE-V
Wohn- & Büroleuchten

Black Out verkauft Lampen und professionelle Be-
leuchtungssysteme namhafter Hersteller, u.a. auch von
Arteluce, Artemide, Flos und Fontana Arte. Der Stil-
Mix, der hier geboten wird, ist nicht ohne Reiz: von der
klassischen Designerleuchte bis hin zu ultratrendigen
Lichtspendern. Ausserdem liegt das Geschäft in einer
wunderschönen Gasse des Brera-Viertels. Führen auch
immer eine Ecke mit Special Offers, ansonsten aber
bewegen sich die Preise in der oberen Liga.

Flos

Corso Monforte 9   🖳 http://www.flos.it
☎ 02 76003639
Metro: M1/San Babila
AE-V
Designerleuchten

TAX
FREE

Der italienische Leuchtenhersteller wurde mit den
Marmor-, Glas-, Metall- und Kunststoffleuchten von
Achille Castiglioni berühmt. Mittlerweile bekommen
Sie hier eine grosse Auswahl an Decken-, Wand-,
Steh- und Tischlampen von unterschiedlichen Desig-
nerberühmtheiten. Neben grossen Klassikern finden
Sie avantgardistische Neukreationen, wie beispiels-
weise die von Philippe Starck entworfenen Lampen mit
weich fallenden Stoffschirmen – ein internationaler

DESIGN & DEKORATIVES

Bestseller übrigens. Ehrlich gesagt, ich bin ziemlich angetan von Flos.

Fontana Arte

Via Santa Margherita 4   🖳 http://www.fontanaarte.it
☎ 02 86464551
Metro: M1, M3/Duomo
AE-BA-DC-EC-MC-V
Designerleuchten, Glasobjekte & Möbel

Ich mag Fontana Arte wegen seiner Vielseitigkeit und der hochwertigen Material- und Verarbeitungsqualität. In seinen Anfängen produzierte das italienische Unternehmen fast ausschliesslich künstlerische Glaslampen und -vasen, mittlerweile bekommen Sie hier ein breitgefächertes Angebot, darunter auch Objekt-Möbel. Seit den 80er Jahren arbeitet das italienische Unternehmen auch mit renommierten Designern zusammen, u.a. mit Piero Castiglioni, Ettore Sottsass und Gae Aulenti. Ich bin der Ansicht, dass sich der Besuch lohnt, insbesondere für Glasliebhaber. Die fragil geschwungenen Glasvasen und -lampen sind schlicht sensationell.

Luceplan

Via San Damiano 5   🖳 http://www.luceplan.it
☎ 02 76015760
Metro: M1/San Babila
AE-V
Wohn- & Büroleuchten

Eine italienische Firma, die ihren Erfolg ihrem einzigartigen High-Tech-Design zu verdanken hat. Luceplan baut Lampen, als wären sie funktionale Industrieobjekte. Legendär sind die beiden Leuchten «Berenice» (1986) und «Titania» (1990) von Paolo Rizzato und Alberto Meda – ein gekonnter Mix aus Charme und eleganter Leichtigkeit.

Table- & Küchenkultur

Alessi

Corso Matteotti 9
☎ 02 795726
Metro: M1/San Babila
AE-BA-DC-EC-MC-V
Table- & Küchendesign

🖥 http://www.alessi.it

Die einzige Adresse in ganz Mailand, wo Sie das komplette Alessi-Programm bewundern können. Vom weltberühmten Graves-Wasserkessel mit Vogelflöte bis hin zu den neuesten Kollektionen. Vieles ist aus Edelstahl und Silber. Sie bekommen hier aber auch Lifestyle-Items und Küchenutensilien, die kein riesiges Loch ins Portemonnaie reissen. Tatsächlich, meine Lieben, betreibt Alessi in der Provinz Novara einen **Fabrikverkauf,** der auf meiner Top-Twenty-Liste italienischer Fabrikverkäufe ziemlich weit oben steht (Adresse siehe unten). Wenn selbst deutsche Boutiquebesitzerinnen, die ansonsten edle Alessi-Ware in Deutschland vertreiben, im Urlaub direkt bei Alessi einkaufen, weil's einfach billiger ist, dann spricht das doch für sich, oder? Der Fabrikverkauf von Alessi gleicht einem Fachgeschäft, und Sie bekommen dort fast das ganze Sortiment: Kannen, Wasserkessel, Espressokocher, Bestecke, Geschirr, Kaffeemaschinen und Dekoratives – erste und zweite Wahl. Kaufen Sie zweite Wahl: Zugegeben, diese Sachen weisen kleine Fehler auf, aber die lassen sich allerhöchstens mit der Lupe erkennen.

Alessi-Fabrikverkauf

Via Privata Alessi 6
28023 Crusinallo di Omegna/NO
☎ 0323 868648
⏲ MO: 14.30-18.30   DI-SA: 9.30-18.30
AE-BA-EC-MC-V
Sie sparen: 30 Prozent, bei zweiter Wahl und Auslaufmodellen 50 Prozent

Wegbeschreibung: Von Verbania herkommend, fahren Sie Richtung Omegna. Rund 3 Kilometer vor Omegna liegt Crusinallo. Kurz nach der Ortstafel sehen Sie rechter Hand den Wegweiser Alessi, der Sie rechts hoch in die kleine Via Casale und nach weiteren 500 Metern wieder nach rechts in die Via Privata Alessi führt, wo sich das Verkaufsgebäude befindet. Mit etvas Glück können Sie das Wahrzeichen von Alessi chon von weitem sehen – achten Sie auf eine riesen-rosse hellblaue Teekanne.

Ebenfalls in Crusinallo di Omegna sind **zwei weitere empfehlenswerte Fabrikverkäufe,** vorausgesetzt, Sie stehen auf Edelstahl und Pfannen. Beide liegen innerorts direkt an der Schnellstrasse Richtung Omegna (Adressen siehe unten). Der Laden von **Piazza** liegt links, wenige Meter nach der Abzweigung Via Casale, und **Lagostina** befindet sich etwas weiter geradeaus auf der rechten Seite.

Piazza

Via IV Novembre 242   🖳 http://www.piazza.it
28023 Crusinallo di Omegna/NO
☎ 0323 643595
🕐 MO: 15-18.30   DI-SA: 9-12.30/15-18.30
EC-MC-V
Sie sparen: 20 bis 30 Prozent, bei zweiter Wahl bis zu 70 Prozent

Eine kleine, aber gute Anlaufstelle für Edelstahlgeschirr der funktionalen und gebrauchsfesten Art: Töpfe, Schüsseln, Küchengarnituren, Bestecke, Butterdosen ...

Lagostina

Via IV Novembre 39   🖳 http://www.lagostina.it
28023 Crusinallo di Omegna/NO
☎ 0323 652255
🕐 MO: 15-19   DI-SA: 9-12.30/15-19
EC-MC-V
Sie sparen: 20 bis 50 Prozent

Ein Paradies für Passionsköche, die mehr auf Qualität und weniger auf dekoratives Design stehen. Pfannen in allen Grössen, Spezialtöpfe für Spargel und Spaghetti, Fondue-Sets, kleine Küchenhelfer etc.

La Porcellana Bianca

Via Statuto 11
☎ 02 6571560
Metro: M2/Moscova
AE-V
Porzellan & Glas

Wenn Sie weisses Porzellan suchen, dann müssen Sie hier abtauchen.

Laura Fiume

Corso Garibaldi 34   🖳 http://www.laurafiume.it
☎ 02 86464389
Metro: M2/Lanza
AE-BA-DC-EC-MC-V
Keramik & Stoffe

Eine kleine Design-Oase für Katzenfreunde. Die toska
nische Designerin produziert moderne Keramiksachen
Stoffe und Wohnaccessoires im italienischen Land
haus-Stil. Sie finden hier beispielsweise sonnenblu
mengelbe Teller mit einem hellen Katzenkopf bemal
oder eine Keramikuhr in Form eines Katzenkopfs.

Penelopi 3

Piazza San Marco 1 (Via Solferino)
☎ 02 6599640
Metro: M2/Moscova
AE-BA-DC-EC-MC-V
Küchendesign & Wohnaccessoires

Bei Penelopi 3 erwartet Sie eine bunte Mischung
gestylter Wohnaccessoires, vor allem aber dekorative
Küchenutensilien. Alles sehr modern, funktional und
farbenfroh. Sie finden hier auch einige Sachen, die
sich gut als Geschenk eignen.

Picowa

Piazza San Babila 4/D
☎ 02 794078
Metro: M1/San Babila
AE-BA-DC-EC-MC-V
Küchen- & Wohnaccessoires

Wenn Sie auch zu denen gehören, die ein Faible für
schöne Wohnaccessoires und Küchenutensilien ha
ben, dann sollten Sie Ihre Shoppingtour bei Picowa be
ginnen. Auf zwei Stockwerken gibt es hier unendlich
viel – nicht alles ist immer sehr nützlich, aber dafür
garantiert dekorativ. Wirklich unglaublich.

Richard Ginori

• Corso Matteotti 1
☎ 02 76008526
Metro: M1/San Babila
• Via P. Castaldi 42 (Eingang: Corso Buenos Aires)
☎ 02 29516611
Metro: M1/Porta Venezia
AE-BA-DC-EC-MC-V
Porzellan, Keramik & Glas

Richard Ginori gehört zu den berühmtesten Porzellanproduzenten der Welt; seine feinen Edelkreationen zieren seit 1735 die Tafeln vieler europäischer Adelshäuser. In seinen Shops bekommen Sie neben einem breitgefächerten Angebot an Eigenkollektionen auch Keramikwaren von namhaften Herstellern. Kurz und gut: Einfach alles, was eine gehobene Tisch- und Esskultur verlangt. Mailands Hauptgeschäft am Corso Matteotti ist elegant und gross, die anderen Dependancen in Town fallen dagegen ab.

Wer nach Florenz kommt, sollte unbedingt den **Ginori-Fabrikverkauf** besuchen (Adresse siehe unten). Sie bekommen dort edle Porzellanservices in ganz unterschiedlichen Varianten und mit verschiedenen Dekors, auch Sammlerfiguren und Geschenkartikel. Eine lohnende Adresse: Für Waren zweiter Wahl zahlen Sie beispielsweise weniger als den halben Preis, dafür nehmen Sie allerdings in Kauf, dass die Sachen winzige schwarze Flecken aufweisen, die Sie aber von blossem Auge nicht sehen können. Und das Beste: Richard Ginori bietet einen Zustellservice an. Ganz in der Nähe des Fabrikverkaufs befindet sich übrigens auch das Richard-Ginori-Museum.

Botteguccia Richard Ginori

Viale G. Cesare 19
50019 Sesto Fiorentino/FI
☎ 055 4210472
🕐 DI-SA: 9-13/15-19
AE-DC-EC-MC-V
Sie sparen: bis zu 50 Prozent, bei zweiter Wahl noch mehr

Wegbeschreibung: Autobahn A1 Bologna–Roma, Ausfahrt Prato/Calenzano. Folgen Sie der Beschilderung nach Sesto Fiorentino. Diese führt Sie in die Viale Pratese, von der Sie dann rechts in die Viale G. Cesare abbiegen. Rund 200 Meter weiter befindet sich zur linken Hand das Verkaufsdepot.
Falls Sie in Florenz sind, können Sie auch mit der Buslinie 28 nach Sesto Fiorentino reisen. Die Busse fahren vom Bahnhof Santa Maria Novella ab.

Venini

Via Montenapoleone 9　　🖳 http://www.venini.it
☎ 02 76000539
Metro: M1/San Babila
AE-BA-EC-MC-V
Murano-Glas

Venini gehört zu den führenden Herstellern von venezianischem Glas. Unter Insidern ist man sich einig, dass Venini die zweite Renaissance (1920-60) der Glasbläserei in Venedig eingeläutet hat. Mit einem mundgeblasenen Murano-Stück von Venini haben Sie ein Designobjekt par excellence. Sicherlich, diese farbigen Stücke sind extrem teuer, aber halten Sie sich stets vor Augen, dass diese Glassachen als ernsthafte Kunstwerke gelten. Sie bekommen hier Zierflaschen, Vasen, Krüge, Becher und Leuchten.

☆ Vetrerie di Empoli

• Via Borgospesso 5
☎ 02 76008791
Metro: M3/Montenapoleone
DC-MC-V
Glas & Kristall

• Via Pietro Verri 4
☎ 02 76021656
Metro: M1/San Babila
DC-MC-V
Glas, Keramik & Porzellan

Wenn Sie nach dem ultimativen Shoppingerlebnis in Sachen Glas suchen, dann müssen Sie zu Vetrerie di Empoli gehen. Sie bekommen hier herrliche Vasen, Schüsseln, Teller, Gläser, Kerzenständer etc., auch aus farbigem Glas und mit «Gold» verziert. Am besten, Sie schauen sich beide Shops an, das Sortiment ist nicht dasselbe. Die Preise sind unglaublich zuvorkommend, und das meiste sieht viel teurer aus, als es in Wirklichkeit ist. Sie finden zudem auch immer eine Ecke mit Special Offers. Ausserdem ist das Ladenambiente zauberhaft, vor allem in der Via Borgospesso, wo Sie von Wandmalereien und Kronleuchtern umgeben sind.

Zani & Zani

Via San Damiano
☎ 02 798096
Metro: M1/San Babila
AE-BA-EC-MC-V
Table- & Küchendesign

　　　　　　　　　　　DESIGN & DEKORATIVES

Avantgardistisches Table- & Küchendesign für Ästheten. Wenn ich es selber nicht besser wüsste, würde ich diesen Verkaufsraum als Design-Ausstellung outen. Keine Angst, Sie dürfen die einzelnen Produkte, die so dekorativ in den hohen Wandregalen stehen, anfassen. Neben weichen Kunststoffobjekten finden Sie hier vor allem formvollendete Küchenutensilien aus Edelstahl. Ein prima Ort, wo Sie sich auch inspirieren lassen können.

Home Collection

Bassetti
- Corso Buenos Aires 52
- ☎ 02 29400048
Metro: M1/Lima
- Corso Genova/Ecke Via Ariberto
- ☎ 02 58104148
ab Dom/Via Torino: Tram 2, 14

AE-BA-DC-EC-MC-V
Home Collection

Die preiswerte Alternative zu **Pratesi, Frette** und Co. Bassetti beliefert halb Italien mit qualitativ guter Konfektionsware im Wäschebereich. Das Sortiment ist riesig – Sie bekommen hier alles mögliche, auch Sachen im Paisley-Stil. Für meinen Geschmack ist das Zeug allerdings zuwenig speziell.

☆ C & C

Via della Spiga 50 (im Hinterhof)   TAX FREE
☎ 02 780257
Metro: M3/Montenapoleone
AE-BA-DC-EC-MC-V
Home Collection, Wohnaccessoires & Möbel

Die Gebrüder Castellini bieten in ihrer Wohnboutique eine verführerische Palette anspruchsvoller Hometextilien aus Leinen, Seide, Kaschmir und Samt. Sie finden dort auch Wohnaccessoires und Möbel. Der Stil liegt irgendwo zwischen rustikal und mediterran, vieles ist gestreift. Für Wohnfreaks eine ausgezeichnete Inspirationsquelle, obendrein sind die Preise human.

Frette

- Via Montenapoleone 21 ⌨ http://www.frette.it TAX FREE
- ☎ 02 76003791
Metro: M3/Montenapoleone
- Corso Buenos Aires 82
- ☎ 02 29401072
Metro: M1/Lima
- Via Torino 42
- ☎ 02 86452281
ab Dom/Via Torino: Tram 3
- Corso Vercelli 23/25
- ☎ 02 4989756
Metro: M1/Conciliazione

AE-BA-DC-EC-MC-V
Home Collection

Der berühmte italienische Wäschehersteller hat mittlerweile seinem direkten Konkurrenten Pratesi den Rang abgelaufen: Das Sortiment ist breiter, und der Verkauf boomt. Bei Frette bekommen Sie zwei unterschiedliche Produktlinien: eine durchschnittliche für Normalverbraucher und eine exklusive, die Hochwertiges aus Leinen, Seide und Baumwolle fürs Schlafen und Wohnen umfasst. Nebenher fertigt das alte Traditionshaus auch eine preiswertere Hotel-Linie, die allerdings nicht über den Einzelhandel vertrieben wird. Mittlerweile gibt es Filialen in der ganzen Stadt. Halten Sie sich aber vor Augen: Je nobler die Verkaufsgegend, desto besser ist auch das Warenangebot.

Jesurum

Via Pietro Verri 4 ⌨ http://www.jesurum.it TAX FREE
☎ 02 76015045
Metro: M1/San Babila
AE-BA-DC-EC-MC-V
Home Collection

Ein Ableger des berühmten venezianischen Spitzenherstellers. Michelangelo Jesurum haben wir es zu verdanken, dass uns die alte Tradition des Spitzenklöppelns bis heute erhalten geblieben ist. Das Ergebnis ist umwerfend: exquisite Leinentischtücher mit feinster Stickerei, elegante Spitzensachen und Co.

Pratesi

Via Montenapoleone 27/E ⌨ http://www.pratesi.it TAX FREE
☎ 02 76012755
Metro: M3/Montenapoleone
AE-BA-DC-V
Home Collection

Pratesi ist international einer der berühmtesten Namen für exquisite und extrem teure Bett- und Tischwäsche. Kein Wunder also, dass er viele Schöne und Reiche auf der ganzen Welt beliefert. Obwohl das Unternehmen in letzter Zeit Geschäfte schliessen musste, ist Pratesi-Wäsche nach wie vor eine Klasse für sich. Mailands Pratesi-Filiale übrigens auch: Es gibt dort eine fantastische Auswahl an Tischtüchern, wunderschönen Bettgarnituren, handgearbeiteten Seide-Nachthemden ... Sicherlich, die Preise sind hoch, allerdings zahlen Sie in anderen Ländern wesentlich mehr dafür. Am besten, Sie kommen während des Schlussverkaufs (30 Prozent Preisreduktion auf das gesamte Sortiment). Oder noch besser: Sie fahren in die Heimatstadt der Firma Brunetto Pratesi, nach Pistoia – eine kleine Provinzstadt, die rund eine Stunde von Florenz entfernt liegt. Dort befindet sich der **Pratesi-Fabrikverkauf,** wo Sie Ausschussware mit einem Preisabschlag von rund 50 Prozent einkaufen können (Adresse siehe unten). Das Sortiment variiert ständig, einige Produkte weisen offensichtliche Mängel auf, andere wiederum haben lediglich ein paar Stiche zuviel. Wer allerdings zu Schleuderpreisen einkaufen will, liegt beim Luxusproduzenten Pratesi falsch. Im Fabrikverkaufs-Shop bekommen Sie beispielsweise grosse Strandtücher in stilvollem Design für rund 200 000 Lire.

Pratesi Shop

Via Montalbano 41
51034 Casalguidi/PT
☎ 0573 526462
🕐 MO: 14.30-19.30   DI-FR: 9.30-12.30/14.30-19.30   SA: 9.30-12.30
Nehmen keine Kreditkarten
Sie sparen: bis zu 50 Prozent

Wegbeschreibung: Autobahn A11 Florenz–Lucca, Ausfahrt Pistoia. Folgen Sie der Landstrasse nach Pistoia–Vinci. Der Verkauf befindet sich in der Fabrik, einem flachen, modernen Gebäude ohne Firmenemblem. Am besten, Sie orientieren sich am Hinweisschild «Ponte Stella» und biegen dort links ab zum Pratesi-Areal.

Stoffe

Elleci

Via Montenapoleone 14 (im Hinterhof)
☎ 02 76024539
Metro: M1/San Babila
AE-BA-DC-EC-MC-V
Stoffe

Elleci gehört zu den berühmten Comer Seidenherstellern und verkauft in Mailand an erstklassiger Lage eine gigantische Auswahl davon. Sie finden hier hochwertige Seidenstoffe in allen erdenklichen Farben, mit Motiven bedruckt oder unifarben, in klassischem oder trendigem Stil. Elleci-Stoffe werden übrigens auch von berühmten italienischen Designern verwendet.

Etro

Via Pontaccio 17/
Ecke Via Vicolo Fiori
☎ 02 86461192
Metro: M2/Lanza
AE-DC-MC-V
u.a. Home Collection, Wohnaccessoires & Möbelstoffe

📖 Designer-Special/S. 306
📖 Spaccio di Etro/S. 146

Falls Sie auf einen herrschaftlichen Wohnstil stehen, dann sollten Sie auf jeden Fall im alten Hauptgeschäft von Etro vorbeischauen. Hier ist der Ort, wo Sie edle Stoffklassiker bekommen, allen voran den legendären Kaschmirstoff im schottischen Paisley-Dessin. Die Preise sind natürlich exorbitant hoch. Was viele allerdings nicht wissen: Etro steckt seine Reststoffe und Auslaufmodelle in seinen Outlet-Laden an der Via Spartaco und verkauft sie dort mit einem Preisnachlass von 30 bis 50 Prozent (📖 S. 146).

Galtrucco

Piazza del Duomo/Ecke Via Mazzini
☎ 02 876256
Metro: M1, M3/Duomo
AE-BA-DC-EC-MC-V
Stoffe

Galtrucco ist Mailands Klassiker für hochwertige Stoffe von nahezu jeder erdenklichen Art. Sie bekommen hier auch Designerstoffe, die in den örtlichen Spinnereien hergestellt werden. Und natürlich hauchdünne Spitzenstöffchen, Seide & Kaschmir – ein Traum.

☆ Lisa Corti

Via Conchetta 6
☎ 02 58100031
ab Dom/Via Torino: Tram 3
Nehmen keine Kreditkarten
Stoffdesign

Das Textil-Atelier der norditalienischen Stoffdesignerin liegt an einer wenig einladenden Strasse im Navigli-Viertel. Was Lisa Corti aber zu bieten hat, ist einzigartig: Tischdecken, Servietten, Überwürfe, Plaids, Nackenrollen und Kissen mit kunterbunten Dessins. Ihre Soffe, die die Designerin übrigens in Indien bedrucken lässt, haben sie schon vor Jahren bekannt gemacht.

SHOPPINGTOUREN FÜR EINSTEIGER

Mailand ist eine Entdeckungsreise wert. Wenn Sie nicht gezielt einzelne Shops aufsuchen wollen, können Sie ja eine der folgenden Einkaufstouren ausprobieren. Ziehen Sie bequeme Schuhe an – ich spreche aus leidvoller Erfahrung –, klemmen Sie den Shopping-Guide unter den Arm, und los geht's.

Tour 1: Die Dom-Tour

Corso Vittorio Emanuele II heisst die wichtigste Shoppingstrasse auf dieser Tour: Sie laufen die eine Seite hinunter und die andere hinauf und schlendern ab und zu ein paar Schritte durch kleine Seitenstrassen. Natürlich führe ich Sie auch durch «Mailands Salon», die schönste überdachte Einkaufspassage Italiens. Ausserdem zeige ich Ihnen zwei lohnenswerte Outlet-Shops.

Beginnen Sie Ihren Shoppingtag echt milanesisch mit einem Cappuccino im Stehen – Sitzen kostet extra. Ganz in der Nähe des Doms, links vom Eingang zur **Galleria Vittorio Emanuele II,** befindet sich die legendäre **Camparino Bar Zucca** (📖 S. 36). Diese Jugendstilbar wurde 1867 von Gaspari Campari, dem späteren Erfinder des gleichnamigen roten Likörs, eröffnet. Sein Sohn Davide wurde zwei Monate nach deren Eröffnung in der obersten Etage geboren und vermarktete später den Campari auf der ganzen Welt. Verständlicherweise zahlen Sie hier für die Getränke etwas mehr als anderswo ...

1. Nach Zucca promenieren Sie am Edelkaufhaus La Rinascente vorbei direkt in die Fussgängerzone **Corso Vittorio Emanuele II.** Halten Sie links. Ihr erstes Ziel heisst **Pollini** (📖 S. 174), eine renommierte Adresse für klassisch-elegante Schuhe und Lederwaren. Nebenan liegt das alteingesessene

Mini-Geschäft des italienischen Hutklassikers **Borsalino** (📖 S. 201). Zumindest das Schaufenster sollten Sie sich ansehen. Als nächstes schwenken Sie links in die Seitenstrasse **Via Agnello.** Dort ist lediglich **Paolo Tonali** (📖 S. 98) in Nummer 18 interessant – vorausgesetzt, Sie stehen auf elegante Damenmode der gehobenen Preisklasse. Kehren Sie nun zum Corso zurück. Falls Sie mit Ihrem Partner unterwegs sind, dürfte auch der traditionelle Herrenausstatter **Larusmiani** (📖 S. 105) einen kleinen Abstecher wert sein.

2. Nächste Station: die Seitengasse **Via San Paolo.** An der Ecke erblicken Sie den Schuhtempel von **Bruno Magli** (📖 S. 171) und weiter hinten links die elegante Damenboutique **Galaxy** (📖 S. 96). Sie bekommen dort hochkarätige Designerwear, unter anderem auch von Gianfranco Ferré und Gai Mattiolo.

   Flanieren Sie zum Corso zurück, und bleiben Sie weiterhin links. Vor Ihnen liegt **Maska** (📖 S. 72), ein Damengeschäft für trendige Basicwear; dann kommt **Max & Co.** (📖 S. 92), ein Ableger der jungen Trendlinie von Max Mara; etwas weiter vorne eine Niederlassung der famosen Taschenkette **Furla** (📖 S. 164); und schliesslich der Damenklassiker **Max Mara** (📖 S. 72) – ein sensationeller Palast, den Sie sich nicht entgehen lassen sollten. Am Ende der Strasse stossen Sie noch auf **Marilena** (📖 S. 181), wo Sie Schuhe zu akzeptablen Preisen finden.

3. Jetzt stehen Sie vor der **Piazza San Babila.** Dort in der Nähe befindet sich eine lohnende Schnäppchenadresse: Überqueren Sie die Piazza und den anschliessenden **Largo Toscanini,** und schwenken Sie rechts in den **Corso Europa.** Halten Sie links. In Haus Nummer 18 erblicken Sie **Libero** (📖 S. 145), eine Art Discounter, der berühmte Labels und italienische Industriemarken bis zu 50 Prozent unter dem offiziellen Ladenpreis verkauft. Vor allem die Men's Wear ist hier sehr begehrt, aber nicht nur. Im gleichen Gebäude liegt **Mar-**

gherita, eine exklusive Bademode- und Dessous-boutique, die ihr Geld mit La Perla und Co. verdient.

4. Nach Libero wechseln Sie die Strassenseite und laufen zur Piazza zurück. Werfen Sie im Vorbeigehen einen Blick in die Vitrinen von **Mandarina Duck** (📖 S. 164), und schauen Sie sich die Bags dieser berühmten italienischen Kette an.

Wieder auf der Piazza, machen Sie einen kurzen Abstecher in die **Via Borgogna,** die zweite Seitenstrasse, die rechts vom Platz abgeht. In Nummer 1 verkauft **Sem il Vaccaro** (📖 S. 156) trendige Fashion, Ledermode und Schuhe. Nur superschlanke Frauen sind hier richtig.

Und wieder geht's zur Piazza San Babila zurück. Bleiben Sie auf dieser Seite, und biegen Sie rechts in den **Corso Monforte.** Nach ein paar Schritten sehen Sie rechts den Kosmetikdiscounter **Mazzolari** (📖 S. 190). Hier bekommen Sie Kosmetik- und Beautysachen von mehr als 70 internationalen Marken mit einem Discount von 20 Prozent. Falls Sie sich mehr für Design und Wohnobjekte interessieren, sollten Sie Ihre geografisch perfekte Lage jetzt nutzen und drei Showrooms besuchen: Verpassen Sie auf keinen Fall die beiden Leuchtenhersteller **Flos** (📖 S. 236) und **Artemide** (📖 S. 235) am Corso Monforte 9 bzw. 19. Ebenfalls zum Pflichtprogramm gehört der avantgardistische Möbeldesigntempel **Cappellini** (📖 S. 225); der Eingang befindet sich in der kleinen Seitenstrasse Via San Cecilia.

5. Flanieren Sie zur Piazza San Babila zurück, am grossen Springbrunnen vorbei, Richtung **Corso Vittorio Emanuele.** Links, nicht zu übersehen, residiert der Lifestyle-Palast **Fiorucci Dept. Store** (📖 S. 126). Der kaufhausähnliche Shop bietet unendlich viel: Modeaccessoires, Geschenkideen, Dekoratives und natürlich Fashion. Vieles davon richtet sich an das junge Publikum. Sie sollten trotzdem reinschauen, allein schon wegen der Sonnenbrillen-Abteilung.

6. Nach Fiorucci geht es auf der gleichen Strassenseite weiter. Es folgen die junge und auch relativ preiswerte Trendboutique **Nadine,** danach **Marina Rinaldi** (📖 S. 122), Max Maras Filiale für Damenfashion ab Grösse 42, und nochmals **Pollini** (📖 S. 174), diesmal mit Damenschuhen und Handtaschen.

7. Vor **Stefanel** (📖 S. 131), einer bekannten italienischen Marke für Teens, zweigen Sie links in die ruhige Seitenpassage **San Carlo** ab. Laufen Sie ein paar Meter geradeaus, und gehen Sie dann links herum in Max Maras Outlet-Store **Diffusione Tessile** (📖 S. 140). Das zweistöckige Geschäft verkauft Restbestände sämtlicher Max-Mara-Linien (auch von Sportmax, Max & Co. und Marina Rinaldi) 30 bis 50 Prozent billiger, zudem Schuhe und Accessoires.

8. Durst? Schräg gegenüber von Diffusione Tessile ist eine kleine Bar, wo Sie etwas trinken können. Beim Weggehen sollten Sie möglicherweise noch schnell rechts um die Ecke bei **Teras** (📖 S. 182) reinschauen. Der Laden ist voll mit trendigen Teenieschuhen. Vielleicht etwas für Ihre Kids zu Hause? Wenn nicht, ist der **Lacoste**-Laden vor Ort eventuell eine Alternative.

9. Jetzt gehen Sie zum Corso Vittorio Emanuele zurück und laufen dort weiter. Zur linken Hand erblicken Sie **Vergelio** (📖 S. 178). Neben klassischen Schuhen von Church's, Clark's, Sebago und Co. finden Sie hier auch seine günstigere Eigenlinie. Ein Haus weiter, und Sie landen bei **Caractère** (📖 S. 90), einem italienischen Trendlabel für Women's Wear.

10. Wechseln Sie die Strassenseite, und gehen Sie geradeaus zu Mailands Edelkaufhaus **La Rinascente** (📖 S. 212). Falls Sie hungrig sind, wäre das jetzt der richtige Moment für eine kleine Essenspause. Fahren Sie mit dem Lift in den siebten

Stock, und geniessen Sie dort, während Sie einen Lunch zu sich nehmen, eine einmalige Aussicht auf die Domterrassen. Frisch gestärkt können Sie jetzt das Kaufhaus von oben bis unten durchkämmen – theoretisch zumindest. Praktisch empfehle ich Ihnen die Abteilungen *Accessoires* (im Erdgeschoss), *Küchen- und Tabledesign* (im Untergeschoss) und *Dessous* (im Zwischengeschoss), eventuell auch die sechste Etage *(Hometextilien & Wohnaccessoires)*.

11. Verlassen Sie das Kaufhaus durch den Hauptausgang, und biegen Sie etwas weiter oben rechts in die ehrwürdige **Galleria Vittorio Emanuele** ein – ein historischer Moment. Einen Halt einlegen sollten Sie beim **Mercedes-Benz Spot** (📖 S. 215). Falls Sie Kinder dabeihaben, können Sie sich auf etwas gefasst machen: Auf dem Boden stehen hier niedliche Elektro- und Tretautos herum, die sehnsüchtige Kinderaugen bestimmt in ihren Bann ziehen. Wieder draussen, erblicken Sie eine Filiale von **Prada** (📖 S. 74). Dort bekommen Sie fast ausschliesslich die heissbegehrte Lederwaren-Linie des Hauses, allerdings auch etwas Fashion. Der Buchladen **Rizzoli** (📖 S. 203) und der gigantische Multi-Media-Shop **Ricordi** (📖 S. 204) dürften sich allenfalls auch lohnen. Interessiert Sie das alles nicht, spazieren Sie geradeaus weiter Richtung **Piazza della Scala.**

12. Auf der Piazza angekommen, wenden Sie sich nach links und laufen direkt zum **Trussardi-Palazzo «Marino alla Scala»** (📖 S. 75). Die Boutique im Parterre bietet eine kleine, exquisite Auswahl an Damen- und Herrensachen – kein Einkaufsknüller, aber ich schicke Sie auch nicht deswegen hierhin. Anschauen müssen Sie sich vor allem die gestylte Cafeteria im ersten Stock und natürlich den angegliederten «Art & Book-Shop» – Trussardi sei Dank!

13. Flanieren Sie via Galleria, am aphrodisierenden Stiermosaik in der Mitte vorbei, zum Domplatz zurück. Gleich nach der Galleria entdecken Sie rechts **Missoni Sport** (📖 S. 78), Mailands Niederlassung für den sportlichen Freizeitlook «à la Missoni»: bunt, bunter.

14. Hier am Domplatz, wo die Metrostation und die Taxistände sind, beenden Sie Ihre Shoppingtour, es sei denn, Ihr Begleiter ist Pfeifenraucher. Dann sollten Sie, wie der alte Staatschef Sandro Pertini, immer, wenn Sie Mailand besuchen, bei **Savinelli** (📖 S. 210) in der Via Orefici 5 einen Stopover machen. Sie sind in einer Minute dort, wenn Sie nach Missoni geradeaus zur **Via Mercanti** gehen, diese überqueren und die angrenzende **Passarella** durchschreiten. Jetzt sind Sie in der **Via Orefici,** und links liegt Savinelli.

Tour 2: Die Brera-Tour

Diese Tour führt Sie durch die Strassen des ehemaligen Künstlerviertels Brera. Meiner Meinung nach gehört dieses lebendige Szene-Viertel mit seinen vielen Restaurants, Galerien, Antiquitätengeschäften und natürlich den zahlreichen Shops zu den interessantesten Gegenden Mailands.

1. Am besten, Sie fahren mit der Metro bis **Lanza** und nehmen dort den Ausgang Richtung **Via Tivoli.** In Nummer 8 sollten Sie sich den trendigen Kosmetikshop **Madina** (📖 S. 190) ansehen, wo Sie zwischen unzähligen Make-up-Nuancen, 400 Lippenstiften und zig Nagellacken Ihre Wunschfarbe aussuchen können.

2. Schlendern Sie geradeaus weiter bis zur Kreuzung, und schwenken Sie links in den **Corso Garibaldi.** Dort an der Ecke hat sich **Viativoli** (📖 S. 94) einquartiert, ein Laden, der klassische No-Name-Fashion zu günstigen Preisen verkauft. Nebenan liegt die renommierte Wohndesign-Galerie **Eclectica** (📖 S. 228). Für Gucci-Kunden ungeeignet, aber eine lohnende Anlaufstelle, wenn Sie spezielle Wohnaccessoires suchen. Im hinteren Teil der Galerie finden Sie zudem eine kleine Auswahl an unkonventionellen Modesachen, beispielsweise bunte Seidenhängerchen für zierliche Figuren.

Das war's schon im Corso Garibaldi, es sei denn, Sie interessieren sich für preiswerte Hemden. Dann wechseln Sie die Strassenseite und laufen hoch bis zur Nummer 24. Dort besitzt die Konfektionsfirma **J & S** (📖 S. 108) einen Lagerverkauf, wo Sie qualitativ gute Freizeit- und Businesshemden in allen erdenklichen Varianten erstehen können.

3. Jetzt marschieren Sie zur Kreuzung Tivoli zurück, überqueren diese und laufen auf der linken Seite der **Via Mercato** weiter. Der erste sehenswerte Laden heisst **Henry's** (📖 S. 129), eine günstige Boutique für junge Trendklamotten. Danach kommen das Lederwarengeschäft **Esibiusi** (📖 S. 166) und gleich daneben der Zweitlinien-Shop von **Martino Midali** (📖 S. 78).

Das letzte Geschäft vor der **Piazza Carmine** heisst **Alfonso Garlando** (📖 S. 176). Falls Sie ein Faible für trendiges Schuhwerk haben, ein absolutes Muss. Wenn Sie sich jetzt nach links wenden, sehen Sie auch den preiswerten Zweitladen von Garlando. Besser gesagt, die Billig-Fundgrube für Damenschuhe in allen Regenbogenfarben.

4. Gehen Sie weiter zur **Via Ponte Vetero**. Zur linken Hand verkauft der Gemmologe **Demalde' Elvio** (📖 S. 192) in seinem Laden, der nicht grösser als ein Schliessfach ist, ausgefallenen Modeschmuck aus den glorreichen 20er, 30er und 50er Jahren.

Ihre nächste Station: **La salle à manger** in Nummer 14. Essen können Sie hier nichts, aber Sie sollten einen Blick auf die Geschirrsachen und die Tischwäsche werfen. Ein Haus weiter verkauft die Damenboutique **Bipa** (📖 S. 90) junge Trendfashion zu annehmbaren Preisen.

Sicherlich sind Sie nicht wegen des **Gourmet House Tea Time** (📖 S. 207) nach Mailand gereist. Aber im Vorbeigehen lohnt sich ein Abstecher in diese dekorative Tee-Oase. Sie bekommen dort auch exotische Gewürze, leckere Konfitüren und feine Pralinen. Und schräg gegenüber liegt das Hauptgeschäft des Jungdesigners **Martino Midali** (📖 S. 71).

5. Nur wenn Sie auf urbanen Trendschick stehen, laufen Sie noch weiter bis zum Ende der Strasse. Sehen Sie das helle, moderne Gebäude zur rechten Hand? Das ist **Esprit,** und dahin geht es als nächstes. Spätestens jetzt bummeln Sie zur Piazza Carmine zurück und nehmen rechts die kleine Gasse **Via Madonnina** unter die Füsse.

6. Diese kurze Strasse ist ein wahrer Geheimtip. In Nummer 7 unterhält Alessandra Vanni die kleine Szene-Boutique **Les Coco.** Öffnen Sie die Ladentür nur, wenn Sie abgefahrene Fashion und ausgefallenes Schuhwerk suchen. Nebenan verkauft **Angela Caputi** modernen Modeschmuck, und ein Haus weiter stossen Sie bei **Rue d'Antibes** (📖 S. 99) auf niedliche, süsse Women's Wear und Kidsfashion. Seidenfans sollten sich gegenüber bei **Mylène de Trix** umschauen, und Betuchte dürften sich bei **Church's** (📖 S. 172) und **Il Bisonte** (📖 S. 165) heimisch fühlen. Sie haben die Wahl: englische Nobelschuhe oder robuste Lederwaren in Schwarz und Naturfarbe.

Oben links liegt das Kosmetikinstitut des italienischen Star-Visagisten **Diego della Palma** (📖 S. 188), wo Sie sich nach telefonischer Voranmeldung schminken lassen können oder lernen, es selbst zu tun. Falls Sie mit Ihrem Partner unterwegs sind, sollten Sie schnell links um die Ecke bei **Cashmere Cotton & Silk** (📖 S. 103) vorbeischauen. Sie bekommen dort klassisch-elegante Men's Wear der gehobenen Preislage.

7. Ein kurzer Abstecher in die Welt des mailändischen Modedesigns: In diesem herrlichen Palazzo oben an der winzigen **Via Formentini** verkauft die

Modedesignerin **Luisa Beccaria** (📖 S. 70) ihre feminine Prêt-à-porter-Linie und dazu romantische Kindermode im italienischen Sonntagslook.

8. Wenn Sie von hier aus nach Norden laufen, landen Sie in der **Via Fiori Chiari.** Sehen Sie sich bei **Tuttosole** (📖 S. 199) um, meiner Lieblingsadresse für coole Sonnenbrillen. Ein paar Häuser weiter in Nummer 12 sollten Sie auch den Boutique-Ableger **D&G** (📖 S. 77), Dolce & Gabbanas preiswerteren Young-Fashion-Laden, nicht verpassen. Und unten an der Ecke zur Via Brera müssen Autodesign-Freaks einen Stopover bei **Momo Design** einlegen.

9. Jetzt laufen Sie links um die Ecke, wo Sie in den letzten Teil der **Via Brera** einmünden. Brauchen Sie eine Pause? Die Strasse ist voll von Restaurants, und ganz unten rechts liegt die legendäre **Bar Giamaica** (📖 S. 36), das älteste Lokal des Brera-Viertels. Dort setzen Sie sich hin und trinken in Gesellschaft von Medienleuten, Szene-People und Literaten einen Aperitif. Essen sollten Sie anderswo.

10. Weiter geht's über die Querstrasse **Via Pontaccio** in die geschäftige Quartierstrasse **Via Solferino.** Schauen Sie nach rechts, dort liegt der Szene-Schuhladen **Le Solferine** (📖 S. 175), eine lohnende Adresse für die Anhängerschaft von Patrick Cox und Co.

Wenn Sie mehr auf avantgardistisches Einrichtungsdesign stehen, sollten Sie den Palazzo Rosso von **Dilmos** (📖 S. 228) besichtigen. Preislich nur für die oberen Zehntausend, dennoch ein Muss, um in der italienischen Design-Szene mitreden zu können. Ebenfalls horrende Preise verlangt die Mini-Boutique **Illiprandi,** wo Sie hauptsächlich englische Edelschuhe für Männer erstehen können.

Zurück ins Shopping-Vergnügen für Normalverdiener: Bummeln Sie zu **Urrà** (📖 S. 117) auf der gegenüberliegenden Strassenseite. Der Laden führt ein tolles Angebot an sportlicher Freizeitwear und vertreibt unter anderem auch die Kultschuhe Superga. Favorisieren Sie modische Fashion mit einem klassischen Touch? Dann wenden Sie sich nach rechts, und statten Sie der Boutique **La Tenda** (📖 S. 97) einen Besuch ab.

Bevor Sie sich am Ende der Strasse mit den herrlichen Dessous von **Kristina Ti** (📖 S. 123) beschäftigen, sollten Sie noch diese günstige Fashionadresse zur linken Hand nach Trouvaillen abklappern. **Diffusione Firme Moda** (📖 S. 139) verkauft junge Damenfashion von berühmten Labels und italienische No-Names mit einem Discount von bis zu 50 Prozent.

11. Noch nicht müde? Gut. Vor Ihnen liegt der **Largo Cesare Treves,** schwenken Sie dort in die zweite nach links abzweigende Seitenstrasse **Via Statuto.** Rechts oben bei den ausladenden, orangefarbenen Sonnenstoren liegt **La Vetrina di Beryl** (📖 S. 175), Mailands Kultadresse für bekennende Fashion Victims. Vorne finden Sie extravagante Designerschuhe und hinten Szene-Fashion für hippe Auftritte. Anschauen kostet ja nichts, und das sollten Sie tun. Schräg gegenüber in Nummer 11 ist noch **Coccinelle** (📖 S. 166), wo Sie schlichte Handtaschen zu akzeptablen Preisen bekommen.

12. Geschafft. Beenden Sie Ihre Tour, und schlendern Sie die letzten paar Meter weiter zur nahe gelegenen Metrostation **Moscova.**

Tour 3: Die Szene-Tour

Mailands Szene-Läden konzentrieren sich mit einigen Ausnahmen auf drei Strassen: den **Corso di Porta Ticinese,** ein Stück Alt-Mailand, das Jungdesigner anlockt; den mehr konventionellen **Corso Genova** mit einigen Trendboutiquen und den **Corso Venezia,** neuerdings die Favoritenstrasse für Run-away-Fashion.

Hier im Corso Venezia gehen in topgestylten Mode-tempeln die Szenelabels der grossen Designer über den Ladentisch – Preisschildchen sind unwichtig, Life-style zählt. Am besten, Sie kommen im Schlussver-kauf.

Meine lieben Szene-Ladies, scheuen Sie sich nicht, auch Kreationen von Jungstylisten zu kaufen, wer weiss schon, für wen diese Modemacher sonst noch arbeiten. Noch etwas: Falls Sie knapp kalkulieren müssen, sollten Sie das Kapitel **Outlet-Shopping** (📖 S. 137) unter die Lupe nehmen. Bei **Emporio Isola, Emporio Soldati** und **Il Salvagente** lassen sich mitunter wahre Trouvaillen finden.

1. Ab Dom (Via Torino) fahren Sie mit der Tramlinie 3 Richtung Süden. Steigen Sie an der zweitletzten Haltestelle des **Corso di Porta Ticinese** (Ticinese Vetere) aus. Hier beginnen Sie Ihre Shopping-tour. Laufen Sie den schmucklosen Corso entlang bis zur Hausnummer 60. Ihr erstes Ziel heisst **Martino Midali** (📖 S. 71), und dann kommt **Vincenzo Marino** (📖 S. 89). Beide Jungdesigner-Läden verkaufen schlichte, reduzierte Fashion zu noch bezahlbaren Preisen – ich sage allerdings nicht, dass die Sachen hier günstig sind. Weiter geht's mit **Cut** (📖 S. 155), einer kleinen Werkstattbou-tique für trendige Lederklamotten in wunderschö-nen Farben. Grössenmässig nur etwas für Small-Size-Trägerinnen, dennoch einen kurzen Blick wert. Und nebenan verkauft **Laura Urbinati** (📖 S. 88) in ihrer kleinen Damenboutique hippe Szenewear von Darryl Kerrigan, Miu Miu, Tocca und Co.

2. Etwas weiter, und Sie landen bei **Chic Simple** (📖 S. 86), einem lohnenswerten Shop für hyper-trendige Label-Outfits. Schräg gegenüber liegt der kleine Fashion-Discounter **Items.** Schauen Sie beim Vorbeigehen hinein, Sie finden dort Bou-tique-Reststücke (u.a. von Kookaï und Dolce & Gabbana) mit einem Preisnachlass von 25 bis 30 Prozent. Sicherlich keine Jahrhundert-Schnäpp-chenadresse, aber immerhin.

3. Zurück auf die linke Strassenseite zu **Anna Fabiano** (📖 S. 86), einer kleinen Jungdesigner-Boutique für Androgyn- und Maschenwear. Wenn Sie Glück haben, steht die Modestylistin höchstpersönlich hinter dem Verkaufstresen. Was soll ich dazu noch sagen, vielleicht: Dass ich hier schon aus purer Neugierde eines dieser romantischen Strickkleidchen anprobierte. Ich schaute in den Spiegel und wusste plötzlich nicht mehr, ob die Maschen über mich oder ich durch die Maschen gefallen war, derart luftig war das Ding!

4. Links neben Anna Fabiano liegt die **Gelateria Ecologica** (📖 S. 34), wo Sie im Sommer das beste Eis der Stadt bekommen. Kaufen Sie eins, es ist genau das Richtige, um links die ladenlose **Via de Amicis** bis zur **Piazza Resist. Partigiana** gut gelaunt zu überstehen.

5. Auf der Piazza halten Sie links und bummeln in den **Corso Genova.** Als erstes sollten Sie sich die **Biffi**-Boutique (📖 S. 95) in Nummer 6 vornehmen. Sie liegt auf der rechten Seite und verkauft Designerwear von Donna Karan, Paul Smith und Co. Auch Men's Wear.

Auf dem Weg zu **Anna Raazzoli** (📖 S. 86) in Haus Nummer 16, einem Mini-Laden für ausgesuchte Designerwear, empfiehlt es sich, zunächst bei **Max Mara** (📖 S. 72), **Max & Co.** (📖 S. 92) und **Mandarina Duck** (📖 S. 164) vorbeizuschauen.

6. Auf keinen Fall verpassen dürfen Sie die Avantgarde-Boutique **Zeus** (📖 S. 89) in Nummer 24. Sie bekommen dort hippe Szene-Fashion – auch von Plein Sud, One Day und Simultaneous. Möglicherweise müssen Sie vor dem Ladeneingang klingeln – das ist eine Sicherheitsvorkehrung, wenn viel Kundschaft da ist.

7. Das war's auf dem Corso Genova. Gehen Sie zur schräg gegenüberliegenden Tramstation (Genova D'Oggione), und fahren Sie mit dem 2er oder 14er zum Dom zurück. Dort wechseln Sie auf die Metro:

Die rote Linie 1 bringt Sie in 30 Sekunden zur **San-Babila**-Metrostation, die Sie Richtung **Corso Venezia** verlassen müssen.

8. Zur linken Hand, am Corso Venezia 3, befindet sich das absolute Szene-Highlight: Miuccia Pradas **Miu Miu**-Tempel (📖 S. 79). Ich sage nicht, dass Sie hier einkaufen müssen, aber wenn Sie in der Fashion-Szene mitreden wollen, dann müssen Sie den Mailand-Ableger kennen. Vier Häuser weiter, und Sie landen bei **D&G** (📖 S. 77). Auch nicht schlecht.

9. Fliegen Sie demnächst nach New York? Dann kaufen Sie in Mailand noch eine vorzeigbare Handtasche und ein Paar Schuhe. Egal, welches Label Sie wählen, wichtig ist nur: ein bekanntes. Der **Dolce & Gabbana**-Shop (📖 S. 64) am Corso Venezia wäre beispielsweise eine geeignete Anlaufstelle, natürlich auch **Gucci** (📖 S. 69) in der Via Montenapoleone 5. Alles ultimativ teures Zeug. Soll ich Ihnen ein Geheimnis verraten? Ich kaufe meine Hochhackigen bei **Luciano Padovan** (📖 S. 178) am Corso Venezia 21. Natürlich ein unbekannter Name, aber die Preise stimmen, und seine Schuhe sind speziell, insbesondere die Absatzformen.

10. Unbestritten: Eine Szene-Tour ohne Stopover bei **La Vetrina di Beryl** (📖 S. 88) wäre eine halbe Sache. Deshalb schicke ich Sie noch kurz ins Brera-Viertel. Am schnellsten kommen Sie mit der Metro dorthin. Gehen Sie zur Metrostation San Babila zurück, und nehmen Sie die rote Linie 1 nach **Cadorna;** dort wechseln Sie auf die grüne Linie 2 und fahren bis **Moscova.** Verlassen Sie die Metrostation Richtung **Via Statuto.** Links in Haus Nummer 4, hinter riesigen orangefarbenen Allwetterstoren versteckt, befindet sich Mailands Szene-Shop für bekennende Fashion Victims. Auch lohnenswert: Die kleine Handtaschen-Boutique von **Coccinelle** (📖 S. 166) schräg gegenüber.

Tour 4: Die Yuppie-Tour

Vergessen Sie die sündhaft teuren Prêt-à-porter-Tempel im Goldenen Dreieck. Ich schicke Sie statt dessen zu den trendigen **Zweitlinien-Shops** von Armani, Versace und Co. Nicht billig, auch nicht preiswert, aber preiswerter als die Hauptlinien-Residenzen. Diese Shops tummeln sich rund um die Piazza San Babila und verkaufen ein umfassendes Sortiment: neben Women's und Men's Wear, auch Lederwaren und Fashionaccessoires, teilweise sogar Kidsfashion.

1. Falls Sie mit der Metro kommen wollen, nehmen Sie die rote Linie 1, fahren bis zur Metrostation **San Babila** und verlassen diese Richtung **Corso Venezia.** Halten Sie rechts. Ihr erstes Ziel heisst **GFF** (📖 S. 77), Ferrés Zweitlinien-Shop für junge Citywear. Danach überqueren Sie die Strasse und stechen zu **Miu Miu** (📖 S. 79) und dann zu **D&G** (📖 S. 77). Zwei unglaubliche Tempel, die allein schon deswegen einen Besuch wert sind.

2. Nach D&G laufen Sie den Corso entlang zurück und biegen unmittelbar nach dem **Dolce & Gabbana**-Tempel (📖 S. 64) rechts in die **Via della Spiga** ein. Gehen Sie bis zur nächsten Querstrasse, und zweigen Sie dort links in die **Via Sant' Andrea** ab. In Nummer 12 residiert das zur Zeit gefragteste «In»-Label: **Costume National** (📖 S. 63).

3. Jetzt spazieren Sie geradeaus weiter bis zur **Via Montenapoleone,** überqueren diese und laufen die **Via Pietro Verri** hoch bis zur ersten Linksabzweigung. Hier beginnt die **Via San Pietro all' Orto,** und da biegen Sie ein. Gehen Sie an den Schaufenstern von **Pomellato** (📖 S. 198) vorbei, und folgen Sie dem Strassenverlauf über den Corso Matteotti, bis Sie rechts in Nummer 11 den Shopeingang von **Istante** (📖 S. 78) erblicken. Das ist Ihre nächste Anlaufstelle. Falls Sie auf der Suche nach schwarzen Edelklamotten oder sexy Outfits sind, sollten Sie auch schräg gegenüber bei **Versus** (📖 S. 80) vorbeischauen.

4. Schon Hunger? Kein Problem. Vis-à-vis von Versus sehen Sie das Restaurant **Santa Lucia** (📖 S. 32). Die Pizzas, die Sie hier bekommen, gehören zu den besten der Stadt. Sie können natürlich auch was anderes essen. Normale Preislage.

5. Ihre nächste Shoppingstrasse heisst **Via Durini.** Sie sind in wenigen Minuten dort, falls Ihr Orientierungssinn im Rahmen des Durchschnittlichen liegt. Nach Ihrer Verköstigung schlendern Sie geradeaus weiter Richtung Dom, schwenken links in den **Corso Vittorio Emanuele** ein und laufen Richtung San Babila. Unten an der Piazza überqueren Sie rechts den **Largo Toscanini** und den angrenzenden **Corso Europa** und biegen nun in die nächste Seitenstrasse rechts ein. Das ist die Via Durini.

Halten Sie links. Beginnen Sie mit **Emporio Armani** (📖 S. 77) in Nummer 24. Passen Sie aber auf, dass Sie den Ladeneingang nicht übersehen, die Beschriftung ist äusserst diskret. Weiter geht's mit **Moschino** (📖 S. 73) in Nummer 14. Selbst wenn Sie nichts mit diesem provokantem Modestil anzufangen wissen, sollten Sie dieses zweistöckige Flagship-Kuriosum besuchen. Witzig, smilen Sie mit.

6. Ein paar Häuser weiter bietet **Calvin Klein** (📖 S. 81) in Nummer 6 eine echte Alternative zu den italienischen Designern. Der amerikanische Modeguru verkauft in seiner puristischen Residenz Szene-Fashion (auch Casualwear), Lederwaren und Parfüms.

7. Wieder draussen, schauen Sie rechts rüber zur **Galleria Strasburgo.** Dort befindet sich noch der dreigeschossige **T-Store** (📖 S. 80). Trussardi-Wütige finden hier die Sportswear-Linie, Jeans und natürlich urbanen Trendschick.

8. That's it. Laufen Sie Richtung Dom zurück, und trinken Sie unterwegs einen Kaffee.

Tour 5: Die Outlet-Tour

Diese Tour eignet sich für passionierte Schnäppchenjä-ger, die sich gut orientieren können und auch bereit sind, ein paar Schritte zu laufen. Ausgangspunkt ist immer wieder der Domplatz – d.h., Sie gehen nach jedem Out-et denselben Weg zurück, den Sie gekommen sind und starten wieder vom Dom aus zu Ihrem nächsten Zielort. Das ist am wenigsten zeitraubend, und Sie können so ihre Shoppingtour auch jederzeit beenden.

Bevor Sie jetzt aufbrechen, sollten Sie das Kapitel **Outlet-Shopping** (📖 S. 137) gründlich lesen und spe-ziell auf die unterschiedlichen Öffnungszeiten und die Sortimentsangaben achten. Nicht jeder kann sich schliesslich für dasselbe begeistern.

1. Aufbruch ist um 9.30 Uhr. Ihr erstes Ziel heisst **Il Salvagente** (📖 S. 144), das günstigste und grösste Stockhouse der City. Dieser Outlet wird von vie-len Schnäppchenjägern abgeklappert, so auch von mir. Sicherlich, es gibt bessere Adressen, aber hierher kommt man wegen der Preise. Und die sind unglaublich. Stöbern Sie in aller Ruhe herum, und wenn Sie etwas sichten, sollten Sie sofort zuschlagen. Bezahlt wird bar auf die Hand, notfalls mit Fremdwährungen. Il Salvagente erreichen Sie ab Dom (Via Mazzini) mit der Tramlinie 12. Fahren Sie Richtung **Corso XXII Marzo,** und steigen Sie an der Haltestelle **XXII Marzo Bronzetti** aus. Dort biegen Sie links in die **Via Fratelli Bronzetti** ein. Halten Sie links. Nach zwei Querstrassen sehen Sie bei Nummer 16 ein Hoftor mit einem aufgeklebten A4-Blatt, auf dem «Il Salvagente» steht. Biegen Sie dort ein, links unten befindet sich der unscheinbare Shopeingang. Für die Rück-fahrt besteigen Sie wieder das Tram und pendeln stadteinwärts zum Dom zurück.

2. So gegen 12 Uhr sind Sie auf dem Weg zu meinem Lieblingsoutlet **Emporio Isola** (📖 S. 141). Die-ses zweistöckige Outlet-Paradies liegt in einer be-scheidenen Quartierstrasse namens Via Prina. Ausgangspunkt ist wieder der Dom: Laufen Sie zur

Ecke **Via T. Grossi/Via S. Margherita,** und besteigen Sie dort das Tram 1 Richtung **Corso Sempione.** Bei der Haltestelle **Via Riva Villasanta** steigen Sie aus, überqueren den Corso, schauen nach rechts und biegen in die erste Seitenstrasse ein, die Sie sehen. Das ist die **Via Prina.** Ein paar Schritte nur, und Sie sehen bei Haus Nummer 11 einen Hinterhof. Dort ist der Eingang von Emporio Isola: Über eine Metalltreppe – im Sommer von Blumen umrankt – erreichen Sie den Laden. (Ein Taxi ab Dom kostet zirka 16 000 Lire.)

3. Wieder am Dom, sollten Sie noch einen kurzen Abstecher zur **Diffusione Tessile** (📖 S. 140) machen, dem Outlet-Laden von Max Mara. Das Geschäft ist binnen Minuten zu Fuss erreichbar, wenn Sie am Edelkaufhaus La Rinascente vorbei zum **Corso Vittorio Emanuele II** flanieren. Spazieren Sie rechts den Corso entlang bis zur Boutique Stefanel, dort biegen Sie rechts in die **Galleria San Carlo** ein, und gleich links um die Ecke befindet sich die Diffusione Tessile.

4. Jetzt schwirrt der Kopf – Ausruhen ist angesagt. Laufen Sie zum Domplatz zurück. Oben an der Ecke zur Via Orefici liegt der Selfservice-Laden **Autogrill** (📖 S. 32), meine liebste Anlaufstelle, wenn es schnell gehen soll. Die Rush-hour dürfte mittlerweile vorbei sein, Sie verlieren also keine wertvolle Einkaufszeit.

5. Ihr nächstes Outlet-Ziel heisst **Gruppo Italia Grandi Firme** (📖 S. 144). Verlassen Sie den Autogrill durch den Haupteingang, und schauen Sie nach rechts. Sehen Sie die Tramhaltestelle vor sich? Dorthin begeben Sie sich, steigen ins Tram 3 und fahren Richtung Süden. An der ersten Haltestelle in der **Via Montegani** steigen Sie aus, wechseln die Strassenseite und laufen bis zur Hausnummer 7 zurück. Dort rechts im Hinterhof 7/A befindet sich der Ladeneingang von Gruppo Italia Grandi Firme.

6. Wenn Sie jetzt noch eine Valentino- oder Laura-Biagiotti-Handtasche brauchen können, sollten Sie auch noch bei **Factory Outlet** (📖 S. 161) vorbeischauen. Fahren Sie ab Dom mit der gelben Metrolinie 3 nach Brenta. Dort verlassen Sie die Metrostation Richtung **Viale Brenta** und laufen bis zur ersten Kreuzung. Schwenken Sie nach links in die **Via Bessarione,** und folgen Sie dem Strassenverlauf. Nach den beiden Seitenstrassen **Via Mincio** und **Via Salo** kommt rechter Hand eine dritte: Hier biegen Sie in die kleine **Via Riva di Trento** ein. Und links in einem unscheinbaren hellen Gebäude (Nr. 5) liegt der schlecht angeschriebene Factory Outlet. Von der Metrostation bis zum Laden müssen Sie mit zirka sieben Gehminuten rechnen.

Tour 6: Short-Shopping für Männer

Sie sind in Mailand, haben wenig Zeit und möchten in dieser Modestadt, wo alle eine «bella figura» machen, Fashion einkaufen? Kein Problem. Rund um die Piazza San Babila finden Sie auf kleinster Fläche eine Menge guter Herrenausstatter, die Sie von Kopf bis Fuss einkleiden, egal, ob Sie elegante oder legere, teure oder preiswerte Mode suchen.

Ich habe zwei verschiedene Touren zusammengestellt: eine für klassische Edelmode und eine für klassische Low-Budget-Fashion. Zu allen aufgeführten Shops finden Sie im Kapitel **Men's Wear** (📖 S. 100) noch zusätzliche Informationen.

Beide Shoppingtouren beginnen auf der **Piazza San Babila.** Fahren Sie mit der roten Metrolinie 1 dorthin. Bequemer, aber selten schneller geht es mit dem Taxi.

Die Edel-Tour

1. Bei der **Piazza San Babila** biegen Sie links in den **Corso Matteotti** ein, überqueren diesen und schwenken rechts direkt in die **Via Montenapoleone.** Laufen Sie bis zur Kreuzung **Via Pietro Verri.** Hier beginnt Ihre Tour.

Links vor der Kreuzung liegt das alteingesessene Herrengeschäft **Larusmiani** (📖 S. 105), und rechts in der Seitenstrasse **Via Sant'Andrea 2** finden Sie die feine Herrenboutique **Doriani** (📖 S. 104). Ehrlich gesagt, ich bin ziemlich angetan von diesem Laden.

2. Suchen Sie moderne Men's Wear? Dann vergessen Sie Larusmiani und Doriani, und beginnen Sie gleich rechts an der **Via Montenapoleone 12** bei **Corneliani** (📖 S. 104).

3. Falls Sie viel Geld, sehr viel Geld für Ihre Garderobe ausgeben wollen, dürfte **Brioni** (📖 S. 101) eine lohnende Adresse für Sie sein. Laufen Sie bis zur nächsten rechten Seitenstrasse namens **Via Gesù,** und biegen Sie dort ein. In Nummer 3 finden Sie Roms Edelschneider, der weltweit viele Staatsmänner und betuchte Herren mit exquisiter Fashion bedient.

4. Sollten Brioni-Preise Ihre Geldlimite für Modeausgaben übersteigen, können Sie nach Corneliani wieder zurücklaufen und in die nächste Seitenstrasse rechts abbiegen. Das ist die **Via Pietro Verri.** Halten Sie rechts. In Nummer 1 verkauft **Pal Zileri** (📖 S. 105) schlichte Eleganz; weiter geht's am offiziellen Rolex-Vertreter **Pisa** (etwas für Uhrenliebhaber, 📖 S. 197) vorbei zum Envogue-Geschäft **Verri** (📖 S. 107).

5. Ihr nächstes Ziel könnte **Etro Essenze e Profumi** (📖 S. 189) sein, vorausgesetzt, Sie brauchen noch ein gelungenes Mitbringsel für Ihre Partnerin zu Hause. Mein Buying-Tip: das leichte, klare Duftwässerchen «Heliotrope».

6. Laufen Sie weiter geradeaus, bis Sie rechter Hand **Cravatterie Nazionali** (📖 S. 110) erblicken, ein Geschäft, das sich auf Designerkrawatten spezialisiert hat. Ein Haus weiter residiert **Ermenegildo Zegna** (📖 S. 102).

7. Jetzt schlendern Sie weiter bis zur **Piazza Meda.** Bleiben Sie rechts. In Haus Nummer 3/5 ist das Herrengeschäft **Cavi by Nico** (📖 S. 103). Sie

bekommen dort klassische Men's Wear für jede erdenkliche Gelegenheit, vom Businesslook bis hin zu hochwertigen Casuals.

Nur ein paar Schritte weiter, und Sie sind bei **Castellani** (📖 S. 101) – molto classico! Kein bombastischer Laden, aber die Labels, die hier geboten werden, sind hochkarätig.

8. Meine Herren, das war's! Bestimmt reicht die Zeit noch für einen schnellen Espresso im **Caffè Meda.** Danach geht es den Corso Matteotti zurück zur Metrostation San Babila.

Es sei denn, Sie sind ein leidenschaftlicher Golfspieler. Dann sollten Sie bei der Piazza San Babila noch schnell in die Seitenstrasse **Corso Monforte** einbiegen. Dort liegt rechter Hand **Polos** (📖 S. 219), ein renommiertes Geschäft für den Golfsport.

Die Low-Budget-Tour

1. Direkt an der **Piazza San Babila** liegen zwei **Boggi-**Geschäfte (📖 S. 102). Wenn Sie bei Benetton an der Ecke zum Corso Vittorio Emanuele stehen, schauen Sie links rüber zur seitlichen Ladenpassage, dort ist ein Boggi-Laden. Jetzt drehen Sie sich um hundertachtzig Grad und gucken rechts rüber: Dort, wo die grossen, einladenden Schaufenster sind, befindet sich der zweite und auch grössere Ableger von Boggi. Falls Sie auf einen eher konservativen, britischen Look stehen, eine gute Adresse.

2. Wenn Sie lieber in legeren Casuals und Jeans rumlaufen, sollten Sie dem **WP Store** (📖 S. 117) einen Besuch abstatten. Von der Piazza aus biegen Sie in die angrenzende Seitenstrasse **Via Borgogna** ein. Halten Sie rechts, und laufen Sie bis zur Hausnummer 3. Hier ist der Shop.

3. Sie sind wieder auf der Piazza San Babila. Diesmal biegen Sie in die erste Seitenstrasse rechts ein, gehen über den Zebrastreifen und laufen den **Cor-**

so **Europa** hoch bis zur Nummer 18, wo der lukra- tive **Outlet-Store Libero** (📖 S. 145) liegt. Sie bekommen dort Designersachen mit einem Dis- count von bis zu 50 Prozent, u.a. auch Ralph-Lau- ren-Hemden.

4. Die Piazza San Babila dürfte Ihnen mittlerweile sehr vertraut sein. Spazieren Sie dorthin zurück, am Brunnen vorbei und rechts in den **Corso Venezia.** Laufen Sie diesen hoch bis zur Hausnummer 34/36. Dort verkauft **Oldani** (📖 S. 105) preiswerte klas- sische Men's Wear.

5. Ende der Einkaufstour. Spazieren Sie zur Metrosta- tion **San Babila** zurück, und geniessen Sie eine feine Pasta.

Tour 7: Short-Shopping am Sonntag

Selbst wenn Sie an einem Sonntag in Mailand verwei- len, können Sie einkaufen gehen. Einige Buchhandlun- gen und CD-Shops am Dom sind dann geöffnet. Und falls Sie vor 13 Uhr beim Dom aufkreuzen, können Sie sich auch den kleinen Blumenmarkt (📖 S. 224) an- schauen. Noch besser: Jeden letzten Sonntag im Mo- nat findet der berühmte Antiquitätenmarkt (📖 S. 224) im Navigli-Viertel statt. Alles Dinge, die Ihnen mög- licherweise schon bekannt sind. Was Sie aber bestimmt noch nicht wissen: Die beiden Szene-Tempel **10 Corso Como** und **High-Tech** laden auch sonntags zum Shoppen ein. Beide Geschäfte machen um 10.30 Uhr auf und schliessen um 19.30 Uhr.

1. Fahren Sie mit der grünen Linie 2 zur Metrostation **Garibaldi,** und verlassen Sie diese Richtung **Via Sturzo/Corso Como.** Halten Sie rechts, und bie- gen Sie rechts ab in den Corso Como. Dort, in Haus Nummer 10, befindet sich in einem Hinterhof ver- steckt das gleichnamige Shopping-Kuriosum **10 Corso Como** (📖 S. 87).

2. Der Einrichtungstempel **High-Tech** (📖 S. 233) liegt nur ein paar Schritte entfernt von 10 Corso Como.

Sie erreichen den Laden, indem Sie auf dem Corso Como geradeaus weiter zur **Piazza XXV Aprile** flanieren und dort links abbiegen. Nach wenigen Metern sehen Sie linker Hand einen Innenhof. Und hier im Hinterhof liegt die ehemalige Tintenfabrik, besser gesagt: das frühindustrielle Backsteingebäude namens High-Tech, das randvoll gefüllt ist mit herrlichen Wohnaccessoires.

Die besten Fabrikverkäufe in Norditalien

Fashion & Accessoires

Design & Dekoratives

Schuhe & Co.

DIE BESTEN FABRIK-VERKÄUFE IN NORDITALIEN

Was Designer-Boutiquen und Edelmarken-Shops in Mailand verkaufen, wird meist irgendwo in Norditalien produziert. Einige dieser Manufakturen unterhalten eigene Fabrikverkäufe, wo Sie Restbestände, Muster-kollektionen und Zweite-Wahl-Ware bis zu 50 Prozent billiger einkaufen können. Oft veranstalten sie auch Sommer- und Winterschlussverkäufe, und dann be-kommen Sie weitere 30 bis 50 Prozent Preisreduktion.

Sicherlich, nicht alle Fabrikverkäufe sind Shopping-Highlights: Einige sind zu klein, andere zu teuer, und wieder andere verkaufen nur Ladenhüter und Ramsch. Ich habe in diesem Kapitel lediglich die besten aufge-führt. Natürlich gehe ich nicht davon aus, dass Sie einen Italien-Trip nur wegen eines Fabrikverkaufs pla-nen, aber wenn Sie irgendwo in Norditalien unterwegs sind oder Urlaub machen, dann dürfte sich für Sie ein Abstecher zu einem nahe gelegenen Fabrikverkauf möglicherweise lohnen. Ich jedenfalls mache das so.

Bevor Sie jetzt aufbrechen, sollten Sie noch ein paar Dinge wissen:

- Ich habe mittlerweile einige Fabrikverkaufstouren hinter mir und weiss inzwischen, dass sich das Mit-führen einer entsprechenden **Regional-Strassen-karte** lohnt. Es erleichtert die Orientierung enorm. Ausserdem rate ich Ihnen: Folgen Sie der angegebe-nen **Wegbeschreibung,** denn Italiens Fabrikver-käufe sind oft schlecht gekennzeichnet. Ihren Wa-gen können Sie in den meisten Fällen direkt vor den Verkaufsarealen parken.

- Planen Sie pro Fabrikverkauf genügend Zeit ein, und rechnen Sie damit, dass die angegebenen **Öffnungs-zeiten** nicht immer ganz genau eingehalten werden. Ausserdem sind Sie gut beraten, wenn Sie sich an die Shopping-Devise halten: **«Nur Bares ist Wah-**

res!» Immer mehr Fabrikverkäufe akzeptieren inzwischen aber auch Kreditkarten.

- **Blue Monday:** Montagvormittags haben fast alle Fabrikverkäufe geschlossen. Nachmittags machen die meisten dann auf, einige bleiben auch den ganzen Tag zu.

- **Feriendaten:** Einige Fabrikverkäufe haben im **August geschlossen. Ein paar wenige schliessen auch über die Weihnachtsfeiertage.** Wenn Sie auf Nummer Sicher gehen wollen, sollten Sie deshalb vorher anrufen und fragen.

Armani:

Intai Factory Store

Prov. per Bregnano 12   📖 Designer-Special/S. 313
22070 Vertemate/CO
☎ 031 887373
🕐 DI-SA: 9.30-19
AE-BA-DC-EC-MC-V
Fashion & Accessoires für sie und ihn, Kidscorner
Sie sparen: 30 bis 50 Prozent, teilweise auch mehr

Wegbeschreibung: Autobahn A9 Como–Milano, Ausfahrt Fino Mornasco und dann auf der SS 35 Richtung Milano. Nach der Ortstafel Vertemate und unmittelbar vor dem Möbelcenter «Tutto Risparmio» biegen Sie rechts ab Richtung Saranno. Nach wenigen Metern liegt linker Hand das weisse Intai-Gebäude.

Armanis Fabrikverkauf ist eine Schnäppchen-Oase sondergleichen: Auf drei Stockwerken bekommen Sie eine grosszügige Auswahl an Reststücken und Waren zweiter Wahl: von der edlen Prêt-à-porter-Linie *Giorgio Armani Borgonuovo 21* bis hin zur günstigeren Zweitlinie *Emporio Armani*. Im Erdgeschoss befinden sich die Damenabteilung, der Kidscorner und die Special-Offer-Ecke, eine Etage höher können sich die Herren von der Unterwäsche bis hin zum feinen Anzug einkleiden, und im obersten Stock finden Sie Jeans, Casuals, Sportswear und zusätzlich einige Damentaschen und Schuhe. Was Sie auf keinen Fall verpassen dürfen, ist die Skimode im Winter. Jeweils Mitte Januar kommen die Neuzugänge der *Armani Neve*-Collection. Und dann heisst es zuschlagen: Für rund 400 000 Lire können Sie sich hier einen Skianzug kaufen, der Ihnen einen Glanzauftritt auf der Skipiste garantiert. Alle Neuzugänge sind beim Intai Factory Store jeweils mit «nuovi arrivi» gekennzeichnet. Und sollte Ihnen etwas Spottbilliges unter die Augen kommen, etwa ein Sommerkleidchen für 70 000 Lire, sind Sie gut beraten, wenn Sie nach dem Grund dafür suchen: Einige Sachen weisen geringfügige Webfehler auf oder sind ganz einfach beschädigt. Das Personal ist freundlich und hilft gerne, wenn es die Zeit erlaubt. An der Kasse hängen sogar mehrsprachige Wörterbücher an Schnüren. Was soll ich dazu noch sagen? Vielleicht, dass die Italiener in Scharen kommen. Die Tessiner übrigens auch. An Wochenenden ist der «Laden» meistens so rappelvoll, dass Sie sogar vor den Umkleidekabinen warten müssen. Und es gibt hier einige davon, glauben Sie mir. Am besten kommen Sie deshalb wochentags. Armanis Fabrikverkauf veranstaltet auch zweimal jährlich einen Schlussverkauf.

Direkt am Weg liegen noch zwei weitere Special-Verkäufe: **Albisetti** und **J & S Camiceria.** Falls Sie noch Zeit und Lust haben, können Sie hier auch schnell einen Blick reinwerfen.

Albisetti

Via Nazionale 3
22070 Vertemate/CO
☎ 031 901190
🕐 MO: 15-19   DI-SA: 9.30-12.30/15-19
AE-BA-DC-EC-MC-V
Fashion & Accessoires für sie und ihn
Sie sparen: bis zu 50 Prozent, teilweise auch mehr

Wegbeschreibung: Ausgangspunkt ist der Intai Factory Store von Armani. Biegen Sie wieder in die SS 35 Richtung Milano ein. Nach rund 10 Metern sehen Sie rechts Albisetti.

Albisetti ist kein Fabrikverkauf, sondern ein Outlet-Shop – besser gesagt: eine Schnäppchen-Fundgrube – mit Wühltischatmosphäre. Die Auswahl an Damen- und Herrenmode ist begrenzt, und vieles ist schlicht unmöglich. Neben Designerwear von Valentino, Fendi,

Dolce & Gabbana, Iceberg, Byblos, Ralph Lauren, Calvin Klein und Co. gibt es hier auch viele No-Names. Mit etwas Glück und dem richtigen Blick lassen sich hier aber trotzdem äusserst interessante Schnäppchen finden: beispielsweise ein Fendi-Bikini für 35 000 Lire. Ausserdem gibt es bei Albisetti italienische Designerkrawatten zu sensationellen Preisen: Krawatten erster Wahl bekommen Sie für 30 000 Lire, für die zweite Wahl zahlen Sie noch 15 000 Lire. Gross ist auch das Angebot an Seidenfoulards: Ab 50 000 Lire können Sie sich ein solches Stück aussuchen, und natürlich trägt es die Handschrift eines Designers. Und überall hat es Wühlecken mit teils unüberbietbaren Specials. Ich habe hier schon lederne Schreibtischunterlagen von Armani gesehen.

J & S Camiceria

SS dei Giovi 31
22070 Vertemate con Minoprio/CO
☎ 031 901394
🕓 MO: 15-19   DI-FR: 10-13/15.30-19   SA: 10-19
AE-BA-DC-EC-MC-V
Hemden, Fashion & Accessoires für ihn
Sie sparen: 25 bis 50 Prozent, teilweise auch mehr

Wegbeschreibung: Ausgangspunkt ist der Outlet-Shop Albisetti. Biegen Sie wieder in die SS 35 ein, und fahren Sie rund 500 Meter weiter. Zur rechten Hand sehen Sie jetzt den gut gekennzeichneten Fabrikverkauf J & S.

J & S ist eine bekannte italienische Hemdenmarke, die sich auf den klassischen und sportlich-eleganten Look spezialisiert hat. Hier im Fabrikverkauf finden Sie ein umfangreiches Angebot an Hemden, aber auch Men's Wear ganz allgemein und einige Damensachen. Für ein qualitativ hochwertiges Herrenhemd aus Baumwolle zahlen Sie um die 70 000 Lire. Ausserdem werden Sie fachmännisch bedient. Kurz und gut: Die Qualität stimmt, der Service stimmt, und die Preise sind ausgezeichnet. Und das ist für viele italienische Männer Grund genug, sich bei J & S im grossen Stil mit Hemden einzudecken. Wenn Sie es nicht nach Vertemate schaffen, können Sie auch bei J & S (📖 S. 108) in Mailand einkaufen.

Baldinini:

Baldinini S.R.L.

Via Rio Salto 1
47030 San Mauro Pascoli/FO
☎ 0541 932898
⏰ MO-FR: 8-12/14-18.30
Nehmen keine Kreditkarten, nur Cash – auch Fremdwährungen
Schuhe & Lederwaren für sie und ihn
Sie sparen: 30 bis 40 Prozent, teilweise auch mehr

Wegbeschreibung: Autobahn A14 Bologna–Taranto, Ausfahrt Rimini–Nord und dann auf der SS 9 Richtung Cesena. Die Staatsstrasse führt Sie automatisch nach Savignano. Dort folgen Sie den Hinweistafeln nach San Mauro Pascoli, und unmittelbar nach dem Ortseingang liegt auf der linken Seite das Fabrikgelände von Baldinini. Der Eingang zum Fabrikverkauf befindet sich links im Gebäude bei den beigen Sonnenstoren. Gehen Sie rechts die Treppe hoch.

Baldinini verkauft seine Edeltreter direkt unter dem Dach, wo Sie im Sommer ganz schön ins Schwitzen kommen können: Wenn Sie nämlich ein geeignetes Modell gefunden haben, dann müssen Sie zwischen all den vielen Schachteln Ihre Grösse suchen – Selfservice eben. Die Auswahl ist aber sehr gut, Sie bekommen auch Schuhe aus der laufenden Kollektion. Vor allem Damen, die auf sehr kleinem oder grossem Fuss leben, dürften entzückt sein: Es gibt hier ein ganzes Regal, gefüllt mit herrlichen Restpaaren zu unglaublich guten Preiskonditionen. Reduzierte Vorjahresmodelle kosten um die 120 000 Lire, ansonsten sollten Sie für ein Paar Schuhe mit rund 160 000 Lire rechnen. Ein guter Deal. Baldinini veranstaltet zudem zweimal jährlich einen Schlussverkauf. Im selben Dorf befindet sich auch der **Fabrikverkauf des Schuhdesigners Sergio Rossi** (📖 S. 289), ebenfalls eine lohnende Adresse.

Beltrami:

Beltrami Shop

Via Panzani 11/R
50123 Firenze/FI
☎ 055 212661
🕐 MO: 15.30-19.30   DI-SA: 9.30-13/15.30-19.30
AE-BA-DC-EC-MC-V
Schuhe, Handtaschen & Mode für sie und ihn
Sie sparen: 30 bis 40 Prozent, teilweise auch mehr

Wegbeschreibung: Autobahn A1 Milano–Napoli, Ausfahrt Firenze Certosa und dann auf der SS 2 stadteinwärts zur Stazione Centrale Maria Novella (Hauptbahnhof). Dort können Sie Ihr Auto parken. Vom Parkplatz aus laufen Sie rund 150 Meter nach Süden. Gegenüber der Kirche Santa Maria Novella liegt die Piazza dell'Unità Italiana, und von dieser geht die Via Panzani rechts ab, wo sich auch der Beltrami Shop befindet.

Im Special-Verkauf von Beltrami ändert sich das Angebot ständig. Was gleichbleibt, ist Beltramis Modestil: Die Damensachen sind elegant und ladylike, einige sogar mit dekorativem «Chi-Chi», bei den Männern dagegen dominiert eine schlichte klassische Linie. Ich habe hier schon schicke Abendhandtaschen in Zitronengelb, Hellblau und Pistaziengrün gesichtet. Auch superweiche Lederstiefel für 120 000 Lire und natürlich Pumps mit Pfennigabsätzen. Selbst für Männer lässt sich das eine oder andere Schuhmodell finden. Im Juli und August ist der Beltrami Shop eine wahre Fundgrube, dann profitieren Sie zusätzlich von den gewährten Schlussverkaufsrabatten. Einmalig!

Bruno Magli:

Calzaturificio Magli S.P.A.

Via Larga 33
40138 Bologna/BO
☎ 051 6015011
🕐 MO: 15-18.30   DI-SA: 9.30-14/15-18.30
AE-BA-DC-EC-MC-V
Schuhe, Handtaschen & Lederwaren für sie und ihn
Sie sparen: 30 bis 50 Prozent, teilweise auch mehr

Wegbeschreibung: Autobahn A14 Bologna–Taranto, Ausfahrt Bologna–San Lazzaro und dann auf der nördlichen Umgehungsstrasse (Tangenziale Nord) die Ausfahrt 11/San Vitale nehmen. Sobald Sie die Bahnlinie passiert haben, biegen Sie in die übernächste nach links abzweigende Seitenstrasse (Via Cerodolo) ein, wo sich der Fabrikverkauf von Magli befindet.

Der Magli-Fabrikverkauf lässt sich fast schon mit einem normalen Schuhgeschäft vergleichen. Sicherlich, er ist weit weniger edel als die Magli-Boutiquen in Mailand, aber die Auswahl ist gut und natürlich auch gross. Das qualitativ hochstehende Schuhdesign gibt es hier in allen gängigen Damen- und Herrengrössen. Die meisten Schuhe kosten um die 150 000 Lire. Ausserdem finden Sie Special Offers und Vorführmodelle zu absoluten Dumping-Preisen. Mit etwas Glück können Sie auch das eine oder andere Lederschnäppchen machen: beispielsweise edle Handtaschen für 160 000 Lire.

Byblos:

Byblos spa

Via Achille Barilatti 3/Zona Palombare   📖 Designer-Special/S. 309
60100 Ancona/AN
☎ 071 8071
🕓 MO-FR: 15-19.30   SA: 9.30-13/15-19.30
Nehmen keine Kreditkarten
Fashion & Accessoires für sie und ihn
Sie sparen: 30 bis 50 Prozent, teilweise auch mehr

Wegbeschreibung: Autobahn A14 Bologna–Taranto, Ausfahrt Ancona–Sud und dann auf der SS 16 Richtung Ancona. Nach der Industriezone La Baraccola geht's bergaufwärts. Fahren Sie nicht Richtung Stadtzentrum, sondern links zur Zone Pinocchio hoch. Auf der Anhöhe folgen Sie dem Strassenverlauf wieder bergab. Gleich nach der Ampel fahren Sie rechts die kleine Strasse hinunter, wo sich zu Ihrer Linken der Fabrikverkauf von Byblos befindet. Die Shopbeschriftung fehlt, und Parkmöglichkeiten gibt es nur am Strassenrand.

Bei Byblos finden Sie vor allem junge Damen- und Herrenmode und das eine oder andere trendige Schuhmodell. Einiges ist aber auch klassisch und elegant. Falls Sie Ihre Wintermode auffrischen wollen, sollten Sie ab Mitte September bei Byblos vorbeischauen. Aber auch im Hochsommer hat dieser Fabrikverkauf seinen Reiz: Ab Ende Juni freut sich der passionierte Schnäppchenjäger zusätzlich noch über die eingeräumten Schlussverkaufsrabatte. Was viele nicht wissen: Byblos gehört zur Genny-Gruppe. Die Genny-Fabrik befindet sich ebenfalls in Ancona, genauer: im Industriegebiet La Baraccola. Und dort liegt auch der **Fabrikverkauf von Genny** (📖 S. 284); die Preise sind allerdings etwas höher als bei Byblos.

Calzatura F.lli Rossi:

Centro Calzature

Via Venezia 10
35010 Vigonza/PD
☎ 049 625039
🕐 DI-SA: 9.30-12.30/15.15-19.15
Nehmen keine Kreditkarten
Schuhe & Casualwear für sie und ihn
Sie sparen: 50 Prozent, teilweise auch mehr

Wegbeschreibung: Autobahn A4 Torino–Trieste, Ausfahrt Padua–Est und dann Richtung Venedig. Vor Busa kommen Sie rechts auf die SS 11. Nachdem Sie unter der Brücke durchgefahren sind, liegt das weisse mit «Centro Calzature» beschriftete Gebäude etwas weiter zu Ihrer Rechten.

Die Schuhfabrik Fratelli Rossi produziert u.a. für Yves Saint Laurent und Fendi. Und deshalb, meine Lieben, bekommen Sie hier Designerschuhe zu ganz ausserordentlichen Preisen. Für ein Paar strassbesetzte Sandalen aus Seidensatin und Schlangenleder von YSL zahlen Sie beispielsweise um die 150 000 Lire. Allerdings muss ich Sie hier und jetzt noch über einige andere Facts aufklären: Die meisten hochkarätigen Designerschuhe finden Sie in den Damengrössen 35, 36, 37.5 oder 41 und 42. Ansonsten verkauft Rossi seine Eigenproduktionen; das gilt insbesondere auch für die Herrenschuhe. Sie müssen aber wissen, dass das Angebot riesengross ist und wirklich kaum mehr Wünsche offenlässt. Sogar Turnschuhe gibt es hier. Im

Klartext: Wenn Sie eine Discounter-Atmosphäre nicht abschreckt und Sie sich allenfalls mit einer qualitativ guten No-Name-Trouvaille zufriedengeben, eine ultimative Shopping-Adresse. Mein Schnäppchenkauf: feuerrote Ledertennisschuhe von Fendi für 119 000 Lire. Am besten, Sie kommen während des Sommerschlussverkaufs.

Cerruti:

Lanificio F.lli Cerruti

Via Cernaia 40   📖 Designer-Special/S. 298
13900 Biella/BI
☎ 015 351144
🕐 DI-SA: 9-12.30/15-19
AE-BA-DC-EC-MC-V
Fashion für sie und ihn
Sie sparen: 40 Prozent, teilweise auch mehr

Wegbeschreibung: In Biella folgen Sie der Beschilderung nach Cossato–Arona. Diese bringt Sie automatisch auf die mit Pflastersteinen belegte Via Cernaia, die talabwärts führt. Es folgt eine Ampel, und kurz vor dem Kreisel und der Brücke biegen Sie rechts ab in die kleine Seiteneinfahrt, die nach unten zum frühindustriellen Ziegelstein-Fabrikgebäude von Cerruti führt.

Cerruti hat einen stilvollen Fabrikverkauf auf zwei Etagen. Im Parterre bekommen Sie eine hervorragende Auswahl an Men's Wear, vor allem aber Anzüge und Sakkos. Beispielsweise gibt es dort Sommeranzüge aus leichter Fresko-Wolle oder Kaschmir-Sakkos. Die meisten Sachen sind allerdings von Protagonist, Cerrutis preiswerterer Industriemarke. Anzüge bekommen Sie ab 400 000 Lire. Vereinzelt stossen Sie auch auf Anzüge von Cerruti 1881. Im oberen Stockwerk gibt es klassisch-elegante Blazer für Damen sowie Blusen, Kostüme und Röcke, ebenfalls das meiste von Protagonist. Erwarten Sie keine aufmerksame Bedienung. Und: Wenn Sie schon in Biella sind, lohnt es sich, auch bei den Fabrikverkäufen von **Escada** (📖 S. 282), **Fila** (📖 S. 282) und **Ermenegildo Zegna** (📖 S. 280) vorbeizuschauen.

Diego Della Valle:

Della Valle

Corso Garibaldi 134   📖 Designer-Special/S. 301
63019 San Elpidio a Mare/AP
☎ 0734 871671
🕐 MO-FR: 15.30-20   SA: 9.30-13/15.30-19
AE-BA-DC-EC-MC-V
Schuhe & Accessoires für sie und ihn
Sie sparen: 30 bis 50 Prozent, teilweise auch mehr

Wegbeschreibung: Autobahn A14 Bologna–Taranto, Ausfahrt Macerata/Civitanova Marche und dann auf der SS 77 Richtung Tolentino. Bei Montecosaro fahren Sie ab und folgen den Hinweistafeln nach Casette d'Ete. Das kleine Dorf liegt mitten in einer friedlichen Hügellandschaft. Della Valle befindet sich links vom Dorfzentrum an der Hauptstrasse.

Die Fabrik von Della Valle gibt sich eher bescheiden, aber der Verkaufsladen ist wunderschön. Die Italiener kommen in Scharen: Auf dem Parkplatz stehen teure Autos, zu dritt oder viert kommen sie von Rom, stapeln zig Kartons auf den Arm und wandern damit zur Kasse. Unglaublich. Natürlich, die verführerischen Preise animieren zum Zuschlagen: Rund 250 000 Lire kostet hier der «In»-Treter «J.P. Tod's». Die klassischen Tod's gibt es in allen Farben, bei den trendigen müssen Sie Glück haben. Sie bekommen hier natürlich auch andere Della-Valle-Schuhe, z.B. das neuere Modell «Hogan». Und vereinzelt finden Sie sogar Calvin-Klein-Shoes. Das Verkaufspersonal ist nett, aber sehr beschäftigt. Machen Sie aus der Not eine Tugend, und bedienen Sie sich selbst!

Ermenegildo Zegna/Agnona:

Punto Vendita Bolgheri

•   Via Novara 71   📖 Designer-Special/S. 303
28047 Oleggio/NO
☎ 0321 922450
🕐 MO: 14.30-19   MI-SA: 9.30-13/14.30-19
Jeden letzten Sonntag im Monat geöffnet
AE-DC-V
Men's Wear & Accessoires
Sie sparen: 50 Prozent, teilweise auch mehr

Wegbeschreibung: Autobahn A4 Milano–Torino, Ausfahrt Novara Est, oder Autobahn A26 Genova–Gravellona Toce, Ausfahrt Castelletto Ticino. Von beiden Richtungen her müssen Sie zirka 15 Kilometer auf der SS 32 nach Oleggio fahren. Bolgheri liegt im Dorfzentrum und ist sehr gut ausgeschildert.

- Strada Trossi 31

13050 Verrone/BI

☎ 015 2558382

🕐 DI-SA: 9.30-12.30/14.30-19

AE-DC-V

Men's Wear & Accessoires

Sie sparen: 50 Prozent, teilweise auch mehr

Wegbeschreibung: Autobahn A4 Milano–Torino, Ausfahrt Carisio und dann auf der verkehrsreichen Superstrada Trossi (SS 230) Richtung Biella. Kurz nach der Ortstafel Verrone sehen Sie rechter Hand den Verkauf von Bolgheri. Sie können sich auch an der Fabrik «Artema» orientieren.

Beide Bolgheri-Fabrikverkäufe sind unglaublich gross und gut. Für elegante und sportliche Männer mit Stilbewusstsein das reinste Paradies. In beiden Verkäufen bekommen Sie das komplette Sortiment von Ermenegildo Zegna: Anzüge (auch einige Sondergrössen), Sakkos, Regenmäntel, Windjacken, Anoraks, Pullover, Polos, Underwear, Homewear, Gürtel und Accessoires. Aber auch alles andere, was Zegna produziert, beispielsweise Versace-Anzüge und Church's-Krawatten. Kurz und gut: eine atemberaubende Auswahl. Ausserdem ist das Ladenambiente ansprechend und das Verkaufspersonal äusserst fachkundig. Sie zahlen hier rund die Hälfte der sonst üblichen Einzelhandelspreise. Frauen finden bei Bolgheri exquisite Maschenwear von Agnona, Seidenfoulards von Ratti und Twinsets von Della Rovere. Veranstalten auch Schlussverkäufe.

Escada:

Escada Italia

Via Cavour 118   📖 Designer-Special/S. 305
13894 Gaglianico–Biella/BI
☎ 015 2493162
🕐 DI-SA: 9-12/15-19
AE-BA-DC-EC-MC-V
Fashion, Schuhe & Accessoires für sie
Sie sparen: bis zu 50 Prozent, teilweise auch mehr

Wegbeschreibung: Autobahn A4 Milano–Torino, Ausfahrt Carisio und dann auf auf der SS 230 Richtung Biella. Kurz nach dem Ortsausgang von Verrone liegt linker Hand zuerst der Fabrikverkauf von Fila, und etwas weiter folgt der von Escada.

Für Escada-Fans einen Abstecher wert: Die Auswahl ist nicht riesig, aber Sie sparen gegenüber den deutschen Ladenpreisen mindestens 50 Prozent, und die Verkaufsatmosphäre ist sehr angenehm. In einem hellen, mittelgrossen Verkaufsraum werden Auslaufmodelle, Restposten der Vorjahreskollektion, Modelle in ausgefallenen Grössen und Retouren aus dem laufenden Jahr angeboten. Sie bekommen hier auch Sachen der preiswerteren Trendlinie *Laurèl.* Auch Handtaschen übrigens und Schuhe. Wenn Sie ein Superschnäppchen machen wollen, dann müssen Sie unbedingt im Januar oder Juni bei Escada vorbeischauen – dann ist alles nochmals um 50 Prozent verbilligt. Klären Sie aber vorher telefonisch ab, wann der Schlussverkauf genau stattfindet. Ach ja: Kunden, die hier oft und viel einkaufen, werden noch mit Treuerabatten belohnt! Die Escada-Fashion, die Sie hier bekommen, ist grundsätzlich schicker und trendiger als die im deutschen Special-Verkauf bei Stuttgart.

Fila:

Fila Shop

Strada Trossi 8
13030 Verrone/BI
☎ 015 5821541
🕐 MO: 15-19   DI-SA: 9-12/15-19
AE-BA-DC-EC-MC-V
Sportswear & Freizeitschuhe für sie und ihn, Kidscorner
Sie sparen: 20 bis 50 Prozent, teilweise auch mehr

Wegbeschreibung: Autobahn A4 Milano–Torino, Ausfahrt Carisio und dann auf der SS 230 Richtung Biella. Kurz nach dem Ortsausgang von Verrone liegt linker Hand der Fabrikverkauf von Fila.

Ganz bestimmt kennen Sie das italienische Sportslabel Fila. Wenn Sie Kids oder Teenies haben, die auf Markensportswear stehen, dann ist der Special-Verkauf von Fila ein ultimatives Muss. Sie finden hier eine grosszügige Auswahl an Sport- und Freizeitklamotten. Vieles ist jung und trendy. Bei der aktuellen Kollektion sparen Sie rund 30 Prozent, allerdings gibt es auch eine Ecke mit Restposten, Sonderangeboten und Waren zweiter Wahl – natürlich nochmals verbilligt. Im Vergleich zu deutschen Einzelhandelspreisen immer noch lohnend, insbesondere im Schlussverkauf. In der Regel herrscht hier emsiges Einkaufstreiben, das sollten Sie gelassen nehmen. Ein weiterer Special-Verkauf von Fila befindet sich in der Altstadt von Biella, an der Viale Cesare Battisti 26, ☎ 015 34141.

Fratelli Rossetti:

Rossetti-Fabrikverkauf

Via Cantù 24
20015 Parabiago/MI
☎ 0331 552226
🕐 MO: 14-19 DI-FR: 9-12.30/14-19 SA: 9-18.30
Nehmen keine Kreditkarten
Schuhe & Lederwaren für sie und ihn
Sie sparen: 30 bis 50 Prozent, teilweise auch mehr

Wegbeschreibung: Autobahn A8, Ausfahrt Lainate und dann auf der SS 33 Richtung Nerviano–Parabiago. Nach der Ortstafel Parabiago kommen Sie zu einem Kreisel. Dort nehmen Sie die zweite Ausfahrt, und biegen gleich links in die kleine Seitenstrasse ein, die Sie direkt zur Fabrik Fratelli Rossetti führt.

Fratelli Rossetti war mein erster italienischer Fabrikverkauf, den ich besucht habe. Und ich gestehe, ich war positiv überrascht. In einem grossen Verkaufsraum finden Sie zig Damen- und Herrenschuhe. Vieles ist klassisch-elegant, einiges aber auch ultratrendy. Frauen finden hier Mokassins, Ballerinas, hochhackige

Pumps und Sandalen, auch Zebragemustertes, wenn's sein muss. Rossetti führt zudem sehr kleine (34/35) und auch sehr grosse Damen-Schuhnummern (41/42). Die Auswahl an Herrenschuhen ist allerdings grösser. Auch klar, denn Rossetti gehört zu den renommierten Herrenschuhspezialisten Italiens. Herrenschuhe aus der berühmten *Flexa*-Serie kosten um die 200 000 Lire. Wenn Sie im Januar oder Juni hier vorbeischauen, werden Sie staunen. Alle Schuhe sind dann nochmals um 40 Prozent verbilligt. Eine meiner Zufallsentdeckungen: Wenn Sie von Parabiago Richtung Autobahn A4 Milano–Torino fahren, kommen Sie an Arluno vorbei. Und dort liegt der Fabrikverkauf von **Mila Schön** (📖 S. 286).

Genny:

Genny Moda

SS 16 Adriatica/Zona P.I.P. Baraccola 📖 Designer-Special/S. 309
60131 Ancona/AN
☎ 071 8717
🕐 MO: 15-19 DI-SA: 10-14/15-19
Nehmen keine Kreditkarten
Fashion & Accessoires für sie
Sie sparen: 50 Prozent, teilweise auch mehr

Wegbeschreibung: Autobahn A14 Bologna–Taranto, Ausfahrt Ancona–Sud und dann auf der SS 16 Richtung Ancona. Nach zirka einem Kilometer sehen Sie rechter Hand eine Q8-Tankstelle, nach der Sie rechts einbiegen und dann gleich links auf den Parkplatz des Fabrikverkaufs von Genny fahren. Der stattliche, dunkle Fabrikglasbau mit grossem Firmenlogo befindet sich übrigens gleich hinter dem weissen Fabrikverkaufsgebäude.

Der «spaccio» ist eine wahre Fundgrube für Genny-Fans: Da hängen Bügel an Bügel nach Nummern sortiert Businesskostüme, Jacken, Kleider, Hosen, Blusen und Twinsets. Sie bekommen hier Sachen in allen Regenbogenfarben. Die Auswahl ist himmlisch. Ich bin auch schon auf elegante Abendkleider von «Complice» gestossen. Mit etwas Glück finden Sie sogar Lederhandtaschen und Foulards. Noch besser: Im Juni/Juli herrscht bei Genny Schlussverkaufsstimmung, dann werden nochmals 20 oder 50 Prozent Preisnachlass gewährt. Aber Achtung: Die Auswahl ist dann nicht mehr so gross. Ein weiterer Pluspunkt: Das Personal ist sehr freundlich und hilfsbereit.

Lario 1898:

Emporio Lario

Viale Vittorio Veneto 52
22070 Cirimido/CO
☎ 031 3523255
🕓 MO: 14.30-19 DI-SA: 9.30-19
AE-BA-DC-EC-MC-V
Schuhe & Accessoires für sie und ihn, Kidscorner
Sie sparen: 30 bis 50 Prozent, teilweise auch mehr

Wegbeschreibung: Autobahn A9 Como–Milano, Ausfahrt Lomazzo. Nach der Ausfahrt biegen Sie rechts ab, an der nächsten Ampel wieder rechts, und dann fahren Sie Richtung Cirimido/Lurago Marinone. Am Ortsausgang von Cirimido befindet sich rechter Hand die Fabrik Lario 1898. Sie können sich während der Fahrt auch an den grossen, beidseitig der Strasse angebrachten Uhren mit den integrierten Lario-Wegweisern orientieren.

Lario ist mein Lieblings-Schuhfabrikverkauf. In einer hellen Halle können Sie auf 450 Quadratmetern viel, sehr viel Elegantes für Ihre Füsse entdecken. Wenn Sie Damengrösse 37 oder Herrengrösse 41 tragen, dann gehören Sie zu den Auserwählten: Für 65 000 Lire finden Sie hier wunderbare Schuhe aus der Musterkollektion. Lario-Schuhe der aktuellen Kollektion sind 30 Prozent billiger, Modelle der Vorjahreskollektion sind noch preiswerter zu haben. Ausserdem verkauft Lario einige Handtaschen zu moderaten Preisen. Was viele nicht wissen: Lario produziert auch für Jil Sander, und so kommen Sie hier auch vereinzelt in den Genuss dieser Marke. Sehr beliebt sind Jil Sanders Stiefel, deshalb sind sie auch immer sehr schnell ausverkauft. Am besten, Sie kommen Ende Januar oder Ende Juni. Dann herrscht bei Emporio Lario das obligate Schlussverkaufstreiben, und Sie bekommen Schuhe zu absoluten Schleuderpreisen.

Liolà:

Liolà Tex

Via Matteotti 86
28021 Borgomanero/NO

☎ 0322 833311
🕐 MO: 14-18   DI-SA: 8.30-12.30/14-18
AE-BA-DC-EC-MC-V
Mode & Accessoires für sie
Sie sparen: 30 bis 50 Prozent, teilweise auch mehr

Wegbeschreibung: Autobahn A26 Genova–Gravellona Toce, Ausfahrt Borgomanero und dann auf der SS 229 Richtung Cureggio/Valsesia. Liolà Tex liegt rechts an der Hauptstrasse in einem weissen Neubau neben der Fabrik.

Liolà ist eine italienische Industriemarke, die sich auf hochwertige Jersey-Damenmode in den Grössen 38 bis 54 spezialisiert hat. Der firmeneigene Stil ist ein gekonnter Mix aus einem Hauch von Gucci und Hermès und den Farbtupfern von Yves Saint Laurent. Sie bekommen hier vor allem Kostüme und Kleider, aber auch Jacken, Mäntel, Blusen und Accessoires. Im Fabrikverkauf wird die aktuelle Kollektion zum regulären Preis angeboten, die des Vorjahres ist aber 30 Prozent verbilligt. Sie finden hier zudem Restposten sowie Sachen zweiter Wahl mit kleinsten Mängeln zur Hälfte des ursprünglichen Preises. Kleider zweiter Wahl kosten zwischen 100 000 und 250 000 Lire, für ein Kostüm zahlen Sie rund 350 000 Lire. Die Beratung ist ausgesprochen fachkundig, und die Spiegel in den Umkleidekabinen schmeicheln den Kundinnen.

Mila Schön:

Mila Schön Group S.p.A.

Via Guido Rosso 1   📖 Designer-Special/S. 327
20010 Arluno/MI
☎ 02 90359301
🕐 DI-FR: 10-13/15-18   SA: 10-16
AE-BA-DC-EC-MC-V
Fashion für sie und ihn
Sie sparen: 50 bis 60 Prozent, teilweise auch mehr

Wegbeschreibung: Autobahn A4 Milano–Torino, Ausfahrt Arluno und dann Richtung Corbetta. Am Kreisel biegen Sie links in die parallel zur Autobahn verlaufende kleine Strasse ein. Fahren Sie an der Mercedes-Benz-Garage vorbei bis zum Ende der Strasse, wo sich schräg gegenüber der Special-Verkauf von Mila Schön befindet.

Mila Schöns «spaccio» ist eine gute Schnäppchenadresse für «middle-aged People». Der Verkaufsraum ist angenehm, das Sortiment gross, und die Preise sind gut: Second Seasons werden mit bis zu 75 Prozent Preisreduktion verkauft. Ein Kostüm kostet dann noch 250 000 bis 300 000 Lire und reversible Frühlingsjacken in originellen Farben um die 400 000 Lire. Die Herren finden hier klassische Flanellanzüge für 600 000 Lire oder traditionelle Regenmäntel zu 170 000 Lire. Ausserdem betreibt der Laden einen hervorragenden Kundendienst: Wenn Sie Ihre Adresse hinterlassen, werden Ihnen die Schlussverkaufsdaten künftig jeweils schriftlich mitgeteilt – einmal Kunde, immer Kunde!

Nazareno Gabrielli:

Multifirme

Viale Repubblica 14
62029 Tolentino/MC
☎ 0733 9021
🕐 DI-SA: 9-12.30/16-20
AE-BA-DC-EC-MC-V
Ledermode, Fashion, Schuhe, Taschen & Accessoires für sie und ihn
Sie sparen: 25 bis 50 Prozent, teilweise auch mehr

Wegbeschreibung: Autobahn A14 Bologna–Taranto, Ausfahrt Macerata/Civitanova Marche und dann auf der SS 77 Richtung Tolentino. Bei Tolentino Zona Industriale fahren Sie ab und folgen der Strasse Richtung Dorfzentrum, bis Sie zur linken Hand eine Agip-Tankstelle erblicken. Dort biegen Sie rechts ab und fahren bis zur nächsten Ampel. Rechts sehen Sie jetzt Multifirme und daneben einen Coop-Laden, wo Sie parken können.

Wenn Sie klassische Mode bevorzugen, ein Faible für Leder haben und keine dreissig mehr sind, dann dürfte Nazareno Gabrielli etwas für Sie sein. Der Fabrikverkauf hat ein gediegenes Ambiente und ein breites Sortiment, einige Special Offers, aber keine Wühlecken. Gabrielli verarbeitet nur erstklassige Materialien, und sein Hauptthema heisst Leder. Sie finden hier Ledermode in allen Varianten und in allen Regenbogenfarben, aber auch Leinenkostüme, Kleider und wollene Twinsets. Zwei- oder dreiteilige Tweedkostüme kosten um die 320 000 Lire und Sommerkleider gegen 200 000 Lire. Für Herren hängen Fliegerjacken, Leder- und Wollmäntel sowie Anzüge an den Bügeln, und die Regale sind mit Pullovern gefüllt. Dazu gesellen sich jede Menge Reisetaschen, Bags, Schuhe und Accessoires. Die neuen Kollektionen werden jeweils ab März bzw. Juli verkauft. Nazareno Gabrielli veranstaltet auch Schlussverkäufe.

Piero Guidi:

PGH srl

Via Provinciale 185
61020 Schieti di Urbino/PS
☎ 0722 59086
🕐 MO: 14-19 DI-FR: 9-12.30/14-19
AE-BA-DC-EC-MC-V
Taschen & Accessoires für sie und ihn
Sie sparen: 25 bis 35 Prozent, teilweise auch mehr

Wegbeschreibung: Autobahn A14 Bologna–Taranto, Ausfahrt Pesaro–Urbino und dann auf der SS 423 Richtung Urbino. In Montecchio halten Sie Ausschau nach einem blauen Wegweiser, der Sie Richtung Sassocorvaro führt. Folgen Sie diesem rund 10 Kilometer. Nach San Giorgio kommen Sie zu einer Verzweigung, dort fahren Sie links über die Brücke, und dann links hinunter zum kleinen Dörfchen Schieti. Nach der Ortstafel nehmen Sie die zweite Strasse rechts, die Sie direkt zum Firmengelände bringt. Der Eingang zum Fabrikverkauf befindet sich auf der rechten Seite des Fabrikgebäudes.

Piero-Guidi-Handtaschen sind ein Begriff. Natürlich, die Kollektionen ändern sich, was aber bleibt, ist die ausgezeichnete Qualität und die gute Verarbeitung. Guidis Fabrikverkauf ist hell und geräumig, und seine Kreationen sind anmutig präsentiert. Sie finden dort vor allem Handtaschen, Reisegepäck und Accessoires, teils aus Leder, teils aus plastifiziertem Stoff. Die aktuelle Kollektion wird mit einem Preisnachlass von 25 Prozent verkauft, bei Restmodellen sparen Sie allerdings mehr.

Pollini:

Armando Pollini

Viale Industria
27029 Vigevano/PV
☎ 0381 42476
⏰ MO-FR: 17-18.30   SA: 9-12
Nehmen keine Kreditkarten
Schuhe & Accessoires für sie und ihn
Sie sparen: 40 bis 50 Prozent, teilweise auch mehr

Wegbeschreibung: Von Mailand kommend, fahren Sie auf der SS 494 Richtung Trezzano–Abbiategrasso. Pollini finden Sie im Industriegebiet von Vigevano. Das neue, eigenwillige Fabrikgebäude liegt linker Hand, direkt an der Staatsstrasse. Melden Sie sich am Empfang, dort zeigt man Ihnen den Fabrikverkauf.

Eine gute Anlaufstelle für Twens: Sie bekommen hier cooles Schuhwerk, das voll im Zeitgeist liegt. Beispielsweise schwarze Pantoletten aus federleichten High-Tech-Materialien. Sie finden aber auch preiswertere Musterpaare, die eine oder andere Vorzeigehandtasche und Trendfashion für grosse, schlanke Frauen. Die Klamotten sind spottbillig, aber Sie müssen den richtigen Tag erwischen.

Sergio Rossi:

Diffusione Sergio Rossi

Via V. Veneto 16/Ecke Via Decio Ragli   📖 Designer-Special/S. 334
47030 San Mauro Pascoli/FO
☎ 0541 930360
⏰ MO-MI und FR: 15.30-18.30
Im Juli und August geschlossen
Nehmen keine Kreditkarten
Schuhe für sie und ihn
Sie sparen: 30 bis 50 Prozent, teilweise auch mehr

Wegbeschreibung: Autobahn A14 Bologna–Taranto, Ausfahrt Rimini–Nord und dann auf der SS 9 Richtung

Cesena. Die Staatsstrasse führt Sie automatisch nach Savignano. Dort folgen Sie den Hinweistafeln nach San Mauro Pascoli. Fahren Sie ins Dorfzentrum, und fragen Sie dort auf der Piazza nach Sergio Rossi. Man wird Ihnen ein zirka 100 Meter weit entferntes, braungraues Fabrikgebäude zeigen, das nicht angeschrieben ist. Der Verkauf findet in einem unscheinbaren Wohnblock zur linken Hand statt.

Wenn Sie in der Nähe von Rimini sind, sollten Sie einen Regentag nutzen und bei Sergio Rossi vorbeischauen. Sie bekommen dort die aktuelle Damenkollektion zum halben Preis. Es sind grundsätzlich alle Damengrössen verfügbar, wenn Sie aber Schuhgrösse 37 tragen, finden Sie auch noch wunderschöne Musterpaare für 75 000 Lire. Sagenhaft. In letzter Zeit fabriziert Rossi auch Herrenschuhe, somit dürfte sich der Ausflug auch für Herren lohnen.

Sergio Tacchini:

Tacchini
- Corso Marconi 40
28025 Gravellona Toce/VB
☎ 0323 864993
◷ MO: 15-19 DI-SA: 10-12.30/15-18.30 SO: 9.30-14
AE-BA-DC-EC-MC-V
Sportswear & Turnschuhe für sie und ihn
Sie sparen: 25 bis 50 Prozent, teilweise auch mehr

Wegbeschreibung: Von Verbania herkommend, fahren Sie auf der SS 34 Richtung Gravellona Toce. Kurz vor dem Ortseingang sehen Sie linker Hand die gut ausgeschilderte Fabrik Sergio Tacchini.

- Via Alba 6
28010 Caltignaga/NO
☎ 0321 651810
◷ MO: 15-19 DI-SA: 10-12.30/15-18.30 SO: 9.30-14
AE-BA-DC-EC-MC-V
Sportswear & Turnschuhe für sie und ihn
Sie sparen: 25 bis 50 Prozent, teilweise auch mehr

Wegbeschreibung: Autobahn A4, Ausfahrt Novara und dann auf der SS 229 nach Caltignaga. Die Verkaufsstelle liegt rechts und ist wegen des regen Publikumsverkehrs nicht zu verpassen.

Erst Schlag zehn wird das Tor geöffnet, und erst dann können Sie Ihren Wagen auf dem Firmengelände parken. Glauben Sie mir, Sie werden ganz bestimmt nicht die einzigen sein, die bei Tacchini ein Schnäppchen schlagen wollen. In Gravellona Toce bekommen Sie die aktuelle Kollektion und Second Seasons, aber keine zweite Wahl. Die Auswahl ist gross: Tennis-, Ski-, Bade-, Golf- und Freizeitmode. Was Sie ausserhalb der Saison kaufen, ist grundsätzlich billiger als die aktuelle Saisonfashion. Tacchini veranstaltet auch Schlussverkäufe, hat aber zudem ganzjährig supergünstige Special Offers.

In Caltignaga ist es genau umgekehrt. Hier vertreibt Tacchini neben der aktuellen Kollektion nur noch Waren zweiter Wahl: Sie finden dort eine grosse Abteilung «Stock» mit Niedrigstpreisen. Willkommen im Gedränge!

Versace:

Alias 2

Via Gibellini 14   📖 Designer-Special/S. 312
28100 Novara/NO
☎ 0321 621668
🕐 MO: 15.30-19   DI-FR: 9-13/15.30-19   SA: 9-13
Nehmen keine Kreditkarten
Fashion für sie und ihn
Sie sparen: 30 bis 50 Prozent, teilweise auch mehr

Wegbeschreibung: Autobahn A4 Milano–Torino, Ausfahrt Novara. Fahren Sie auf dem verkehrsreichen Corso Vittoria Richtung Stadtmitte. Im kleinen Gewerbegebiet San Rocco halten Sie auf der linken Seite Ausschau nach der Via Gibellini, und dort, in Nummer 14, befindet sich der Special-Verkauf von Versace.

Das absolute Highlight, das Sie bei Alias 2 erleben können, ist der Sonderverkauf der Musterkollektionen von Gianni Versace und Istante. Ansonsten bietet Alias 2 eher «klassische» Versace-Fashion an: Kostüme, Kleider, Shirts, Pullis, Hemden, Anzüge, Krawatten und Foulards. Das Geschäft ist allerdings nicht sehr gross. Für ein Damenkostüm zahlen Sie zum Beispiel 700 000 Lire, in der Boutique würde es im Minimum das Doppelte kosten. Zierliche Ladies haben grundsätzlich eine bessere Auswahl. Führen auch etwas Men's Wear. Zugegeben, die zwei Verkaufsladies im Shop sind zwar nicht so berühmt wie ihr Gianni, aber sie besitzen schon rühmliche Allüren. Obwohl der Laden geregelte Öffnungszeiten hat, wünschen die Damen eine telefonische Voranmeldung. Daran sollten Sie sich halten, sonst werden Sie den Laden unter Umständen nicht von innen sehen. Wäre doch schade.

DESIGNER-SPECIAL

Die grossen Designer –
wie sie wurden, was sie sind

Alberta Ferretti (*1950)

Als Teenagerin lernte Alberta Ferretti von ihrer Mutter schneidern, mit 18 Jahren eröffnete sie eine Boutique, und 1974 zeichnete die Mitzwanzigerin ihre erste Modekollektion. Und die war ein voller Erfolg. Ebenfalls früh mischte Alberta Ferretti im Textilbusiness mit. Sie gründete die heute sehr bekannte italienische Produktionsgesellschaft AEFFE, die neben Ferretti-Mode unter anderem auch für Moschino und für den Engländer Rifat Ozbek produziert.

Ferrettis Prêt-à-porter-Linie zielt auf eine betuchte Klientel, die edle Fashion und kostbare Abendroben bevorzugt. Die preiswerteren Zweitlinien *Philosophy-by-Alberta-Ferretti* und *Ferretti-Studio* hingegen sind witzig, versprühen einen romantischen Touch und entsprechen dem heutigen Streetwear-Look. Beide kamen 1984 auf den Markt.

Grossen Respekt zollt die Designerin Kulturunterschieden. Für ihre Asienklientel entwirft sie die Spezialkollektion *Alberta-Ferretti-Japan*. Und das ist auch der Grund dafür, dass Alberta Ferretti in Japan so populär ist.

Alberto Biani (*1953)

Alberto Biani stammt aus Noventa Vicentina und hat seinen Firmensitz in Mailand. Seit 1979 zeichnet Biani die Industrie-Kollektion *New York,* und seit 1985 lässt er sie im eigenen Produktionsbetrieb fertigen. Parallel dazu produziert Biani seither auch für andere internationale Labels.

Im März 1996 wagte Alberto Biani den grossen Schritt zur Prêt-à-porter-Fashion und zeigte in Mailand seine erste Damenkollektion. Sein maskulin-femininer Unisex-Stil gefiel. Und das ermutigte ihn, seine erste Boutique zu eröffnen: in Mailand an bester Lage.

Biani verarbeitet vorwiegend Shetland, Jersey und Popeline und schmückt seine Unikleider oft mit Farbakzenten.

Andrea Pfister (*1942)

Andrea Pfister emigrierte als Dreijähriger mit seiner italienischen Familie von Pesaro in die Schweiz. Nach den Schuljahren in Bulle begann er in Florenz ein Kunst- und Sprachstudium, das er aber bald abbrach. Pfister interessierte sich mehr für Damenschuhe und Pantoletten. So ging er 1961 nach Mailand, belegte dort Stilkurse und studierte zwei Jahre lang die einzelnen Arbeitsschritte, die für die Herstellung eines Schuhs erforderlich sind. 1962 machte er beim internationalen Schuhmodell-Wettbewerb in Amsterdam mit und holte prompt den ersten Preis. Die beiden Pariser Modehäuser «Lanvin» und «Patou» reagierten und engagierten den noch unbekannten Andrea Pfister als Schuhdesigner.

Paris war «seine» Stadt: Mit dem Kollegen Jean Pierre Dupré eröffnete der Schuhstylist bald ein eigenes Atelier und entwarf seine erste Schuhkollektion. Andrea Pfister schwärmte von elegantem, tragbarem Schuhwerk und setzte alle technischen Finessen ein, um seinem hohen Ziel gerecht zu werden. Seine Sandalen und Pantoletten waren bequem, und sie versprühten Sex-Appeal. Auch seine hautengen Stiefeletten machten da keine Ausnahme. Nicht umsonst wurde seine «Deauville»-Sandale (1979) mit ihrem offenen Kunststoffgeflecht zum meistkopierten Schuh der Welt.

Andrea Pfisters Besessenheit gilt den Farben, dem Schuhvolumen und den Absätzen. Das hat ihm auch den Spitznamen «Schuhphilosoph» eingebracht. Seine Zusammenarbeit mit der italienischen Modeschöpferin Mariuccia Mandelli (Krizia) machte sein kreatives Schuhdesign weltbekannt. Heute zählen viele berühmte Damen zu seinen Kundinnen, auch Barbara Streisand, Cher und Ursula Andress.

Seit 1974 produziert Andrea Pfister seine Schuhe im eigenen Werk in Vigevano/Pavia. Mittlerweile designt der grosse Meister auch Handtaschen. 1988 wurde der Schuhdesigner in der New Yorker Carnegie Hall mit der begehrten «Fashion Medal of Honor» ausgezeichnet.

Anna Molinari (*1954)

Anna Molinari verbrachte im kleinen Dörfchen Carpi bei Modena ihre Kinderjahre. Dort, wo die Menschen nur arbeiten und schlafen, verdiente sie nach ihrem Studienabschluss in der Strickwarenfabrik ihrer Eltern das erste Geld. Bald entdeckte Molinari das Abenteuer Mode und experimentierte mit Hilfe ihrer angeborenen Kreativität. 1977 gründete die 23jährige Anna Molinari mit ihrem Ehemann Giampaolo Tarabini das Label Blumarine. Das Paar, das gerne auf dem Land lebt und Blumen über alles liebt, erkor die Rose zum Firmensymbol. Schrittweise führte die Autodidaktin ihre Prêt-à-porter-Linie *Anna Molinari*, und später ihre Zweitlinien dem Publikum vor. Mit sicherem Gespür mixt die Designerin ein bisschen Sensation, ein bisschen Kultur, ein bisschen Vergangenheit und ein bisschen Zukunft und trifft so genau im Nicht-Besonderen eben das Besondere.

Diesem Rezept verdankt die in Italien sehr beliebte Modefrau ihren kometenhaften Aufstieg. Seit 1986 ist Anna Molinari mit ihren Kollektionen regelmässig an den Fashion Shows in Mailand präsent. 1996 zeigte sie erstmals die Männerlinie *Blumarine Uomo*.

Drei Viertel der Molinari-Mode wird national abgesetzt. Das Unternehmen wächst stetig, und der Familienclan plant rund um den Globus eigene Boutiquen. Auch der Generationenwechsel ist geregelt: Tochter Rosella tritt in die Fussstapfen von Mama.

Antonio Fusco (*1947)

Fuscos Mutter hatte in Castelmorrone – Provinz Neapel – einen kleinen Stoffladen. Dort spielte Antonio zwischen Stoffballen und hörte die alltäglichen Kundennews. Da wusste der Junge, dass auch er sein Geld mit Stoff verdienen wollte.

Gerade zwanzig geworden, verliess Antonio Fusco sein geliebtes Italien und besuchte Designschulen in New York, Montreal und Paris. Sechs Jahre dauerte sein Studium, dann meldete sich der Süditaliener zurück. Als Wohnsitz wählte er Mailand. Dort ging er zuerst mit seiner Freundin Patrizia auf's Standesamt, und dann setzte er auf berufliche Selbständigkeit. Kurz nach der Heirat baute Fusco unweit von Mailand einen eigenen industriellen Modebetrieb auf.

Der weitgereiste Designer und seine Gattin denken global, und sie bevorzugen einen schlichten, fliessenden urbanen Modestil. In Fachkreisen munkelt man sogar, dass Fusco-Wear von Armani-Qualität sei.

Das distinguierte Designercouple hat mittlerweile einen Modekonzern von internationalem Renommee geschaffen. Mit seiner tragbaren Mode ist es im Orient, in den USA und in Europa gleichermassen zu Hause und besitzt dort auch eigene Fusco-Boutiquen.

Callaghan

Das italienische Erfolgslabel wurde 1966 vom Konfektionsunternehmen Zamasport auf den Markt gebracht. Zamasport war damals ein Familienbetrieb und produzierte braven Strick und biedere Heimtextilien.

Für Callaghan holte man den Modedesigner Walter Albini, der vorher für Krizia gearbeitet hatte, ins Haus. Dieser entwarf eine komplette Jerseykollektion und zeigte diese 1968 in Mailand. Aber erst 1972, als sich Gianni Versace um dieses Label kümmerte, kam die Wende. Versace krempelte die Callaghan-Mode total um und machte sie in den darauffolgenden vierzehn Jahren zu einer gefragten Marke. Romeo Gigli löste Versace ab und drückte Callaghan während acht Jahren einen ethnischen, internationalen Stempel auf. Seit 1994 ist nun der Schotte Scott Crolla für dieses Label verantwortlich.

Heute produziert Zamasport neben der Callaghan-Fashion auch die Women's Wear für Romeo Gigli und Gucci.

Calvin Klein (*1942)

Der aus der Bronx stammende Sohn armer jüdischer Einwanderer schaffte den internationalen Durchbruch mit Bluejeans und Feinripp-Unterhosen. Als einfacher Junge hatte er zwei Ziele: Er wollte Designer werden und viel, sehr viel Geld verdienen. Mit Besessenheit eignete er sich deshalb das Nähen und Skizzieren selbst an und studierte anschliessend zwei Jahre am Fashion Institute of Technology in New York.

Ein Textilfabrikant holte Calvin Klein in seinen Betrieb und liess ihn Mäntel entwerfen. Zwischendurch versuchte der Jungstylist mit Eigenentwürfen die Gunst der Modebranche zu ergattern. Vergebens, bis er 1982

Bluejeans auf den Laufsteg brachte und die Herren-
unterwäsche mit gezielter Werbung zum Designobjekt
erkor. Szenegerecht setzte er die gerippten Weissen in
sexy Pose auf grossflächige Reklamefotos und pusch-
te so diese neue Kultwäsche in die ganze Welt hinaus.
Ein simples Gummiband mit seinem Namen drauf
machte den Jungdesigner über Nacht zum Star und
seine Unterhosen zum grossen Verkaufsknüller.
Ansonsten ist Kleins Mode eher puristisch. Der Tages-
look ist einfach und besticht zuweilen mit einem eher
braven Touch. Die oft schlauchförmige Abendrobe
zeigt wenig Transparenz und verlangt von jeder Träge-
rin dezente Schlichtheit. In Sachen Düfte hat der inzwischen reiche Mann die Nase auch ganz vorne.
Seine Parfüms «Obsession» (1985), «Eternity» (1989),
«Escape» (1991) und «cK one» (1994) sind alle Verkaufsschlager und sorgen dafür, dass der reiche Mann
noch reicher wird.

Céline

Vipianas dachten nur an Schuhe, als sie 1946 ihr
Geschäft gründeten. Bald folgten aber Lederwaren und
Accessoires. In den 60er Jahren tauften Madame und
Monsieur Vipiana ihre Firma Céline. Diese Bezeichnung vermittelte die bescheidene Eleganz, die Vipianas sich erarbeitet hatten.
1987 verkauften die Besitzer den Betrieb an die LVMH-
Gruppe. Diese beauftragte die couragierte Nan Legeai,
eine ehemalige Direktorin von Dior für Asien, das
Label Céline neu zu positionieren. Innerhalb von wenigen Jahren hievte die talentierte Direktorin die unkom-
plizierte «Von-Kopf-bis-Fuss-Mode» zur Luxusfashion
und verteilte die Herstellung der Céline-Produkte auf
verschiedene Regionen Europas.
Seit 1994 gehört die Céline-Mode zu den grossen
Toplabels. Über hundert eigene Boutiquen, verteilt
rund um den Globus, und mehr als fünfhundert Lizenz-
nehmer preisen diese Prêt-à-porter-Fashion heute an.
Sozusagen als Krönung brachte der äusserst erfolgreiche Modekonzern das dazu passende Parfüm «Magic»
auf den Markt. Der Duft richtet sich an eine kaufkräfti-
ge, junge Klientel.

Cerruti 1881

Was 1881 mit einer Wollspinnerei in Biella begann, entwickelte sich in hundert Jahren zu einem globalen Modekonzern. Die Gebrüder Cerruti stellten zwar den Betrieb auf die Beine, aber erst Nino, der Enkel eines Gründers, forcierte das Verkaufsgeschäft. 1950 brach der junge Mann sein angefangenes Journalistik- und Philosophiestudium ab, um das Familienunternehmen zu unterstützen.

Der Herrenkonfektionär Hitman, Cerrutis anfänglicher Produzent, verkaufte als erster in Mailand diese Männermode. Nino Cerruti liebäugelte aber mit Paris. Deshalb eröffnete er 1967 sein Haute-Couture-Haus «Cerruti 1881» in der Seine-Stadt, das zunächst nur Herrenmode verkaufte. Erst zehn Jahre später folgte das Damen-Prêt-à-porter.

Der Konzern kontrolliert heute mehr als 25 Linien und setzt erfolgreich auf schlichte Ästhetik. Klassische Mode und edle Materialien brachten Cerruti einen exzellenten Ruf ein, und noch heute sind Kaschmir und Seide seine Favoritenstoffe. Für die Young Fashion verwendet er allerdings auch künstliche Fasern.

Der erfolgreiche Konzern verkaufte schon in den 80er Jahren die Hälfte seiner Produktion nach Amerika und Asien. Und nicht nur das: Auch auf der Kinoleinwand war das Label immer wieder präsent: Im Filmklassiker «Basic Instinct» (1992) beispielsweise trug Sharon Stone Cerruti-Fashion.

Chanel

Die grosse französische Haute-Couture-Dame, genannt «Coco» Chanel (1883-1971), stammte aus armen Verhältnissen. Nach dem Tod ihrer Mutter verbrachte Gabrielle die ersten Kinderjahre bei Nonnen hinter Klostermauern und lernte später Verkäuferin. Das war aber nichts für «La grande Mademoiselle» Chanel (sie wollte nur mit Fräulein angesprochen werden), deshalb gründete sie mit Hilfe von fremdem Geld 1909 ihren eigenen Hutladen.

Chanel liebte die Selbständigkeit und kannte die Vorteile, die Geld und Luxus hatten. Mademoiselle verliebte sich oft, aber immer in Männer aus der Oberschicht. Während des ersten Weltkrigs eröffnete sie mit der finanziellen Hilfe des Offiziers Balsan in den

Nobelorten Deauville und Biarritz nochmals je einen Laden. Und Coco wohnte von nun an drei Monate da, drei Monate dort.

Chanel verkaufte den mondänen Damen Frankreichs Jersey und grauen Flanell. Nebenher begann «la petite Coco» Mode zu kreieren. Kategorisch propagierte Chanel einen schlichten Stil und pflegte zu sagen: «Mode ist vergänglich, Stil niemals. Chanel ist ein Stil.» «Glückliche Momente waren meine besten Inspirationsquellen», gab sie später zu. Der Liaison mit einem russischen Grossherzog verdanken wir beispielsweise das bestickte Hemdblusenkleid.

Chanel überzeugte mit ihrer Modephilosophie die Damen der besseren Gesellschaft. Für sie entwarf Coco legendäre Tweedkostüme mit Taschen, in denen Zigaretten und Schlüssel Platz hatten. Dazu kreierte Mademoiselle die passenden Accessoires und 1921 den Bestsellerduft «N° 5», der heute noch täglich verkauft wird. 1926 erfand Chanel «das kleine Schwarze», und später steckte sie sogar Damen in Hosen.

Zu Beginn des zweiten Weltkriegs schloss Coco Chanel ihr Atelier. Aber 1954 eröffnete die egozentrische 70jährige Dame zusammen mit der Industriellenfamilie Wertheimer ihren Salon erneut, und sie gründeten die Chanel SA.

Mit dem Tod von Coco Chanel verlor das Unternehmen an Image. Glücklicherweise leitet seit 1983 Karl Lagerfeld die Chanel SA und holte schnell den einstmaligen Erfolg zurück. Lagerfeld verstand es, den Respekt gegenüber der grossen Dame zu wahren und gleichzeitig der Marke seine Kreativität einzuverleiben. Er verwendet den traditionellen Chanel-Stil nur in Portionen, und damit gelang dem deutschen Modepapst erst die eigentliche Definition des Chanel-Stils. Die grosse Dame und er, oder Monsieur Lagerfeld und die grosse Dame, prägten zusammen den legendären Chanel-Stil. Der Hamburger, der mit 14 Jahren mit seiner Mutter nach Paris kam und dort eine Schneiderlehre bei Pierre Balmain «absass», kreiert noch heute das gesamte Chanel-Sortiment.

Christian Lacroix (*1951)

Christian Lacroix studierte zuerst in Montpellier Kunstgeschichte und wechselte 1973 an die Sorbonne nach Paris. Dort belegte er die Fächer Kostümgeschichte und Malerei des 17. Jahrhunderts. Nebenbei besserte der Student Lacroix sein Taschengeld mit Modezeichnen auf, unter anderem auch bei Hermès, dem französischen Luxushaus für Lederwaren.

Der Südfranzose skizzierte prunkvolle Kostümentwürfe, die an die Glanzzeiten der französischen Geschichte erinnerten. Genau diesen Mix aus Luxus und Folklore verwirklichte Lacroix 1987 auch in seiner ersten Kollektion. Diese farbigen Hüllen wirkten in der sonst farblosen Modesaison wie ein Orkan und lösten beim Publikum spontane Beifallsstürme aus. Produzieren liess der Franzose seine Mode von Anfang an bei Genny in Italien.

Lacroix ist ein Modekünstler. Er mischt Farben, Muster und Stile miteinander, sprengt mit seiner Mode bewährte Normen und meint nonchalant: «Eigentlich passt alles zusammen. – C'est la vie.» Und so taufte der Volkskunstsammler auch sein Parfüm, das seit 1989 verkauft wird.

Regelmässig entwirft Lacroix, der seine seltsamen «Santons» (volkstümliche Heiligenstatuen aus der Gegend von Marseille) ständig zu Hause als Inspiration vor Augen hat, auch Opern- und Ballettkostüme. Am traditionellen Neujahrskonzert in Wien tanzten 1998 die Aufführenden in Lacroix-Kreationen.

Costume National

Die Streetcouture hielt mit Ennio Capasa Einzug in Mailand. Der aus Lecce stammende Italiener gründete 1987 das Label Costume National. Als Markennamen wählte er den Titel eines seiner Lieblingsbücher. Bescheiden meint er: «Ich fände es seltsam, jemanden seine Jacke öffnen zu sehen und darin meinen Namen zu lesen.»

Nach dem Abschluss an der Kunstakademie in Mailand reiste Capasa nach Tokio zu Yohji Yamamoto. Dort lernte der Süditaliener während dreier Jahre die westöstlichen Geheimnisse des Modemachens kennen.

Wieder in Italien, zeigte Capasa in Mailand seine erste Streetcouture-Kollektion. Doch diese reduzierte Mode gefiel nicht. Kurz entschlossen defilierten die Models mit der gleichen Kollektion nochmals in Paris über den Laufsteg. Da propagierten gleichzeitig Jean Colonna, Helmut Lang und Ann Demeulemeester den gleichen Non-Colorstil.

Ennio Capasa träumte aber weiterhin von Italien und lancierte 1993 seine Männerkollektion wiederum in Mailand. Diesmal mit grossem Erfolg. Zu Beginn der 90er Jahre noch unbekannt, mauserte sich Costume National blitzartig zur heissesten Streetcouture der 90er.

Carlo Capasa, der Bruder von Ennio, ist der Manager des Unternehmens und eröffnete in den wichtigsten Modemetropolen eigene Costume-National-Boutiquen. Der Geschäftsboss plant für das Label, das im Ausland bekannter ist als in Italien, zukünftig mindestens in jedem europäischen Land einen Laden.

Diego Della Valle (*1953)

Diego Della Valles Grossvater war ein anerkannter Schuhspezialist, sein Vater Dorino hingegen ein cleverer Kaufmann. Er gründete die Firma und kümmerte sich geschickt um die finanziellen Belange des Betriebes. Zu Weltruhm brachte es das Schuhunternehmen aber erst in der nächsten Generation unter Diego Della Valle.

Della Valle Junior ist in San Elipidio geboren und aufgewachsen. Nach seinem Jurastudium in Bologna und einem Aufenthalt in den USA konzentrierte er sich auf den Familienbetrieb. Wie sein Grossvater ist auch Diego Della Valle vernarrt in Schuhe. Deswegen splittet er seine Arbeit in zwei Hälften: das Managen und das Kreieren. Von Anfang an holte der Junior renommierte Entwerfer ins Haus, denn er wollte den internationalen Schuhmarkt erobern.

So stylten Romeo Gigli, Christian Lacroix, Azzedine Alaïa und Gianfranco Ferré Neukreationen fürs Haus. Den ganz grossen Clou und den sofortigen internationalen Durchbruch schaffte Diego Della Valle aber selber: 1979 brachte er den heutigen Kultschuh «J.P. Tod's» auf den Markt. Die Inspiration für diesen Freizeitschuh lieferten ihm die rutschsicheren Schuhe von europäischen Sportwagenfahrern, die exzellenten Halt auf der Pedalerie eines Autos boten. Diese bequemen Cityloafers, die es heute in über hundert Farben gibt, wurden damals schlagartig zu Bestsellern, und sie sind es heute noch. Inzwischen ist Della Valle mit zwei weiteren Labels auf Erfolgskurs: *Hogan*-Shoes und *Fay*-Casualwear.

Das Unternehmen expandiert weltweit. In allen Modemetropolen gibt es eigene Shops. 45 Prozent der ganzen Produktion werden in den USA, in Deutschland und Frankreich abgesetzt.

Dolce & Gabbana

Der Sizilianer Domenico Dolce und der Mailänder Grafiker Stefano Gabbana eröffneten 1982 in Mailand ein Beratungsatelier für Stylisten. Dolce hatte vorher im kleinen Konfektionsbetrieb seines Vaters klassische Mode entworfen. Beide waren sie jung, hatten kein Geld und verdienten beim selben Modedesignhaus ihre Lire.

Gemeinsam gründeten sie 1985 das Label Dolce & Gabbana. In der Kategorie «neue Talente» zeigten sie bei den Mailänder Schauen ihre erste Kollektion. Das Duo widerspiegelte mit seinen Kreationen die perfekte Symbiose der Kulturen von Nord- und Süditalien. Das Modepublikum honorierte den erotischen Mix aus Frivolität und Artigkeit und stürzte sich geradezu auf die aufregenden Stücke.

Hemmungslos kombinierte das Duo Vulgarität und Luxus: Hautenge Unterwäsche wurde zur Oberfashion definiert, und den Damen hängten sie dazu einen zur Kette umfunktionierten Rosenkranz um den Hals. Für die Herren schufen sie den modernen Gigolo-Look «à la Dandytum».

Diese Götterboten – wie *Cosmopolitan* sie nennt – versetzten 1994 mit ihrer unbeschwerten Zweitlinie *D&G* die Modeszene nochmals in Aufruhr. Domenico Dolce und Stefano Gabbana scheinen wirklich ein Talent für effektvolle Darbietungen in Sachen Mode zu haben. Nur zwei Jahre danach kramten sie wieder in ihrer Trickkiste und brachten *Animalprints* hervor. Ihre «La Dolce Vita»-Fashion ist nun schon seit Jahren rund um den Globus ein Renner. Aber die Götterboten bleiben brav zu Hause und arbeiten weiter.

Emanuel Ungaro (*1933)

Emanuel Ungaro ist ein Frauenverehrer und verdankt seiner früheren Muse Anouk Aimée die Inspiration, der Künstlerin Sonja Knapp das finanzielle Startkapital und Laura Fanfani, der Ehegattin, die Musse, täglich zwölf Stunden in Ruhe arbeiten zu können.

Der in Aix-en-Provence geborene Italiener lernte als Sechsjähriger vom Vater nähen und nach dem Schulabschluss auch schneidern. Ungaro war besessen von diesem Metier und verbrachte täglich dreizehn Stunden im familieneigenen Atelier. 1955 reiste der junge Modestylist nach Paris und verdiente sein Geld als Assistent bei der berühmten Schneiderei Christianni. Ungaro verehrte aber den Modeschöpfer Balanciaga und fand glücklicherweise bald bei ihm Arbeit. Erst nach Jahren wechselte er für kurze Zeit zum Couturier Courrèges und eröffnete schliesslich 1965 sein eigenes Modeatelier.

Ungaro hört bei seiner Arbeit immer klassische Musik und braucht für seine Entwürfe weder Zeichenstift noch Skizzenblock. Er drapiert seine Kreationen direkt an geduldigen Mannequins. Lange Zeit designte der Arbeitssüchtige jährlich mehrere Damen- und Herrenkollektionen, wobei er den amerikanischen Markt mit eigenen Linien belieferte. Der Modeschöpfer hat ein Faible für Blumen- und grosse Punktdessins, und er liebt Düfte über alles. Seit 1968 entwirft er die Stoffe, mit denen er Mode macht, selbst und beflügelt Frauen und Männer auf der ganzen Welt mit seinen Parfümklassikern «Diva», «Senso», «Ungaro» und «Ungaro pour homme». Seine Kundinnen verehren den sinnlichen Ungaro-Stil. Total konträr verhält sich der Modeschöpfer aber bei seiner Cocktailfashion. Da haben klare Linien und leuchtende Farben das Sagen.

1996 verkaufte Emanuel Ungaro sein Unternehmen unter dem Vorbehalt, seine Mode weiterhin kreieren zu dürfen, an die Salvatore Ferragamo S.p.A. Ein Jahr später holte er Robert Forrest als Co-Designer ins Unternehmen.

Ermenegildo Zegna

Ermenegildo Zegna erbte 1910 in Monterubello/Biella die Textilfabrik seines Vaters. Der junge Zegna – viel auf Verkaufsreisen – beobachtete, dass Zegna-

Stoffe, von englischen Tailors zu «Jacketts» geschneidert, in Nobelverkaufsorten Höchstpreise erzielten. Das brachte ihn auf die Idee, selbst ein Schneideratelier zu gründen. Gesagt, getan. Zegna bildete Schneider aus und begann Herrenmode zu fertigen.

Als erster Textilhersteller liess er auf die Innentaschen seiner Sakkos den Schriftzug Ermenegildo Zegna nähen und erfand so ganz nebenbei seinen Markennamen. Zusätzlich beauftragte Zegna Werber. Diese priesen weltweit die Zegna-Anzüge als beste Luxusware an. Die Söhne Aldo und Angelo erbten Vaters Verkaufstalent, steigerten die Konfektionsproduktion und erweiterten das Verkaufsnetz während ihrer Direktion um ein Vielfaches.

Seit den 80er Jahren leiten Anna, Gildo, Paolo und Benedetta Zegna das Unternehmen. Die Politologin Anna Zegna ist der Boss. Die zweifache Mutter studierte in Lausanne und liebt ihre Arbeit über alles. Die Chefin mag keine Computer, sie spricht lieber persönlich mit den Leuten.

Zegna setzt sehr erfolgreich auf Eigenständigkeit. Alles wird in eigenen Fabriken gewoben, gezeichnet, geschnitten und genäht. Sie verwenden keine Billigmaterialien und lassen nichts in Billiglohnländern herstellen. Zegna-Massanzüge werden im Hochlohnland Schweiz, in Mendrisio und Stabio, produziert. Die Prêt-à-porter-Kollektion konfektioniert das Italo-Unternehmen in mehreren Ländern Europas.

Weltweit sorgen zweihundert Zegna-Boutiquen und über tausend Geschäfte dafür, dass die Zegna-Gruppe mit ihren 30 Prozent Weltmarktanteil an der Spitze der Herrenbekleidung bleibt.

Erreuno

1970 besiegelten die Ronchis ihren Firmenvertrag. Der Firmenname «Erreuno» (auf deutsch: R1) stammt vom ersten Buchstaben des Familiennamens Ronchi: «R» heisst im Italienischen «erre», und «1» heisst «uno» – zusammengesetzt ergibt das «Erreuno».

Wie so oft bei Familienunternehmen ist auch bei den Ronchis die Frau – also Graziella – verantwortlich für den kreativen Teil, und ihr Ehemann Ermanno lenkt die kommerziellen Geschicke. Graziella Ronchi entwirft

Damenfashion im italienischen Understatement-Stil und beauftragte von Anfang an Stylisten für das Finish ihrer Kollektionen. Ein sicheres Händchen bewies sie auch bei der Wahl der Designer: Begonnen hat Gianmarco Venturi, dann war Armani neun Jahre lang am Zug, und später kam Eric Bergère von Hermès.

Heute verkauft Erreuno drei unterschiedliche Linien: *Erreuno* (Prêt-à-porter), die klassische *Donnaerre*-Fashion und die junge Trendlinie *Miss Erreuno*. In Europa gibt es in einigen Grossstädten Erreuno-Boutiquen, aber besonders stark verbreitet ist diese Mode in Asien.

Escada

Margaretha Ley (1933-1992) lernte ihr Handwerk von der Pike auf: Sie absolvierte eine Schneiderlehre und verdiente ihr erstes Geld als Hausmannequin in Wien und Paris. Zusammen mit ihrem Gatten Wolfgang Ley gründete das schwedische Ex-Model 1974 das Modeunternehmen und taufte es später Escada. Der spanische Name stammt vom Rennpferd Escada, das ihnen Glück gebracht hatte.

Ley designte glamouröse Repräsentationskleider für betuchte Damen. Ganz im Sinne des Zeitgeistes strahlte ihre Mode Wohlstand aus und brachte Frauenkörper optimal zur Geltung. Sie mixte exklusive Schnitte und ausdrucksvolle Farben und schuf eventtaugliche Cocktail- und Brautroben. Bereits 1980 brachte Escada eigens für die «Powerfrau von morgen» die preiswertere Zweitlinie *Laurèl* auf den Markt, und nur zwei Jahre später wagte man den Sprung in die USA.

Der Tod von Margaretha Ley (1992) erschütterte das renommierte Couturehaus gewaltig, beschleunigte aber auch die grosse Wende des Modekonzerns. Brian Rennie wurde neuer Designdirektor und der Amerikaner Todd Oldham Kreativberater. Die beiden verjüngten die Luxusmode, verpassten ihr etwas mehr Schlichtheit und kreierten die Modelinien *Escada Sports*, *Escada Elements*, *Escada Evening* und *Escada Couture*. Noch heute sorgt der Schotte Rennie dafür, dass jede Kollektion ein Unikat bleibt. Zusammen mit Oldham behält er den geselligen Escada-Stil bei, lehnt aber zuviel Gold ab.

Wolfgang Ley führt das Unternehmen, dessen firmeninterne Philosophie «We are a family» lautet, in wirtschaftlichen Belangen. Dabei geht er in Sachen Marketing unkonventionelle Wege: Das Münchner Label, jahrelang nur als Prestigelabel für Damen bekannt, kleidet neuerdings auch Männer ein.

Etro

1968 begann der Textilunternehmer Etro sein Modeschaffen. Er setzte auf Tradition, veredelte erlesene Stoffe mit ausgefallenen Mustern und belieferte Modehäuser, die heute zu den ganz Grossen gehören: Giorgio Armani, Gianfranco Ferré, Moschino, Valentino, Kenzo, Ungaro, Jil Sander, Escada, Christian Lacroix, Donna Karan und viele andere.

Anfang der 80er Jahre präsentierte Gerolamo (genannt Gimmo) Etro mit grossem Erfolg seine erste Prêt-à-porter-Kollektion. Sein Modestil ist luxuriös, farbenfroh und lehnt sich an den englischen Landadel-Look an. Heute floriert die Etro-Fashion rund um den Globus und wird in Insiderkreisen als neues «In»-Label gehandelt. Inspirieren lässt sich Gimmo Etro nach wie vor von seinen über 30 000 Musterbüchern, die er in all den Jahren aus aller Welt zusammengetragen hat.

Sein 34jähriger Sohn Kean hat mittlerweile die Verantwortung für das Design und die Werbung übernommen. Der oberste Boss aber ist und bleibt Gimmo Etro, und der favorisiert geschichtsträchtige, schottische Paisleymotive. Mit diesen Mustern kreiert er kostspielige Bags, Reiseartikel und Fashion, die auf der ganzen Welt heissbegehrt sind. Auch in Sachen Werbung geht das Unternehmen eigene Wege: Statt Models zeigt Etro kostbar gekleidete Tiergestalten. So posiert einmal eine seidenumhüllte «Geissenmutter», ein anderes Mal ein Entenpärchen im Etro-Look.

Der Patron will, dass seine Objekte, wie er seine Mode gerne nennt, in einer herrschaftlichen Umgebung gekauft werden. Deshalb lässt er seine Verkaufstempel – es sind zirka fünfzig weltweit – ausschliesslich mit Originalkunst und antikem Mobiliar aus dem 19. Jahrhundert einrichten. Zirka 70 Prozent der Etro-Artikel werden exportiert. Neu will man nach China expandieren, von dort stammen übrigens viele Mustervorlagen, die Gimmo Etro seinerzeit sammelte.

Exté

Exté definiert sich über die Anonymität: keine Personen, keine Namen. Für die Exté-Prêt-à-porter-Kollektionen wird in Pettoranello ein eigenes Forschungszentrum betrieben. Anonym liefern Spezialisten laufend ihre Informationen dorthin. Jede Exté-Kollektion entsteht so auf der Basis der modernsten Erkenntnisse dieser internen Forschungsergebnisse. Beim Kultlabel Exté wird Mode nicht einfach entworfen, sie wird untersucht, destilliert und erfunden. Herkömmliche Garderobenteile zerlegt man und mischt sie mit andern Textilfasern. Dazu entwirft Exté reduzierte Kleiderformen und Schnitte, die schon in das nächste Jahrtausend passen.

Aus diesem konzentrierten Informationsfluss entwickelt Exté Saisonneuheiten wie dauerparfümierte Herrenstoffe oder akkubeheizbare Winterjacken. Das High-Tech-Modeunternehmen floriert und hat sich einen sicheren Platz im Modehimmel ergattert. Als nächste Herausforderung nimmt sich Exté den Accessoires und der Home Collection an.

Fendi

1925 gründete das Ehepaar Fendi in Rom eine Pelz- und Lederwerkstatt. Seit dem Generationenwechsel leiten die fünf Töchter Paola, Anna, Franca, Carla und Alda (und mittlerweile auch ihre Kinder) die Firma, wobei Paola, die Älteste, das Zepter führt. Sie krempelte den Betrieb in ein modernes Unternehmen um und engagierte 1965 den damals noch jungen Karl Lagerfeld als Designer.

Der deutsche Modeschöpfer entwarf das FF-Logo und schnitt dem Pelz das Ageless-Image weg. Er zeichnete antikonformistische Modelle und kombinierte Pelz mit einfachen Materialien, wie die Mittellosen es schon immer praktiziert hatten. Ohne Rücksicht auf Natürlichkeit färbte er Felle und bestückte sie mit extravaganten, umkehrbaren Einzelteilen. Er entwarf weich fallende, voluminöse Pelzmäntel, die heute noch als Geheimtip gelten und mit denen Fendi in die internationale Liga der Haute Fourrure aufstieg.

1977 präsentierte Fendi die erste Damenkollektion, und 1983 hielten billigere Pelzarten mit der preiswerteren Junglinie *Fendissime* Einzug in das Pelzhaus. Auch diese Linien trugen die Handschrift von Monsieur Lagerfeld. Dazu äusserte sich Anna Fendi einmal: «Wir sind einfache Kunsthandwerkerinnen. Er ist der Maestro.» Während der 80er Jahre ergänzte Fendi seine Produktpalette durch Jeans, Accessoires, Sonnenbrillen, Möbelstoffe und Parfüms. 1990 folgte die Men's Wear. Ein weiterer Höhepunkt war 1989 die Eröffnung des ersten Flagship-Stores in New York. Weitere folgten. Die Marke mit dem prägnanten schlammfarbenen Streifendessin wird heute in allen grösseren Städten verkauft.

Fiorucci

Als Schüler und als junger Mann verbrachte Elio Fiorucci die meiste Zeit im Pantoffelladen seiner Eltern. Gelegentlich wurde es ihm zu eng zwischen den «Hausschlarpen», deswegen verwirklichte er 1962 seinen langgehegten Traum: Er machte einen eigenen Schuhladen auf.

Elio Fiorucci propagierte Plastikschuhe und füllte seinen Laden randvoll mit grellfarbenen «Galoschen» und Margeriten-geschmückten Sandalen. Und das zu einer Zeit, in der die Leute bei deren Anblick schockiert den Kopf schüttelten. Nur die Jugend war begeistert von diesen preiswerten Extremschuhen. Elio Fiorucci verstand die Botschaft seiner Klientel und suchte zu seinen Schuhen das passende Modeoutfit.

Er reiste nach London und spürte dort schräge Modelle auf, die er später in Italien fabrizieren liess und dort auch feilbot. 1967 eröffnete der Provokateur in Mailand seine erste Fiorucci-Boutique. Mit englischer und französischer Fashion von Biba, Ossie Clark, Zandra Rhodes und Emmanuelle Khanh machte er zunächst Furore. Später designte und produzierte Elio Fiorucci seine Fashion selbst.

Zu Tiefstpreisen verhökerte das italienische «enfant terrible» in den 70er Jahren seine frechen Modegags und zog so magisch Teens und Twens an. In den Achtzigern beeinflusste er mit seiner Punk- und New-Wave-Fashion ganz Italien, und heute versorgt er die junge Generation mit trendiger Hipwear.

Gai Mattiolo (*1968)

Nach dem Abitur fing Gai Mattiolo ein Jurastudium an. Am Vorabend seines ersten Examens bat er seinen Vater um einen 50-Millionen-Lire-Kredit und schloss gleichzeitig mit ihm eine Wette ab. Er wollte Modedesigner werden und seine im Kopf vorhandenen Ideen in die Praxis umsetzen.

Ohne Ausbildung im Zeichnen oder gar Schneidern skizzierte Mattiolo seine Ideen und fertigte Modelle. Der Student zeigte die Kleider einem Inhaber eines römischen Nobelmodehauses. Der war so fasziniert, dass er für seine Kundinnen eine inoffizielle Fashion Show arrangierte. Die betuchten Kundinnen kamen, klatschten und bestellten. Signor Mattiolo, überwältigt von soviel Begeisterung, gab seinem Sohn das Geld.

Gerade 19jährig, zeigte der bienenfleissige Jungdesigner seine erste Prêt-à-porter-Kollektion in Rom. Die höfischen Kleider knüpften an die alte Handwerkskunst Italiens an; sie wirkten edel, aber nicht üppig.

Gai Mattiolo ist vernarrt in die italienische Kultur, und das widerspiegeln seine Gewänder. So thematisiert er beispielsweise die dramatische Geschichte Venedigs in seiner Mode, und Rom dient als Kulisse.

1993 fing der Jungdesigner mit Haute Couture an, ergänzte diese aber schon bald durch eine Schuh- und Schmuckkollektion. Gai Mattiolo besitzt eine glückliche Hand für die Damen der ersten Gesellschaft und hüllt sie in Glamour-Couture. Der Römer bedient heute Kundschaft aus der ganzen Welt. Er ist ein Edelschneider, der rundliche Figuren ausgesprochen mag und ihnen auch Extralinien widmet.

Genny/Byblos

Die Familie heisst Girombelli und das Unternehmen Genny. Dazu gehören die Modekollektionen Byblos und Complice.

Arnoldo Girombelli gründete 1961 in Ancona einen Konfektionsbetrieb für Röcke und Blusen. In den frühen Siebzigern engagierte er, durch seine Frau und seinen Bruder ermutigt, Jungstylisten, die der langweiligen Alltagsmode den nötigen Pep verpassen sollten. Als Designer verpflichtete Genny den damals noch unbekannten Gianni Versace. Vom jungen Designertalent profitierte die brave Mode enorm.

1973 brachte Genny das Trendlabel Byblos und 1975 die Avantgarde-Marke Complice auf den Markt. Mehrere Jahre begleitete Versace beide Modelinien. 1980 löste Claude Montana Versace bei Complice ab, und nach ihm folgten Dolce & Gabbana. Das Younglabel Byblos wurde in den 80er Jahren von den englischen Designern Keith Varty und Alan Cleaver betreut, und heute hat Richard Tyler das Sagen. Mittlerweile umfasst Byblos auch eine Herrenlinie, eine Zweitlinie und eine Home Collection.

Seit dem Tod von Arnoldo Girombelli leitet seine Ehegattin Donatella Girombelli die Firma. Die einstige Designmanagerin modernisierte das Unternehmen binnen kürzester Zeit und expandierte ins Ausland. Vertrieben wird die Genny- und Byblos-Fashion auf allen Kontinenten, in Amerika und Japan aber sind die beiden Edelmarken besonders stark.

Gerani

Das Label heisst Gerani und die Firma Gilmar. Silvano Marchini ist Präsident der Firma, seine Frau Giuliana ist als Designchefin auch verantwortlich für das Trendlabel Iceberg, der 35jährige Sohn Paolo ist Vizepräsident und Co-Designer, und seine jüngere Schwester Patrizia kümmert sich um die klassische Hauptlinie Gerani.

Giuliana Marchini-Gerani ist in Cattolica an der italienischen Adria aufgewachsen und stammt aus einfachen Verhältnissen. Ihr Vater führte eine kleine Speditionsfirma. Anfänglich studierte Giuliana Gerani Sprachen, schmiss aber nach einem Jahr ihr Studium, heiratete und erkannte, dass ihre Leidenschaft die Mode war.

Zusammen mit ihrem Ehemann gründete sie 1960 das Unternehmen Gilmar. Die Anfangszeiten waren schwierig, denn die Firma musste ohne fremde Geldgeber aus dem Nichts aufgebaut werden. Das fehlende Geld ersetzte das junge Unternehmer-Paar durch einen starken Willen und den unbeirrbaren Glauben an ihre Mode. «Mode ist Kultur, Mode muss man fühlen», sagt Giuliana Marchini heute dazu.

　　　　　　　　　　　　DESIGNER-SPECIAL

1974 brachte die zierliche Frau und Mutter das Trend-label *Iceberg* auf den Markt. Diese Trendmode ist schlicht und so praktisch wie Sportswear. Verkauft wird die Iceberg-Kollektion in allen grossen Modeme-tropolen der Welt. Sohn Paolo, der Wirtschaftswissen-schaftler, übernimmt demnächst die Nachfolge von Iceberg. Er unterteilt seine Arbeitsbereiche in Mode und Direktion. Der neue Iceberg-Boss und Kunstsamm-ler arbeitet vorzugsweise mit talentierten Jungdesig-nern zusammen.

Die Marchinis produzieren Mode, Uhren, Sonnenbril-len, Parfüms, neuerdings auch Porzellan und verkaufen ihre Produkte in mehr als fünfzig Ländern. Dazu kom-men gegen zwanzig eigene Boutiquen (von Mailand über New York bis Hongkong, Singapur und Tokio), die den Marchinis gehören, denn das Familienunterneh-men investiert nur in eigene Läden.

Gianfranco Ferré (*1944)

Ein Architekt zeichnet Mode statt Häuser. Gianfranco Ferré stammt aus einer Industriellenfamilie und ist einer der grossen Modezaren Mailands.

Ferrés Studienabschluss fiel in eine wirtschaftliche Flaute. Es mangelte an kreativen Aufträgen. So verla-gerte Gianfranco Ferré sein Interesse auf tragbare Ästhetik. Mit seinem Freund Walter Albini (ebenfalls Stylist) entwarf Ferré laufend neue Schmuckstücke und Mode-Accessoires.

Der Auftrag von italienischen Textilherstellern, nach Asien zu reisen, um neue Herstellungsmöglichkeiten zu prüfen, kam Ferré sehr entgegen. Drei Jahre reiste der Architekt kreuz und quer durch ostasiatische Län-der und studierte «zusätzlich oder vielleicht mehr» die Farbkombinationen von indischen und chinesischen Seidenhändlern.

Wieder in Mailand, entwarf Ferré auf Bitte des Textil-industriellen Franco Mattioli eine Alta-Moda-Pronta-Kollektion. Diese Mode gefiel auf Anhieb. Von diesem Tag an begann Ferré behutsam seine Designerkarriere aufzubauen.

Mit Accessoires und Regenmänteln debütierte er 1978 vor dem Publikum. 1986 wagte sich Gianfranco Ferré an die Haute Couture. Geprägt von Asien, liess er für seine Klientel prunkfarbene, voluminöse Gewänder schneidern. Dazu meint der Kunstsammler und -mäzen «Gefühl und Verstand brauche es für den Mailänder Modestil».

Der promovierte Architekt mischt logisches Denken und technisches Wissen mit Tradition. Noch heute liebt er das Pendeln zwischen den Epochen und der Mode. Am liebsten tafelt Ferré in Legnano, der ehemaligen Villa seiner Eltern, die mit den Möbeln seiner Grosseltern ausgestattet ist.

Als Chefdesigner eilte Ferré von 1989 bis 1996 dem französischen Haute-Couture-Haus Dior zu Hilfe. Mühelos splittete er sein Designschaffen in zwei Modestile: einen eigenen funktionellen Stil und einen majestätischen für Dior.

Jetzt mag es der erfolgsverwöhnte Modemann etwas ruhiger. Übers Wochenende kehrt er Mailand den Rükken und geniesst seinen Palazzo in Stresa. Dort bekocht Ferré seine Freunde – eine andere Leidenschaft von ihm.

Kreationen aus dem Designschaffen von Gianfranco Ferré sind unter anderem in Museen von New York, Boston und Kyoto ausgestellt.

Gianni Versace (1946-1997)

Versace, Mailands schillerndster Modezar, war «der letzte Romantiker der italienischen Mode». Jedenfalls schrieb das die *New York Times*. Als gelernter «Geometro» in Reggio di Calabria aufgewachsen, sollte er Häuser bauen. Zum Entsetzen seiner Mutter interessierte er sich aber mehr für ihr Schneideratelier.

In der Nähstube seiner Mutter belieferte der junge Versace die Kundschaft mit neuen Ideen. Armanis und Missonis Vorlagen inspirierten ihn, denn die gab es Anfang der 70er Jahre schon. Sein Talent fiel 1972 einem Stofflieferanten auf. Dieser erzählte Gianni Versace, dass eine toskanische Textilfirma einen jungen Stylisten mit witzigen Einfällen suchte. Der Job war dem jungen Versace auf den Leib geschnitten. Nach einer kurzen familieninternen Beratung bestieg er das nächste Flugzeug nach Pisa. Versace arbeitete dort für verschiedene Modehäuser und begann Prêt-à-porter-Stücke für einzelne Firmen zu entwerfen.

1978 gründete Gianni Versace mit seinem älteren Bruder Santo das Versace-Unternehmen. Als Markenzeichen wählte er ein goldenes Medusenhaupt. Binnen kürzester Zeit gelang es dem Modezar zusammen mit seinem Rivalen Armani, die italienische Prêt-à-porter-Mode ganz vorne auf dem Weltmarkt zu plazieren. Auch als einer der ersten eröffnete Versace für seine Zweitkollektionen *Istante* und später *Versus* eigene Boutiquen. Versace begann erst 1990 mit Haute Couture, just zu einer Zeit, in der andere Modeschöpfer deren Auflösung forderten.

Als Kind war Versace zwischen antiken Thermen und dem mondänen Schneidersalon seiner Mutter gependelt. Das prägte ihn zeitlebens. Er kannte keine Grenzen, wenn es um seine Leidenschaft, die Mode, ging und betonte immer wieder: «In der Mode muss man die Vergangenheit sehr genau kennen, um die Zukunft interpretieren zu können.» Diese Klaviatur beherrschte Versace. Er war Weltbürger und doch ganz Italiener. So zeigte er seit 1982 seine Modekollektionen auch in Paris und in den USA. Zusammen mit seiner geliebten Schwester und Co-Designerin Donatella entwarf der grosse Meister neben Fashion und Accessoires auch Bühnenkostüme, verschiedene Kosmetik- und Parfümlinien sowie Geschirr.

Gianni Versace war ein Meister der Inszenierung und setzte sich schon zu Lebzeiten ein Denkmal. Viele Publikationen, Museumspräsenzen und Ausstellungen von London bis New York verschaffen seinen Kreationen gebührende Aufmerksamkeit.

Mit einem Pistolenschuss eröffnete das Model Naomi Campbell im Sommer 1997 in Paris Gianni Versaces letzte «Alta-Moda»-Show. Und ebenfalls mit einem Schuss wurde wenige Tage später in Miami dem Leben des grossen Modeschöpfers ein Ende gesetzt.

Donatella Versace ist heute Designchefin des Versace-Konzerns. Sie sagt selbst: «Ich bin ein Versace-Girl. Alles, was ich weiss und designe, lernte ich von Gianni.» Wie erste Kollektionen beweisen, setzt sie den Versace-Stil bravourös fort.

Giorgio Armani (*1934)

Giorgio Armani stammt aus Piacenza und wollte eigentlich Arzt werden. Beim Militärdienst stellte er aber fest, dass er kein Blut sehen konnte. Armani brach sein Studium ab und setzte auf die Mode.

Er begann in den 60er Jahren beim Herrenschneider Hitman als Assistent und lernte bei ihm die «saubere» Anatomie von Jacken kennen. Armanis nächste Jobadresse hiess La Rinascente. Als Einkäufer der Herrenabteilung frönte der scheue Armani seiner Leidenschaft und beschäftigte sich mit perfekt sitzenden Jacken. «Die Jacke macht den Körper», sagte Armani einmal, und dieser Devise ist er bis heute treu geblieben.

Armanis Durchbruch begann, als der pedantische Designer dem extrovertierten Sergio Galeotti, einem vitalen Unternehmergenie, begegnete. Zusammen gründeten sie 1974 in einem kaum 40 Quadratmeter grossen Atelier ihre Firma. Die erste Armani-Kollektion signalisierte eine Moderevolution. Orkanartiger Applaus brauste am Schluss durch den Saal. Anderntags schrieb die *Herald Tribune:* «A star is born.» Inzwischen kreierte Armani – er zeichnet mit Buntstiften auf schwarzen Karton – zig Kollektionen. Armani verpasste den Herren weichere Jacketts, den Damen clean fallende Hosenanzüge und später dem Alitalia-Flightstaff geeignete Uniformen.

Galeotti und Armani waren ein Erfolgsgespann, das bis zum Tode von Sergio Galeotti zusammenarbeitete. Danach besetzte Armani Sergios Posten mit zwei Frauen. Seine Schwester Rosanna und die Leiterin der US-Vertretungen, Gabriela Forte, wurden seine engsten geschäftlichen Vertrauten.

Die Hauptlinie *Armani Borgonuovo 21,* betitelt nach seinem Firmensitz in Mailand, verkauft der Modeguru absichtlich sehr zurückhaltend. Armani meint dazu: «Ein grosser Verkauf wäre schlecht für die Marke.» Sehr erfolgreich verkauft Armani seine Mode auch in den USA und in Kanada. Der Modeschöpfer brachte deshalb eigens für das amerikanische Publikum die preiswerte Special Collection *AX* (Armani Exchange) auf den Markt.

«Weil Mode zu teuer ist», so Zitat Armani, präsentierte er 1981 die billigere Zweitlinie *Emporio Armani.* Sie richtet sich an eine junge Klientel und führt seit 1995 auch Sportswear *(Armani Neve und Armani Golf).* Doch Armani hat noch mehr zu bieten: Eine komplette Inneneinrichtungslinie, viele Accessoires und Parfüms runden sein immenses Designschaffen ab.

Gucci

Das italienische Unternehmen wurde 1904 als Sattlerei und Lederwarenwerkstatt gegründet. Gucci Junior respektierte Vaters Handwerk, reiste aber nach Paris und London und arbeitete dort als Maître d'hôtel. Nach Italien zurückgekehrt, stellte Guccio Gucci (1881-1953) nach vornehmer französischer Manier edle Lederwaren her und eröffnete 1949 eine Boutique in Mailands exklusivster Strasse, der legendären Via Montenapoleone. Das Geschäft florierte, und Gucci wurde für Italien das, was Hermès für Frankreich war: ein Luxushaus für Lederwaren.

Die Söhne Rodolfo, Aldo, Ugo und Vasco stiegen alle ins Familienunternehmen ein und wagten in den 50er Jahren den Sprung in die Modebranche. Erfolgreiche Jahre prägten das Unternehmen: Gucci fertigte Kleider für Jackie Kennedy, Raissa Gorbatschow und Liz Taylor; und bediente die feinen amerikanischen Herren mit statussymbolträchtigen Gucci-Loafers. 1963 eröffnete Aldo eine Shopniederlassung in New York und vertrieb von dort aus die Gucci-Mode in die ganze Welt. Ein Jahr später entwarf Rodolfo sogar ein Seidenfoulard eigens für die Fürstin von Monaco.

Ab den 70er Jahren verstrickte sich das weltbekannte Modeimperium in private Familienzwistigkeiten. Statt um die Geschäfte kümmerte sich der Gucci-Clan um achtzehn hausgemachte Klagen. Trotzdem lancierte Gucci 1978 eine Prêt-à-porter-Kollektion, allerdings nur mit bescheidenem Erfolg.

1989 kaufte eine arabische Finanzgesellschaft erste Anteile des Unternehmens und vier Jahre später den ganzen Rest.

Kurz bevor Maurizio Gucci, ein Enkel des Gründers, 1994 erschossen wurde, engagierte er den Modedesigner Tom Ford und die Geschäftsführerin Dawn Mello. Das Traditionshaus hatte Glück. Innert Rekordzeit hievte der immer schwarzgekleidete Jungdesigner das verstaubte Gucci-Label zum absoluten «In»-Label der 90er Jahre. Sein Modemix aus Schlichtheit und Sex-Appeal machte ihn zum meistkopierten Modeschöpfer der letzten Jahre und brachte Gucci Rekordumsätze.

Heute nimmt das Gucci-Imperium, mit mehr als zweihundert Boutiquen weltweit, wieder eine Favoritenrolle in der Modebranche ein. Die Gucci-Lederwaren liegen mit 58 Prozent Verkaufsanteil immer noch an der Spitze.

Helmut Lang (*1956)

Die intellektuelle Modebewegung begann 1979 mit Helmut Lang. Der Modepurist wuchs ohne Fernseher und anderen Luxus in einem beschaulichen Dorf im Salzburgerland bei seinen Grosseltern auf. Mit zehn Jahren holte ihn sein Vater zu sich nach Wien, und fortan gab es jeden Tag Weissbrot.

Lang, geprägt von der einfachen Dorfmode, liess sich nach dem Handelsschulabschluss seinen ersten Sonntagsanzug in einem Atelier nach eigenen Vorgaben schneidern. Erst als alle seine Freunde auch so eine Sonntagskluft wollten, kam Lang auf die Idee, mit Mode Geld zu machen.

Der Newcomer eröffnete mit 23 Jahren in Wien seine Bou-Bou-Lang-Boutique und zeigte dort seine ersten Modelle.

1986 debütierte Lang im Centre Georges Pompidou in Paris, anlässlich der Grossausstellung «Wien 1880 bis 1938», mit seiner ersten Damen-Prêt-à-porter-Kollektion. Diese Modeschau erregte die Fachwelt. Calvin Klein, der in der ersten Reihe sass, war laut eigener Aussage tief beeindruckt. Nur ein Jahr später zeigte der Wien-Paris-Pendler auch eine eigene Männerlinie.

Berühmt wurde Lang aber erst 1994 mit seinen Quietschkleidern. Diese Schlauchkreationen, hergestellt aus rotem Gummi und schwarzer Spitze, konnten die Models erst anziehen, nachdem sie den ganzen Körper eingepudert hatten. Supermodel Naomi Campbell beklagte sich, aber die Zuschauer jubelten. Modefotografen aus der ganzen Welt rissen sich um diese 99 Kleider und bebilderten damit Titelseiten. Ein rosarotes Gummistück mit Chantilly-Spitze wurde später von der Modepresse zum Kleid des Jahres gekürt.

Schlagartig war die Lang-Fashion mit ihren hochgeschlossenen Herrenjacken in der Szene bekannt. Lang schneidert knapp und benutzt Synthetikstoffe als spielerische Elemente. Der Wiener Modemacher liebt dezente Farben, vor allem weiss, beige und schwarz.

Seit 1996 wohnt der Designer in einem Loft in Manhattan. Zu seinem Umzug nach New York meinte er: «Das Licht, der Wind, die kalten Winter und heissen Sommer – alles erinnert mich hier ans Gebirge.» Lang konzentriert sich dort auf das Entwerfen seiner neuen Luxuskollektion, der Damendessous- und der Jeanslinie. Der Modetüftler riecht zudem im Parfüm-Metier saftige Gewinne und steckt deswegen seine Nase immer öfter in Blüten und Hölzer.

Hermès

1837 gründete Thierry Hermès eine Sattlerei für edles Pferdegeschirr. Der Familienbetrieb florierte über Generationen und hatte Aufträge aus ganz Europa. Besonders bekannt aus dieser Zeit ist die 1892 entstandene Satteltasche «sac haut à courroies», die spätere «Kelly Bag». Markantestes Merkmal dieser Reisetasche waren die beiden seitlichen Verschlussteile, die dem Transport von Zaumzeug dienten.

Dreissig Jahre später verkleinerte Hermès das Taschenformat, behielt aber die Ledergurte bei. Diesen Verschluss ergänzte er durch vergoldete Beschläge und einen eingestanzten Zahlencode. Zur Handtasche umfunktioniert, wurde sie aber erst 1956 durch Fürstin Gracia Patricia von Monaco – vormals Grace Kelly – berühmt. Die Fürstin drückte, als sie in New York das Flugzeug verliess, just diese Hermès-Tasche auf ihren Bauch, um die beginnende Schwangerschaft zu verbergen. Seitdem ist die «Kelly Bag» ein Prestigeobjekt. Sie kostet viel Geld und erfordert noch mehr Geduld. Die Wartezeiten für eine Originalherstellung dauern Monate. Dafür gibt es den Hermès-Bestseller in sechs Grössen, in verschiedenen Farben und Materialien, auch aus Stroh und Pferdehaaren.

Als Automobile die Pferdekutschen zu ersetzen begannen, erweiterte Hermès sein Sortiment. 1926 entstanden die ersten Hermès-Kleider für den Geldadel, und 1937 ergänzte das Nobelhaus sein Programm um die heute international begehrten und millionenfach gekauften «Carrés Hermès» (handgesäumte Seidenfoulards). Zu den neunhundert Dessins, oft in Form von traditionellen Zirkus- und Reitmotiven oder Floralmustern, kommen jährlich neun weitere dazu.

Das französische Luxushaus heimste auch viel Geld mit dem Parfümgeschäft ein. 1961 lancierte der frühere Edelsattler den Damenduft «Calêche» und 1971 das Herrenparfüm «Équipage».

Das Accessoire-Haus verkaufte während Jahren seine sündhaft teuren Lifestyle-Produkte an die vermögende Upperclass auf der ganzen Welt. In letzter Zeit besinnt sich die Nobelmarke aber konsequent auf Kunden der Mittelschicht. Der belgische Modemacher Martin Margiela zeichnet deshalb Kleiderkollektionen für ein junges Zielpublikum. Hermès will mit dieser Angebotserweiterung dem alten Traditionshaus Modernität verleihen.

Zur Hermès-Gruppe gehören heute rund dreissig Firmen. Trotzdem ist Hermès die Lieblingsmarke der Franzosen geblieben. Zirka 37 Prozent des Umsatzes erzielt der Konzern national. An zweiter Stelle folgt Asien mit 28 Prozent.

Jil Sander (*1943)

Mit exakt dreissig Jahren rief die studierte Textilingenieurin das Modelabel Jil Sander ins Leben. Nach ihrem Studium in Deutschland und Amerika jobbte sie in Hamburg als Modejournalistin und begegnete dort erstmals freischaffenden Modestylisten. 1968 verkaufte die Powerlady ihren geliebten VW Käfer und investierte das erhaltene Geld in ihre erste Modeboutique. Und in diesem Modeladen verkaufte Jil Sander neben trendiger Pariser Fashion auch Eigenkreationen.

Was mit einem Laden begann, ist heute ein Weltkonzern. Vor 25 Jahren zeigte die Modedesignerin erstmals eine vollständige Damenkollektion. Mit puristischen Schnitten und schlichten, neutralen Farben überraschte sie das Modepublikum. «Einkleiden statt verkleiden», hiess ihre Devise. Unmissverständlich verkündete sie: «Ich entwerfe Mode für selbstbewusste Frauen.»

Jil Sander kreiert, was sie persönlich favorisiert – klare Linien. Ihre Fashion lässt individuelles Kombinieren zu, man kann sie nach Lust und Laune ergänzen oder minimalisieren. In letzter Zeit sind ihre Kreationen etwas sanfter und auch artistischer geworden. Nach wie vor gestattet sich die Modemacherin aber keine verführerischen Attitüden. Ebensowenig Verständnis hat

Jil Sander für Unschuldskleidchen, Heiligenoutfits und Herrenhandtaschen.

Seit 1985 zeigt die deutsche Designerin ihre Kollektionen in Mailand, wo sie 1997 auch ihre erste Herrenkollektion erfolgreich einführte. Neben professionellen Models holt Jil Sander auch Menschen von der Strasse auf den Laufsteg.

Nach einigen nationalen und internationalen Auszeichnungen erhielt Jil Sander 1995 für ihr Modeschaffen den begehrten Bundesverdienstorden. Das deutsche Modeunternehmen, das im Sommer 1999 an Prada verkauft wurde, erzielt Millionenumsätze und gehört zu den erfolgreichsten Modeexportschlagern Deutschlands.

John Richmond (*1961)

John Richmond wuchs in London auf, graduierte am Kingston Polytechnikum und jobbte später als Freischaffender für Giorgio Armani, Joseph Tricot und Elio Fiorucci. 1982 gründete der 21jährige Richmond sein gleichnamiges Prêt-à-porter-Label. Von 1984 bis 1987 präsentierte auch Maria Cornejo unter diesem Label ihre Fashion. Seither ist Richmond alleiniger Firmenboss. Er designt, produziert und verkauft seine Hauptlinie und die beiden Zweitlinien *Destroy* und *Denim* mit grossem Erfolg.

Sein Modestil knüpfte ursprünglich an die wilden Rock-'n'-Roll-Zeiten an, und er liess sich von amerikanischen Fransenkostümen und der Aufmachung der Showgirls von Las Vegas inspirieren. In den 80er Jahren designte John Richmond vor allem Clubwear für Londons Szene-People. Oft war er auch verantwortlich für die Aufmachung bekannter Rockstars und -gruppen, so auch für Mick Jagger. Ein Klassiker aus dieser Zeit ist die lederne Windjacke mit aufgedruckter Tätowierung.

1993 präsentierte der gefragte Modeguru erstmals eine formellere Herbst/Winterkollektion in Paris. Sein internationaler Look war vom Zeitgeist der Siebziger beeinflusst, und damit eroberte John Richmond ein neues Zielpublikum. Seither klingeln Richmonds Ladenkassen noch mehr, und der zu den Happy-few Gehörende vergrössert sein Reich rund um den Globus. Richmond lässt seine Fashion in zig Ländern produzieren, aber die Linien *John Richmond* und *Richmond Denim* fertigt er bei Falber in Italien.

Ken Scott (*1918)

Ken Scott siedelte nach seinem Designstudium an der Parson's School von Indiana (USA) nach Europa über. Er liess sich 1946 in Mailand nieder und begann bei Falconetto seine Karriere. Vier Jahre war er dort Assistent, dann kreierte er 1963 das Label «Falconetto-Boutique». Zur selben Zeit gründete der Modeschöpfer seine eigene Marke, Ken Scott, und produzierte seine Kreationen im eigenen Werk.

1966 überraschte Ken Scott die römische Modefachwelt mit seiner ersten Haute-Couture-Kollektion. Sein kommunikativer, internationaler Modestil gefiel. Weil Ken Scott von Haus aus Stoffdesigner war, fertigte er seine Mode – zuerst Haute Couture und später auch Prêt-à-porter – nur aus selbst entworfenen Stoffen. Scott bediente sich dabei der Natur als Ideenlieferantin und versah seine Stoffe mit gegenständlichen, wild gemusterten Blumen-, Wiesen- und Tierdessins, die später auch sein Markenzeichen wurden.

Kenzo (*1939)

Kenzo Takada ist Japaner, stammt aus Himeji und studierte zuerst Sprachen und anschliessend an der Bunka-Gakuen School in Tokio Design. Als ausgebildeter Designer reiste er auf einem Frachtschiff nach Europa und von dort nach Paris. Fünf Jahre schaute er dann bei führenden Stoff- und Couture-Häusern hinter die Kulissen. Durch Zufall und mit Hilfe von Freunden kaufte der Japaner 1970 an bescheidener Pariser Einkaufslage ein kleines Stockwerk. Dort gründete der Modeschöpfer sein Atelier, machte seinen Vornamen zum Fashionlabel und taufte seinen mit Dschungelstoff dekorierten Laden «Jungle Jap»-Boutique.

Noch im selben Jahr präsentierte Kenzo seine erste Modekollektion. Sie war in intensiven Farben gehalten und besass einen fernöstlichen Touch. Der Jungdesigner mixte Dschungel- und Blumendessins und machte aus diesen Stoffen Blusen, Tuniken und Samtmäntel. Daraus resultierte freche, witzige Designerwear, auf die sich die jungen Frauen geradezu stürzten. Nach zwei Jahren war das Label Kenzo etabliert und wurde in ganz Europa vertrieben.

Während sich die Damen im öst-westlichen Folkloremix wohl fühlten, entpuppte sich die erste Herrenlinie

(1983) als Flop. Frech und bunt wollte Kenzo die Männer einhüllen, aber diese fanden keinen Gefallen am Kenzo-Kunterbunt-Look.

Was Männer schockte, gefiel den Kindern. Kenzo pinselte fröhlichste Baby-und Kidsfashion aufs Papier und liess diese schneidern. Sie wurde ein Hit. Später zeigte der Heimweh-Japaner auch Badelinien, Home Collection und Parfüms, die ihm ebenfalls Ruhm einbrachten. Ganz Kenzo-like designte er auch seine Duftflakons; das Jungle-Parfüm beispielsweise bekam einen Elefantenbabykopf als Verschluss.

Kenzo Takada ist modeschaumüde. Seit 1992 zeigt er seine Mode nicht mehr an der offiziellen Pariser Show, sondern jeweils einen Monat früher. Zu künstlich ist ihm dieses Spektakel geworden.

Heute gehört das Kenzo-Unternehmen zur LVMH-Gruppe, und diese sorgt dafür, dass Kenzo-Fashion in über hundert Boutiquen abgesetzt wird. Der Designer selbst wurde für sein Lebenswerk mit zwei Publikationen geehrt.

Krizia

Die ehemalige Lehrerin aus Bergamo war lange die einzige Frau, die es im Modedesign ganz nach oben geschafft hatte. 1954 gewann das junge, ehrgeizige Selfmademädchen bei seinem ersten Modedebüt den Preis der italienischen Modepresse. Die Modebranche reagierte entsetzt.

Ihre erste Krizia-Kollektion zeigte Mariuccia Mandelli 1964. Die komplette Damenkollektion war konsequent in Weiss und Schwarz gehalten, obwohl zu dieser Zeit Farben «in» waren. Drei Jahre später überraschte sie die Modewelt mit den Linien *Kriziamaglia* und *Krizia Poi*. Und 1971 setzte sie auf Capri kurzerhand die ersten Hot pants in die Modelandschaft. Dieser kühne Einfall trug ihr erneut den ersten Preis ein, den «Tiberio d'Oro». Ihre alte Tante, eine Schulinspektorin, entsetzte sich über den «frivolen Abstieg» ihrer Nichte in die unseriöse Modebranche. «Ein übles Geschäft» nannte sie das. Als Mariuccia auch noch ihre Vespa verkaufte und mit dem Geld ein Studio in Mailand mietete, war für die Tante klar, dass ihr nicht mehr zu helfen war.

In ihrem Studio schneiderte die talentierte Frau das, was sie schon als Kind für ihre Puppen mit Leidenschaft getan hatte: Kleider. Und dabei ist Krizia bis heute geblieben. Sie brachte über 25 verschiedene Modellinien auf den Markt, darunter viele Zweitlinien sowie eine dezente Herrenlinie, und mehrere Parfüms. In ihrer Strickfashion bevorzugt Krizia Blumensujets und Motive aus der Tierwelt.

Wer bei Krizia nach einem typischen Modestil sucht, findet ihn nicht. Es gibt keinen. Krizia hat immer geniale Einzelkreationen, die ihr Ruhm einbringen.

Aldo Pinto, Sohn einer ägyptischen Baumwolldynastie und Ehemann von Mariuccia Mandelli, lenkt die kommerziellen Geschicke des Unternehmens. Die grosse Modedame, oft «Crazy Krizia» genannt, und er wissen genau, was sie wollen. Das beweist schon das gedehnte *K* im Firmenzeichen. Heute wird Krizia-Design in mehr als 35 Ländern vertrieben, besonders stark ist das Label aber in Japan.

Laura Ashley (1925-1985)

Diese britische Erfolgsgeschichte nahm ihren Anfang 1953: In ihrer Londoner Wohnung kreierte Laura Ashley Tischtücher mit Servietten sowie Schals, und ihr Mann – Bernard Ashley – verkaufte sie. Ein Jahr später gründete das Ehepaar zusammmen mit einem Freund die Firma Ashley.

1966 debütierte Laura Ashley mit einer Kleiderkollektion vor der Modeöffentlichkeit. Die Britinnen schwärmten für diese lieblichen, winzig gemusterten Blusen und Röcke. Zwei Jahre später eröffnete Ashley in London ihre erste Fashionboutique. Die nostalgische Mode boomte, und Laura Ashley investierte ihr Geld europaweit in neue Läden.

Ermutigt von ihrem Superstart, ergänzte die vierfache Mutter ihr Angebot durch eine Home Collection, die ebenfalls in diesem romantischen Country-Stil daherkam. Damit brachte sie einen ländlichen Touch in die Wohnungen, der exakt zu ihrer Fashion passte. Viele Menschen aus ganz Europa waren hingerissen von diesem Stil und kauften Ashleys Home Decorations. Blitzartig mauserte sich der Betrieb zu einem stattlichen Unternehmen, das in den Siebzigern mehr als 350 Angestellte beschäftigte.

DESIGNER-SPECIAL

Seit dem tödlichen Unfall von Laura Ashley haben junge Familienmitglieder die Unternehmensführung übernommen. Technisch und organisatorisch hält der Konzern mit der heutigen Zeit Schritt, aber die Neuerungen dürfen die Laura-Ashley-Kollektionen nicht tangieren. Das verlangt – so meinen die Verantwortlichen – der Respekt vor dieser grossen Modepionierin.

Heute vermarktet das Ashley-Unternehmen seinen britischen Country-Stil auf der ganzen Welt, vor allem aber in England und Frankreich.

Laura Biagiotti (*1943)

Laura Biagiotti wollte eigentlich Archäologie studieren, liebäugelte aber schon früh mit Mutters Modeatelier und entschied sich 1962, dort mitzuarbeiten. Nur vier Jahre später gründete die erst 23jährige mit ihrem Kompagnon Gianni Gigna die Gesellschaft Biagiotti. Anfangs übernahm Laura Biagiotti die US-Kollektionen ihrer schwerkranken Mutter, und nebenbei produzierte sie in ihrem Modeatelier die Prêt-à-porter-Linien für Roberto Capucci und Roccobarocco. Seit 1972 entwirft die Römerin konsequent Eigenkollektionen. Laura Biagiotti mag weiche, schmeichelnde Mode und bevorzugt dafür Kaschmir, Wolle und Seide. Die edle Kaschmirwolle aus dem Himalaja-Gebiet lässt sie in ihrer eigenen Fabrik in der Nähe von Pisa verarbeiten. Biagiottis Modestil ist entweder einfach und komfortabel oder aufwendig und detailbetont. Die Schlossbesitzerin kann weder zeichnen noch nähen, aber sie weiss sehr genau, was tragbar ist. Voluminös und raffiniert umhüllen ihre oft wollweissen Kleiderkreationen jene Körperproportionen, die man ohnehin kaschieren wollte. Laura Biagiotti residiert und arbeitet in ihrem mittelalterlichen Castello in Rom.

Les Copains

Das italienische Label gehört zur BVM ITALIA-Gruppe. Les Copains ist ein Fashion-Produkt der 60er Jahre und hat seinen Namen von der französischen Radiosendung «Salut les copains». Heute umfasst diese Edelmarke zwei Hauptlinien *(Les Copains de Luxe* und *Les Copains)* und fünf Zweitlinien: *Les Copains Trend, Les Copains Blue Eagle, Les Copains Jeans, Les Copains Misselleci* und *Les Copains Junior.* Krepp, Viskose, Seide, Samt,

Baumwolle und viele andere Stoffarten prägen den einzelnen Linien den Les-Copains-Look auf.

Les-Copains-Fashion ist eine Mischung aus Klassik und Trend. Auffallend an dieser Mode ist der originelle Materialmix, die Nutzung modernster Technik und die geschickte Preisgestaltung.

Unkonventionell ist auch die Verkaufsstrategie von Les Copains. Ihre Fashion preisen sie gleichfalls via Versandkatalog an und meinen dazu: «Unsere Mode tragen alle, die eine eigene Persönlichkeit zum Ausdruck bringen wollen.» Weltweit kann man mühelos überall Les-Copains-Wear erstehen. Momentan verkauft BVM ITALIA zirka zehn Prozent der Produktion nach Japan.

Louis Vuitton (1821-1892)

Die französische Luxusmarke gibt es seit 1854. Der spätere Firmengründer ging 1835 – gerade einmal 14jährig – nach Paris und lernte dort den damals angesehenen Beruf Kofferpacker. Kaiserin Eugénie engagierte ihn. Der junge Mann entdeckte beim Packen, wie wichtig gute Reisegepäckstücke waren. Weil Louis Vuitton hervorragende Ideen für ideale Koffer hatte, gründete er mit 33 Jahren eine eigene Werkstatt. Dort fertigte der gelernte Packer Teekoffer für indische Maharadschas und Reiseschreibtische für Schriftsteller. Gekrönte Häupter wie der König von Spanien oder der Sultan von Ägypten bestellten ihre Koffer schon vor 1900 beim inzwischen berühmten Vuitton. Dieser verdankte seinen Erfolg vor allem der schnellen Anpassung an die immer rascher sich ändernden Reisegewohnheiten. Georges Vuitton, der Sohn von Louis, erbte die Geschäftstüchtigkeit seines Vaters und kreierte bereits um die Jahrhundertwende das legendäre «Canvas»-Monogramm.

Die Edelmarke überdauerte ohne finanzielle Einbussen zwei Weltkriege, Wirtschaftskrisen und Rezessionen. Noch heute produziert der renommierte Taschen- und Accessoire-Hersteller neben Serienproduktionen auch kundenspezifische Einzelanfertigungen.

Das französische Haus hielt auch noch in den Achtzigern wenig von schnellen Modegags und widersetzte sich mit Erfolg diesem Trend. So erschien 1986 die *Epi*-Kollektion, eine Taschenserie, die mit dem berühmten LV-Monogramm von 1896 bedruckt war: zwei ineinander verschlungene L und V, die in regelmässigen Abständen von abstrahierten Blüten umgeben sind. Ebenfalls ein Klassiker aus dieser Zeit ist die «Reporter»-Tasche.

Zum 100jährigen Monogramm-Jubiläum von 1996 lud Vuitton zahlreiche Designer dazu ein, das Material nach eigenem Gusto zu verarbeiten. Vivienne Westwood entwarf eine Vuitton-«Bums Bag». Diese «Po»-Tasche sorgte in der Modepresse für Schlagzeilen.

Heute produziert die LVMH-Gruppe auch Fashion. Der Boss höchstpersönlich holte dafür den Amerikaner Marc Jacobs nach Paris. Im März 1998 präsentierte der Erfinder des Grunge-Looks seine erste Prêt-à-porter-Kollektion: Sie zeigte sich schlicht, seiden und elegant. Vertrieben wird sie übrigens in vierzig Ländern.

Mariella Burani

Das bekannte italienische Modelabel hat mit Kindermode angefangen: 1960 gründete das Ehepaar Burani in Cavriago (Provinz Reggio Emilia) sein erstes industrielles Produktionsunternehmen für Kidsfashion. Mariella Burani zeichnete die Entwürfe, und ihr Gatte kümmerte sich um die Herstellung. Später ergänzten sie das Sortiment durch Teeniefashion. Ihre innovativen Ideen gefielen.

Ende der 70er Jahre wagte die talentierte Modezeichnerin den Sprung in die Modedesign-Szene und zeigte erstmals eine komplette Damen-Prêt-à-porter-Kollektion unter ihrem Namen. Diese femininen, tragbaren Kleider wurden vom Publikum begeistert aufgenommen – das war die Geburtsstunde der Erfolgsstory Burani.

Mariella Burani entwirft verschiedene Kollektionen für unterschiedliche Frauentypen. Die Designerin arbeitet mit Kontrasten und macht Mode mit natürlichen Fasern und ursprünglichen Motiven. Oft integriert Burani Ledereinsätze in ihre Kreationen, weil sie in einer Region beheimatet ist, die über eine rege Lederindustrie verfügt. Burani-Fashion wirkt fliessend und elegant.

Mittlerweile ist aus dem Burani-Unternehmen ein internationaler Modekonzern geworden, und Mariella

Burani designt längst nicht mehr nur Fashion, sondern eine gesamte Lifestyle-Palette: vom Schuh bis zum Brillengestell, ja sogar Keramikkacheln.

In letzter Zeit konzentriert sich das Unternehmen, das weltweit 15 eigene Boutiquen besitzt, auf den Osten. Und wenn die Buranis wieder eine neue Boutique eröffnen wollen, eilt der Architekt Antonio Citterio zu Hilfe und gestaltet einen weiteren «spazio positivo».

Mario Valentino (1927-1991)

Nach dem Lyzeumsabschluss arbeitete Mario Valentino im väterlichen Lederwarenbetrieb. Valentinos Glück begann 1953, als er erstmals schmal geschnittene, rosafarbige Pumps mit dünnen Absätzen unter seinem eigenen Namen auf den Markt brachte.

Nur ein Jahr später gelang dem Neapolitaner am grossen Modedefilee in Paris der Durchbruch: Ein Model trippelte in mit Korallenblumen geschmückten Mario-Valentino-Sandalen über den Laufsteg. Die High-Society-Schickeria, die Filmdiven und die Redakteurinnen von Hochglanzmagazinen waren alle gleichermassen hingerissen von der leichten Sandalette. Dieses Prachtstück – das Original ist heute im Pariser Schuhmuseum ausgestellt – war zwar für die Füsse nur mässig bequem, aber dafür unendlich schön.

Der amerikanische Schuhgigant Miller entdeckte den Nutzen dieser Entwürfe und nahm Mario Valentino bis 1966 unter Vertrag. Valentino lieferte herausgeputzte, für neapolitanische Sommerabende geeignete Pumps-modelle mit spindelförmigen Absätzen nach Amerika. Und Miller propagierte sie als ideale Tanzschuhe. Im Nu eroberte der Pumps, der den Damen einem Trippel-schritt aufzwang, die Welt.

1977 stellte Mario Valentino seine erste Damenkollektion vor, und zwei Jahre später folgte seine Herren-Prêt-à-porter-Fashion. Valentinos Damenmode war grazil und passte exakt zu seinen Schuhen. Der Lederguru bereicherte seine Kollektionen regelmässig um hellfarbene, samtweiche Ledermode, die lässig und am Körper sehr elegant wirkte. Selbst grosse Modeschöpfer wie Armani, Versace und Montana waren von Mario Valentinos Können beeindruckt und engagierten ihn für ihre Lederfashion. Sogar Karl Lagerfeld liess seine Lederaccessoires bei ihm fertigen.

Seit dem Tod von Mario Valentino wird seine Mode in Italien weiterproduziert, aber zu 95 Prozent im Ausland verkauft.

Max Mara

Das italienische Konfektionshaus, das heute zu den grössten Unternehmen Italiens gehört, wurde 1950 von Achille Maramonti gegründet. Bereits gegen Ende dieses Jahrzehnts stellte die Kleiderfirma auf eine industrielle Produktion um.

Maramonti fabrizierte von Anfang an aktuelle Mode mit einem hohen Qualitätsanspruch, ohne aber die Haute Couture zu tangieren. Schon früh erkannte er den Nutzen verschiedener Modelinien: Er wollte unterschiedliche Kundensegmente ansprechen und dadurch mehr absetzen.

1965 brachte Maramonti die Young Fashion *Pop* auf den Markt, gezeichnet wurde diese Kollektion von der Elle-Redakteurin Lison Bonfils. Und vier Jahre später setzte er die Trendlinie *Sportmax* in die Welt. Die Entwürfe dazu lieferten bekannte Modestylisten. Diese Fashion entpuppte sich im nachhinein als Glücksfall, denn das Sportmax-Label ist heute noch Max Maras Bestseller.

Seit den Achtzigern vermarktet die gigantische Modegruppe auch die Linien *Max Mara, Penny Black, Blues Club, Pianoforte* und *Weekend*. Unter dem Namen seiner geliebten Urgrossmutter Marina Rinaldi brachte der Geschäftsmann zusätzlich eine Extralinie für molligere Frauen heraus. Diese wird in speziellen Marina-Rinaldi-Boutiquen verkauft. Auch zur Max-Mara-Gruppe gehört das preiswerte Trendlabel Max & Co., das ebenfalls über eigene Läden vertrieben wird.

Mila Schön (*1919)

Mila Schön stammt aus Dalmatien und verrät nur ungern ihr Geburtsdatum. 1958 eröffnete sie in Mailand ihre erste Modeboutique, und 1965 gründete sie das Label Mila Schön.

Im selben Jahr präsentierte die Modeschöpferin ihre Couture Collection in Florenz. Nach diesem Event stand die Designerin mitten in der Fashion-Szene und erhielt mehrere Aufträge aus den Vereinigten Staaten. Amerika war begeistert vom puren, dezenten Europalook und verlieh der Modepuristin in den frühen 60er Jahren den «Fashion-Oscar». Ermutigt durch diesen Erfolg, stieg die italienische Designerin als erste ins Asien-Business ein und exportierte ihre Kollektion nach Japan. Diese frühe Zusammenarbeit schärfte ihr Auge für die natürliche Eleganz und das schlichte Design.

Mila Schön nutzt dieses Privileg auch für ihre europäische Prêt-à-porter-Fashion. Konsequent entwirft sie klassische Kreationen, die besonders Berufsfrauen schätzen. Seit 1972 entwirft die Modeschöpferin auch Haute Couture, Men's Wear, Accessoires, Parfüms, Brillen und eine Home Collection.

Das Mila Schön-Unternehmen entwickelte sich in all den Jahren zu einem führenden Modekonzern, der, wie in Italien oft, von Familienmitgliedern gemanagt wird. Zahlreiche Ehrungen und Preisauszeichnungen honorieren das Schaffen dieser cleveren Powerfrau.

Missoni

Der Sportler Ottavio Missoni und Rosita Jelmini, die in London Englisch lernte, begegneten sich dort 1948 bei den Olympischen Spielen. Rosita, Tochter eines Kleinindustriellen, und Ottavio, der Bonvivant, heirateten später und beschlossen, eine kombinierbare, sportliche Maschenmode zu kreieren. Ottavio hatte Erfahrung mit der Sportmode und Rosita Talent zum Entwerfen. Gemeinsam gründeten sie 1953 die Strickwerkstatt Missoni. Auf zwei Webstühlen, die als Hochzeitsgeschenke zum Hausrat gehörten, begann Rosita ihre ersten Strickprofile zu kreieren. Ottavio, für den Verkauf verantwortlich, packte zwei Koffer mit Missoni-Strick und bot sie den Mailänder Geschäften feil. Prompt kam er mit Bestellungen von seiner ersten Verkaufsreise zurück. Das Schneideratelier Biki und das Edelkaufhaus La Rinascente hatten die Qualität erkannt und orderten. Bekannt wurde der bunte Maschenhit aber erst 1967 im Palazzo Pitti: Vor der Fashion Show begutachtete Rosita Missoni persönlich jedes Model. Notgedrungen befahl sie das Ausziehen der Unterhemden und BHs unter den durchsichtigen Laméblusen. Anderntags rügte die Presse diesen weitmaschigen Nude-Look mit den Worten: «Wir sind doch nicht im Crazy Horse.» Mit diesem Skandal schaffte die Missoni-Mode den internationalen Durchbruch.

Missoni besitzt zig Modelinien und vertreibt auch Parfüms, Möbelstoffe und Accessoires. Mehrere eigene Missoni-Boutiquen und rund fünfhundert Geschäfte weltweit verkaufen heute diesen superleichten Strick. Namhafte Museen und Galerien honorieren das kreative Schaffen der Missonis.

Die Nachfolge des Missoni-Clans hat die Tochter Angela übernommen. Die dreifache Mutter gab ihre eigene Modekollektion auf, um dem Stammunternehmen Missoni frische Akzente zu verpassen. Ihre erste Fashion Show hat sie über Nacht zum Star gemacht.

Moschino

Franco Moschino war in Abbiategrasso beheimatet und verdiente sein erstes Geld als Illustrator bei Modezeitschriften. Kunst faszinierte ihn, deswegen war er oft an der Kunstakademie Brera anzutreffen. Der Kontakt mit den Künstlern dort sensibilisierte Moschino für die Mode, und er wurde Designer.

Moschino skizzierte für die Firma Cadette und begegnete dort Gianni Versace. Ihre Zusammenarbeit dauerte fünf Jahre. Unkompliziert kombinierte Moschino alles mit allem, Hauptsache, es war witzig, paradox und theatralisch. So machte er Mode und präsentierte 1983 erstmals eine Moschino-Kollektion. Es folgten die Hauptlinie *Couture!* und die beiden Zweitlinien *Cheap and Chic* und *Moschino Jeans.*

Moschinos Couture!-Collection war glamourös; scherzhaft und voller Ironie dagegen zeigte sich seine Young Fashion. So schrieb der Modepoet beispielsweise auf das Rückenteil einer Jacke in grossen Lettern: «This is an expensive jacket!»

Seit dem Tod von Franco Moschino – er starb an Aids – leitet seine engste Mitarbeiterin, Rosella Jardini, die Firma. Das junge Team und Signora Jardini riskieren keinen radikalen Stilwechsel. Die letzte Show war allerdings weiblicher und faszinierte durch Originalität. Die scheue Stylistin sagt: «Ich entwerfe Kleider nur für mich. Ich weiss, was tragbar ist.»

Steigende Umsätze beweisen, dass sie recht hat. Und das Moschino-Label, eines der originellsten Italiens, profitiert davon. Weltweit wird in rund 1500 Boutiquen Moschino-Fashion angeboten.

Der verstorbene Franco Moschino lebte die Solidarität. Zeitlebens wohnte er in einer bescheidenen Kleinwohnung. Dafür spendete er grosszügig für Wohltätigkeitsaktionen. Seine Erben respektieren das. In Bukarest unterhält die heutige «Foundation Moschino» ein Krankenhaus für aidskranke Kinder.

Prada

Mario Prada, der Grossvater von Miuccia Prada, gründete 1913 in Mailand eine Firma für Lederwaren. Der Firmenpatriarch war Hoflieferant und fabrizierte seine Produkte schon damals in Deutschland und Österreich. Nach dem zweiten Weltkrieg war es vorbei mit dem Wohlstand. Die Söhne von Mario kämpften während Jahren um das Überleben des Unternehmens.

Mit Miuccia Prada kam wieder Schwung in den Betrieb. Eigentlich hatte die 28jährige Politikwissenschaftlerin nicht im Sinn gehabt, ihr Geld mit Mode zu verdienen. Da aber ihre Mutter seit dem Tod des Grossvaters die Firmengeschicke lenkte, half Miuccia, wann immer es nötig war, dort aus.

Ganz nebenbei wandelte Miuccia eine Ledertasche ihres Grossvaters in eine schwarze Nylontasche um. Sie wurde zum Kultobjekt. Angespornt durch das Erfolgserlebnis, stylte sie 1985 erstmals Prada-Schuhe und drei Jahre später eine Prêt-à-porter-Linie. Doch diese Kollektion fand keinen Anklang. Erst Jahre später, als Miuccia Prada ihre «Bad taste»-Kleider vorführte, jubelten die Leute.

Im Herbst 1995 präsentierte die Designerin in New York, das inzwischen zur Kultlinie gekürte Label *Miu Miu*. Diese verspielte, schräge Zweitlinie sollte die Prada-Kollektion ergänzen, aber es kam anders: Der «Bad girl»-Look mauserte sich zum begehrtesten «In»-Label der Neunziger.

Miuccia Prada – privat gerne mit kostbarem Schmuck geschmückt – kreiert salonfähige Vulgärmode. Widersprüchlich und offen für alles, verwandelt die zweifache Mutter Hässliches und Prüdes in Neues. So sammelt sie leidenschaftlich alte Couture-Modelle von Yves Saint Laurent und sucht zusätzlich regelmässig in Secondhandläden nach scheusslichen Ideen. Fasziniert von soviel Kühnheit, reagierte die Modepresse und kürte die Dottoressa zur «In»-Designerin, und Amerika ver-

ieh ihr den angesehenen «Fashion-Oscar». Kometen-
haft steigerte auch die Prada-Linie ihre Verkaufszahlen.
Dottoressa Prada erklärt ihren Bombenerfolg so: «Es ist
diese neue Art von Luxus, sich so zu kleiden.» Sie entdeckt ihrerseits immer neue Designideen. Momentan
sind Theaterkostüme und Szenelokale dran.
Patrizio Bertelli, ihr Ehemann, kümmert sich um das
Geschäftliche. Er kocht vortrefflich, aber noch erfolg-
reicher puscht der Italiener aus der Toskana die Expan-
sion des Prada-Imperiums. Zur Zeit gibt es mehr als
120 Prada-Boutiquen und 750 Verkaufspunkte rund um
den Globus.

Rena Lange

Renate und Peter Günthert sind die Besitzer des deut-
schen Unternehmens M. Lange & Co. GmbH. Frau Günthert ist eine begabte Zeichnerin und managt den
kreativen Part. Die Finanzen und die kommerziellen
Belange liegen hingegen in Peter Güntherts festen
Händen.
Renate Günthert lernte ihr Handwerk von der Pike auf.
In einem Couture-Salon in Frankfurt absolvierte die
Berlinerin eine Schneiderlehre, und dann wollte sie
unbedingt die schillernde Modewelt kennenlernen.
Zuerst ging's an die Kunstakademie nach München,
wo sich Renate Günthert in Modeillustration weiterbil-
dete. Nachher musste es Paris sein, das Modemekka
der 50er Jahre. Als Journalistin und Zeichnerin belie-
ferte die freie Mitarbeiterin etliche deutsche Mode-
magazine mit Fashionnews.
Zurück in München, begegnete sie im Modemilieu
Peter Günthert. Gemeinsam gründete das Paar 1958
die Marke Rena Lange Couture, und 1982 folgte die
Prêt-à-porter-Linie. Renate Günthert steht mit ihren
Kreationen mitten in der internationalen Fashionszene.
Ihre gewichtigsten Modethemen sind: kühner Busi-
ness-Stil und Cocktailfashion. Privat trägt die Modefrau ausschliesslich Rena-Lange-Mode, auch nachts.
Im Gegensatz zu anderen Modeschöpfern ist sie auch
— wie sie selber sagt — ihr bestes Model. Zur Inspira-
tion schaut die ordnungsliebende Designerin Filme an
oder hört Musik.
Heute exportiert das Münchner Unternehmen seine
Mode in 22 Länder. Der schlichte Stil verkauft sich her-

vorragend in Asien, den USA und Italien. Seit einem Jahr leitet Günthert junior das Unternehmen.

Roccobarocco

Ein Neapolitaner und ein Westschweizer machen zusammen Mode: Rocco Muscariello studierte in Rom Kunstgeschichte und jobbte nach seinem Studienabschluss als Zeichner im Atelier «de Barentzen». M. Gilles lernte bei Dior in Paris Modist und ging anschliessend nach Mailand. Dort assistierte der Hutmacher sieben Jahre lang in führenden Modehäusern.
Bei «de Barentzen» in Rom lernte Gilles Muscariello kennen. Zusammen wurden sie 1966 selbständig und machten das Schneideratelier «Barocco» auf. Wagemutig stürzte sich das Duo in das launige Modegeschäft und stellte 1968 seine erste Prêt-à-porter-Kollektion dem Publikum vor. Diese üppigen Roben fanden aber nur mühsam Kundinnen, so dass Rocco Muscariello erneut auf Jobsuche ging. Von 1975 bis 1977 arbeitete der Designer gleichzeitig bei Valentino als Art-Director und holte so das fehlende Geld herein.
Anfang der Achtziger riskierten die beiden Modeschaffenden erneut einen Anlauf: Sie brachten die Zweitlinie *Roccobarocco Forme* auf den Markt, die viel simpler und einfacher war. Das radikale Weglassen des Zuviels brachte den Modekünstlern die langersehnte Anerkennung. Heute ist das Label Roccobarocco international etabliert, und das Duo kreiert seit längerem auch sehr erfolgreich Sportswear.

Romeo Gigli (*1950)

Der Italiener gründete 1983 eine Firma und schaffte drei Jahre später mit seiner Prêt-à-porter-Kollektion den internationalen Durchbruch. Romeo Gigli ist Spross einer Patrizierfamilie. In Castelbolognese wuchs er, umgeben von Büchern, Kunst und Antiquitäten, auf dem elterlichen Landsitz auf. Eigentlich wollte Romeo Gigli Architekt werden, brach aber sein Studium ab und ging auf Reisen. Der leidenschaftliche Sammler frönte fortan seiner Passion und beschäftigte sich mit Farben, Stoffen und Design.
1979 nahm der scheue Gigli Wohnsitz in New York. Als Herausforderung lernte er im Atelier Dimitri schneidern und eignete sich dort die saubere technische Verarbei-

tung an. Nach vier Jahren verabschiedete sich Gigli von den USA, ging nach Italien zurück und baute dort sein eigenes Unternehmen auf. Carla Sozzani, die italienische Moderedakteurin von Vogue, unterstützte den sensiblen Modemann dabei.

Gigli-Fashion ist kokonhaft. Sie ist nichts für Powerfrauen oder forsche Männer. Seine Mode enthält viel Poesie und Kunst. Und weil der Maestro Unikate liebt, stellte er 1987 die Damenkollektion *su misura* vor. Jedes Einzelstück wurde dabei vollständig handgefertigt. Auch seine Herrenmode, die es seit 1989 gibt, wirkt zuweilen etwas fragil. Obligaterweise führen weibliche Models einzelne Kleidungsstücke aus der Männerkollektion vor. Fertigen lässt Romeo Gigli seine Men's Wear beim Textilkonzern Ermenegildo Zegna.

1989 wurde dem Modeschöpfer, der erstmals eine Kollektion in Paris statt in Mailand vorführte, aus Fachkreisen echte Bewunderung zuteil. Seine Fashion beeindruckte mit einer ausserirdischen Aura. Seine preiswertere Zweitlinie *G. Gigli* versprüht denselben Modestil, zielt aber primär auf eine jüngere Käuferschaft ab. Auch Giglis Schuh- und Accessoirelinien, ja sogar seine Home Collection haben dieselbe emotionale Ausstrahlung. 1995 entwarf der Kunstsammler für das Teatro Regio di Parma die Opernkostüme für die Aufführung «Die Zauberflöte»; das Ensemble ging auf Europatournee und hatte grossen Erfolg damit.

Romeo Gigli hat eine Weltmarke geschaffen, und trotzdem musste er sein Unternehmen 1997 veräussern. Das Label Romeo Gigli gehört heute zur Gruppe Euroventure und heisst jetzt Maison RG.

Salvatore Ferragamo (1898-1960)

Salvatore Ferragamo ist der Erfinder des ersten *bequemen Frauenschuhs* und war einer der berühmtesten Schuhmacher des 20. Jahrhunderts. Mit neun Jahren schusterte er sein erstes Paar Schuhe für die Erstkommunion seiner Schwester. Seine Eltern waren arm, und ihnen fehlte das Geld, der Tochter Schuhe für den grossen Tag zu kaufen. Salvatore löste das Problem. Er ging zum Flickschuster, bat um Reste und fertigte daraus Lederschuhe für seine Schwester.

Später lernte der Neapolitaner das Handwerk beim Schuster im Dorf und fabrizierte Damenschuhe, die man sonst nirgends sah. Mit vierzehn hatte er eine eigene Werkstatt mit Angestellten. Aber seine Besessenheit trieb ihn an, nach Hollywood auszuwandern. Dort lockte er mit seinen massgeschneiderten Glamourschuhen viele berühmte Namen in den Laden. Ferragamos Schuhe waren wunderschön, aber sie drückten am Fuss wie alle Schuhe damals.

Der Schuhmeister konnte sich damit nicht abfinden und bildete sich in anatomischen Studien an der Universität in Südkalifornien weiter. Dort lernte er unter anderem, dass das Körpergewicht ganz auf dem Spann des Fusses ruht. Angetrieben von diesem Wissen, entwickelte Ferragamo eine Stahlfeder zur Unterstützung des Bogens zwischen Sohle und Absatz. Damit war in der Geschichte der Schuhmacherei der erste bequeme Frauenschuh geboren.

Ferragamo kehrte 1927 nach Florenz zurück und gründete dort die Firma, die heute eines der wichtigsten Modeimperien Italiens ist. Aus allen Erdteilen bestellten gutbetuchte Damen seine Keilabsatz-Schuhe, die damals Ferragamos Markenzeichen waren.

Als Salvatore Ferragamo starb, hinterliess er zwanzigtausend Schuhmodelle und 350 Schuhpatente, die Sie heute im öffentlich zugänglichen Schuhmuseum im Firmenpalazzo in Florenz bewundern können. Knapp ein Jahr vor seinem Tod präsentierte seine 25 Jahre jüngere Frau mit Hilfe ihrer sechs Kinder die erste Modekollektion. Damit verwirklichten sie Salvatore Ferragamos Lebenswunsch, zu seinen Schuhen die passenden Kleider anzufertigen.

Mit dem Erbe von Salvatore Ferragamo bauten seine Ehefrau Giovanna Ferragamo und seine Kinder einen bedeutenden internationalen Modekonzern auf. Das Familienunternehmen kaufte im Sommer 1996 das Modehaus Emanuel Ungaro.

Sergio Rossi (*1939)

Sergio Rossi gehört zu den profiliertesten Schuhdesignern Italiens. Sein Ruf ist legendär: Man sagt sogar, dass Models, die einmal in Rossi-Kreationen über den Laufsteg schreiten, früher oder später auch privat seine Kundinnen werden. Rossi vereint höchsten Tragkomfort und modernes Design wie kein anderer italienischer Schuhmacher.

Wie viele seiner Kollegen lernte Sergio Rossi das Schustern von seinem Vater. Allerdings perfektionierte er später seine Ausbildung in Bologna beim berühmten Schuhhandwerker Fini, einem Meister der alten Schule, der einst das italienische Königshaus und später auch grosse Persönlichkeiten aus Wirtschaft und Politik mit Luxusschuhwerk bediente.

1962 übernahm Sergio Rossi die Schuhfirma seines Vaters. Der passionierte Schuhmacher erdachte ständig neue Schuhformen und suchte auch den Kontakt zu Modeschöpfern. So entstand eine gegenseitige intensive Zusammenarbeit mit Thierry Mugler, Moschino und Azzedine Alaïa. Rossi profitierte davon, und sein Ziel, tragbare Schuhe in ästhetische Prachtstücke zu verwandeln, wurde Realität.

Lange bevor bequemes Schuhwerk salonfähig war, erfand der Italiener fussgerechte, elegante Sandaletten, die gleichsam trendy und feminin wirkten. Seine Schuhe machten schnell Furore. «Prontisti», die mit dem Kopieren teurer Designer-Kreationen das grosse Geschäft machen, erkannten schon in den 60er Jahren den Wert der Rossi-Formen und ahmten seine Neuheiten nach, obwohl Rossi damals noch unbekannt war.

Inzwischen ist Rossi ein renommierter Name in der Schuhdesignszene. Neben den eigenen Schuhlinien fabriziert er heute auch die Schuhkollektionen von Versace und Dolce & Gabbana.

Strenesse/Gabriele Strehle

Das deutsche Strenesse-Unternehmen hat es ganz nach oben geschafft. Hinter diesem Erfolg stehen Gabriele und Gerd Strehle. Angefangen hat der Sturm an die Spitze, als die junge Modedesignerin Gabriele Hecker – spätere Strehle – 1973 in der Konfektionsfirma Strehle zu arbeiten begann.

Das ländliche Familienunternehmen, 1949 im schwäbischen Nördlingen gegründet, fabrizierte bis anhin schickliche Damenmode. Gabriele Strehle, Absolventin der Münchner Meisterschule für Mode, hatte andere Vorstellungen. Ganz dem Zeitgeist entsprechend, reduzierte sie in jeder neuen Kollektion den langweiligen Gretchenlook. Strikt und unauffällig verpasste die begabte Perfektionistin den Modelinien Askese und dunkle Farben. Diesem konsequenten Detailschaffen verdankt die Realistin ihren internationalen Durchbruch.

Neu tragen die Strenesse-Kollektionen den Namen von Gabriele Strehle. Der Kunstname Strenesse (ein Mix aus Jeunesse und Strehle) ist out. Frau Strehle hält die Zeit für reif dafür. Sie möchte aber keineswegs mit anderen Modemachern verglichen werden.

Zusammen schaffte das Ehepaar den Spagat von der Modeprovinz an die Weltspitze. Gerhard Strehle, der Manager (er wollte eigentlich Pianist werden), und die Modefrau teilen sich Arbeit und Familie. Zu Hause ist aber Entspannung angesagt. Alles Geschäftliche ist verpönt, sonst profitiert Tochter Clara davon und füllt mit jedem geschäftlichen Dialog ihr Sparschwein.

Tommy Hilfiger (*1951)

Tommy Hilfigers Erfolgsstory ist der Inbegriff einer klassischen amerikanischen Tellerwäscher-Karriere. In nur vierzehn Jahren verdiente der Selfmademan im harten Modegeschäft Milliarden und überholte dabei seine Konkurrenten Ralph Lauren und Calvin Klein.

Zusammen mit acht Geschwistern wuchs Hilfiger im Provinzort Elmira im Staate New York auf und lebte dort in bescheidenen Verhältnissen. Sein Vater war Uhrmacher und seine Mutter Krankenschwester. In der Schule galt Tommy Hilfiger als dumm, weil er Legastheniker war.

Mit sechzehn Jahren verdiente Hilfiger als Tankwart einen Dollar und fünfzig Cent die Stunde. Zwei Jahre später machte er sich mit 150 Dollar Erspartem auf den Weg nach New York. Das nach der Reise übriggebliebene Geld investierte Hilfiger in billige Jeans, die er gewinnbringend weiterverkaufte. Die Idee funktionierte. Und Hilfiger eröffnete einen Laden. Weil ihn die bestellte Ware aber nie befriedigte, begann er schliesslich, selbst Kleider zu entwerfen.

1984 wollte Calvin Klein Hilfiger als Designer engagieren. Der «kleine» Modeprinz aber glaubte an sein Märchen und lehnte ab. Statt dessen tat er sich mit dem Modemacher Mohan Murjani zusammen, gründete das Label Hilfiger und legte so den Grundstein zu seinem heutigen Fashion-Imperium. Der Autodidakt designt zeitgemässe Casualwear und verkauft einen amerikanischen Traum: «Leisureklamotten für smilende Männer». Sogar Bill Clinton gehört heute zu seinen Kunden. Er widmet sich aber auch dem jungen Publikum und entwirft beispielsweise T-Shirts, die mit berühmten Namen – Rolling Stones oder Prinz Charles – beschriftet sind.

Hilfiger gibt zu, dass seine erste Damenkollektion ein Flop war, «nett, aber langweilig sei sie gewesen». Heute bringt sie ihm Millionen ein. Offen und ohne Skrupel bekennt er auch, dass Gattin Susie und seine Sprösslinge nie Hilfiger-Wear tragen. Susie trägt Hermès, und die Kinder werden mit Hochpreisigem aus Susies Kinder-Boutique ausstaffiert.

In Amerika ist Hilfiger ein Held, und in Europa beginnt er einer zu werden. Er eröffnet ständig neue Shops, sucht sich aber nach dem Debakel von Donna Karan in Berlin seine Standorte sehr genau aus.

Trussardi

Der studierte Wirtschaftswissenschaftler aus Bergamo übernahm die etwas veraltete, aber meisterhaft geführte Handschuhfabrik seines Grossvaters. Der Jungunternehmer entwickelte eiligst Marketingstrategien, modernisierte die Technik und erweiterte die Produktpalette. Binnen sechs Jahren befreite Trussardi die Firma von ihrem verstaubten Image.

Konsequent verbesserte der Lederhersteller seine Verkaufsstrategie. Er eröffnete noch im selben Jahr seine erste Trussardi-Lederboutique in der Luxusmeile Mailands. Nicola Trussardi wollte weg vom reinen Lederbusiness und erweiterte das Sortiment um eine Damen-Prêt-à-porter-Linie. Mit klassischem Design, dezenten Farben und perfektem Finish kam Trussardi-Fashion über den Laufsteg. Infolge der grossen Akzeptanz präsentierte der ausgefuchste Geschäftsmann bald auch eine Herrenkollektion.

Er wollte ganz nach oben und zeigte 1987 in Rom erstmals Trussardi-Haute-Couture. Ganz nach dem Gusto des Firmenpatriarchs promenierten die Models mit eklektischen Edelkleidern vor dem Publikum.

Trussardi war Opernliebhaber und scheute keine Kosten, wenn es um Modeevents ging. Ob Mailand oder Rom, der Modezar experimentierte laufend mit neuen Inszenierungen. Mode und Kultur gehörten für Nicola Trussardi zusammen – da durfte es schon auch mal die weltberühmte Scala sein.

Trussardi schuf in Rekordzeit ein gigantisches Unternehmen, das neben Fashion und Lederwaren auch Fahrräder, Autointerieurs, Möbel und Geschirr entwirft. Mittlerweile gibt es auch ein Sportstadion namens Palatrussardi und sogar Opern, die ihre Kostüme bei Trussardi ordern. Im April 1999 starb Nicola Trussardi an den Folgen eines Autounfalls.

Valentino

Der Römer lebt für die Nützlichkeit der Eleganz. Valentino Garavani wollte schon immer sein Geld im Modebusiness verdienen, deshalb besuchte er nach seinem Lyzeumsabschluss Kurse für Modezeichnen und ging später nach Paris. An der École de la Chambre Syndicale de la Couture Parisienne gewann er einen internationalen Wettbewerb. Durch diesen Preis ermutigt, arbeitete der Modedramatiker fortan bei bekannten Modehäusern. Nach neun Jahren Paris gründete der erst 27 Jahre alte Valentino Garavani, dessen Vorname zugleich sein Markenname ist, in Rom seinen eigenen Modesalon. Schon damals hatte Valentino seinen typischen Stil. Er würzte seine extravaganten Kreationen am liebsten mit einer Prise Dramatik.

1960 zeigte der Modeschöpfer im Palazzo Pitti in Florenz seine erste Kollektion. Weltweite Beachtung erfuhr allerdings erst seine *Collezione Bianca* aus dem Jahr 1967, die er Jackie Kennedy widmete. Eines dieser Kleider, das schlichte, weisse Cocktailkleid, trug sie ein Jahr später bei ihrer Hochzeit mit Onassis.

Siebzig Aufträge erreichten Valentino nach dieser Heirat. Alle wollten so ein Jackie-Kleid. Damals zeigte die Modewelt viel Farbe, und Valentino präsentierte seine weissen Roben. Während dieser Periode entwarf der Modekönig auch das Valentino-Logo. Er wählte ein schlichtes «V», das seither alle seine Kreationen ziert.

1970 defilierten in Paris erstmals Models mit Valentino-Prêt-à-porter-Fashion über den Laufsteg. Zwei Jahre später ergänzte Valentino sein Sortiment durch eine Herrenkollektion und die beiden Zweitlinien *Miss V* und *Oliver by Valentino*.

Der Mann, der einen Blumenhügel dem Meer vorzieht, kleidet seine Models ein statt aus. Nackte Haut braucht er nicht. In der Haute Couture benutzt er gerne dramatische Stoffstilmittel, sein typisches Valentino-Orangerot und skurrile Dessins.

Das berühmte «V» ziert auch zwei Parfümlinien: «Valentino» und «Vendetta pour Homme et Femme». Der Kunstfreund, der sich gerne auf sein Traumgrundstück «La Vignola» zu Maggy und Molly (ein Mopspärchen) zurückzieht, gründete 1990 im Palazzo Mignanelli in Rom die Akademie Valentino. Sie dient kulturellen Zwecken.

Walter Steiger (*1942)

Walter Steiger schnupperte schon in seiner Heimatstadt Genf internationale Luft. Und das Talent zum «Schuhemachen» vererbte ihm Papa, der Sportschuhfabrikant war. Der junge Dynastiesprössling aber lernte zuerst Schuhorthopäde und machte sich dann mit der industriellen Schuhproduktion vertraut.

Rastlos feilte der ehrgeizige Schuhmacher an seiner Technik: zuerst in der Schweiz bei Bally, dann in den beiden Modemetropolen London und Paris. Dort revoltierten die Jugend und die Modeschöpfer, und beide inspirierten Steiger. Der Babydoll-Boom, allen voran die Kindfrau Twiggy mit Hängerchen und flachen schwarzen Lackschuhen, forderte auch die Schuhkreateure. Steiger war es recht. Fleissig entwarf der Perfektionist neue Modelle, vorerst aber nur für das Nobelhaus Bally.

Schon bald entdeckten die Hochglanzmagazine den «Schuhmacher» Steiger – so nennt er sich bescheiden. Die regelmässigen Publikationen seiner Entwürfe ermutigten ihn, in Paris ein Schuhatelier zu eröffnen. Berühmte Modeschöpfer wurden seine Kunden. Sie erkannten in Steigers Holzentwürfen einen unverzichtbaren Vorteil: Diese hölzernen Prototypen berücksichtigten die Beinproportionen besser.

1968 gründete Steiger in Genf seine Firma. Seitdem zeigt er eigene Kollektionen, die international gefragt und in Deutschland sehr beliebt sind. Den «Esprit de Couture» überträgt der Schuhdesigner auch auf seine Handtaschen- und Accessoirelinie. Paloma Picasso, Catherine Deneuve und Jeanne Moreau schwärmen für Steigers Schuhkreationen und bestellen direkt beim Meister.

Yves Saint Laurent (*1936)

Yves Saint Laurent lebte bis zu seinem Lyzeumsabschluss in der algerischen Hafenstadt Oran. Danach zog der sensible Franzose in die Modestadt Paris, wo er – wie Karl Lagerfeld 1953 – mit einem Cocktailkleid den internationalen Preis des Wollsekretariats gewann. Gerade 18 Jahre alt geworden, trat YSL seinen ersten Assistentenjob an. Coco Chanel, deren Mundwerk die Schärfe einer Schneiderschere übertraf, brachte ihm bei, wie wichtig es ist, seinen eigenen Stil zu finden. Sie sah in ihm ihren Nachfolger. Doch das reiche Dior-Unternehmen kam Coco zuvor und holte den erst 21jährigen talentierten Modeschöpfer zu sich.

Mit der ersten Kollektion bei Dior errang YSL weltweites Aufsehen. Leider erkrankte er kurze Zeit danach im Militärdienst an einer schweren Depression. Nach seiner Genesung war der Posten bei Dior besetzt. So eröffnete der arbeitslose Modeschöpfer mit seinem Freund Pierre Bergé, den er im Krankenhaus kennengelernt hatte, und zusammen mit amerikanischen Geldgebern einen Couture-Salon in Paris.

YSL galt als Avantgardist und zeichnete – ganz französisch – im weissen Berufskittel zeitlos elegante Kleider mit speziellen Farbkombinationen. Zwischendurch spielte er in einzelnen Linien vergnügt mit Erotik, Provokation und Transparenz. Gerade mit diesen Entwürfen schockte der sensible Designer die Modewelt, erhielt aber dafür diverse Auszeichnungen. Diesem findigen Mode-Darling verdanken wir übrigens auch die Bezeichnung Prêt-à-porter.

YSL sorgte auch bei den Düften für Aufregung. Anfang der 70er Jahre posierte er nackt mit Hornbrille auf einem Werbefoto für den Herrenduft «YSL Pour Homme». Fünf Jahre danach provozierte der Parfümname «Opium» die Welt, entpuppte sich aber gerade deswegen als verkaufsfördernd.

Am 3. Februar 1992 erfüllte sich Yves Saint Laurent seinen Jugendtraum. Mit 2400 geladenen Gästen feierte das Unternehmen YSL sein 30jähriges Firmenjubiläum. Eine Biographie und zahlreiche Honorationen besiegeln das kreative Schaffen des Modegenies. Während vierzig Jahren zeichnete der distinguierte Designer zig Kollektionen. Jetzt widmet er sich nur noch seiner persönlichen Haute-Couture-Klientel. Für seine Prêt-à-porter-Linie verpflichtete Yves Saint Laurent den 37jährigen US-Israeli Alber Elbaz, und der setzt den tragbaren, superleichten YSL-Stil fort.

Yves Saint Laurent und Coco Chanel waren Freunde, deshalb benannte er sein Schloss in Deauville nach Chanels Vornamen «Gabrielle». Die beiden gelten als die wichtigsten Modeschöpfer des 20. Jahrhunderts.

REGISTER

Wird ein Begriff mehrfach aufgeführt, verweist die **fett** gedruckte Zahl auf die Hauptnennung.

NOTIZEN

NOTIZEN

NOTIZEN